Christentum und Spiritualität

Für Renate, Christian und Claudia

und als Versuch, meine eigene Herzenstür zu öffnen …

GERALD GRISSE

Christentum und Spiritualität

Die Botschaft des Neuen Testaments …
…wie ich sie verstehe

Bibliografische Information der Deutschen Nationalbibliothek
Die Deutsche Nationalbibliothek verzeichnet diese Publikation in der
Deutschen Nationalbibliografie; detaillierte bibliografische Daten sind im
Internet über http://dnb.d-nb.de abrufbar.

Satz, Herstellung und Verlag:
BoD – Books on Demand, Norderstedt
ISBN 978-3-7557-8245-2

Inhalt

Erstes Kapitel – Statt einer Einleitung …

Warum ich dieses Buch schreibe

Es bricht jetzt, im Jahr 2020, eine neue Zeit an, die mehr von Kooperation als von Wettbewerb geprägt sein wird. Die Gier der Menschen nach materiellem Wohlstand wird geringer sein. Die Vorstellung von immer währendem Wirtschaftswachstum wird einer realistischeren Weltbetrachtung weichen. In dieser neuen Zeit wird der Kampf gegen den Klimawandel, der Einsatz für den Schutz der Umwelt und die Abschaffung der Massentierhaltung in den Mittelpunkt der Politik rücken. Es muß und wird in dieser neuen Zeit auch zu einer Rückbesinnung auf humanistische Werte kommen. Das kann aber nur dann erfolgreich sein, wenn es gelingt, den noch verbreiteten grenzenlosen Egoismus und die Aufspaltung der menschlichen Glaubensüberzeugungen in unterschiedliche Religionen zu überwinden. Das alles klingt wie eine idealistische, überzogene Phantasie von einem Übergang der Menschheit ins Paradies. Aber es sollte uns immer wieder betroffen machen und zu gleich ermutigen, dass der Eintritt in dieses Paradies weder durch begrenzte Ressourcen auf der Erde noch durch fehlende technische Kenntnisse verhindert wird und schon gar nicht durch zu wenig Geld oder Finanzkraft.

Er wurde und wird verhindert durch den Kampf der Menschen gegeneinander, durch wahnsinnige Militärausgaben, durch egomanisches Verhalten der politischen Führer und durch die absurde Vorstellung ewig währenden wirtschaftlichen Wachstums.

Es muß deshalb zu einer neuen Ethik in der Menschheit kommen, zu einer spirituellen Neuorientierung, die die Gemeinsamkeit in den Aussagen der Weltreligionen erkennt, anstatt die Wahrheit in formalen Auslegungen zu suchen. Mein Anliegen ist es dabei, die Gemeinsamkeiten zwischen Christentum (der Religion, in der ich aufgewachsen bin) und dem Zen bzw. dem Zen-Buddhismus (der Religion, zu der ich im Laufe dieses Lebens gelangt bin) zu untersuchen und aufzuzeigen.

21.März 2020

An diesem Tag des Frühlingsanfangs ist die Welt mitten in der Krise der Coronavirus-Epidemie. Und doch gibt es diesen Tagestext für heute, der **Eileen Caddy** speziell für diesen Tag eingegeben wurde und den ich nachfolgend zitiere. Sie hat ihn im Jahr 1986 in dem Buch »Opening Doors Within« veröffentlicht, das in Deutschland unter dem Titel »Herzenstüren öffnen« erschienen ist und in verschiedenen Ausgaben mittlerweile ein Millionenpublikum erreicht hat.

»Der Frühling ist da. Das Neue Zeitalter ist da. Wach aus deinem Schlummer auf und schaue das Wunder aller Zeiten, denn diese Zeiten, in denen du lebst, sind wahrhaft wunderbar. Sieh das Allerbeste in allem, was geschieht. Erwarte Veränderungen und gehe mit ihnen mit und lass nicht zu, dass irgendetwas in dir sie aufhält. Habe nie Angst vor dem Neuen, vor dem Unbekannten, sondern gehe furchtlos hinein, im Wissen, dass Ich immer bei dir bin und dich nie verlassen oder aufgeben werde. Erkenne Mich in allem und überlass mir die Ehre und den Ruhm. Wisse, dass du in das Goldene Zeitalter hineingehst, also mache dir keine Sorgen und kämpfe nicht gegen die Veränderungen an, die in dieser

Zeit geschehen. Die dunkelste Stunde schlägt vor der herrlichen Morgenröte. Der junge Morgen ist da; er bricht in vollkommenem Rhythmus an, und nichts kann ihn aufhalten. Das ganze Universum funktioniert in diesem vollkommenen Rhythmus, warum nicht auch du?«

Es gibt wohl kaum einen größeren Gegensatz als den zwischen diesem Text und dem aktuellen Lebensgefühl der Menschheit. Wir fühlen uns nicht nur bedroht, wir sind tatsächlich in hohem Maße bedroht. Unsere Gesundheit ist der Gefahr der Ansteckung ausgesetzt, das öffentliche Leben steht still, die Unternehmen müssen schließen, ganze Branchen geraten in Existenznot und die über Jahre entwickelten Wirtschaftsstrukturen verändern sich dramatisch.

Und doch spricht dieser Text davon, dass das »Neue Zeitalter« da ist. Mehr noch, es spricht von einem »vollkommenen Rhythmus«, in dem der junge Morgen anbricht, und den nichts aufhalten kann. Ja er behauptet sogar, dass das »ganze Universum« in diesem vollkommenen Rhythmus funktioniert. Und es wird uns allen angeraten, diesen vollkommenen Rhythmus zu akzeptieren und uns ihm anzupassen.

Als Christen kennen wir ja Erzählungen von einem »Neuen Zeitalter«. Wir sprechen von der Zeit, in der »Jesus wiederkommt«. Und wir wissen, dass das »Reich Gottes« eine zentrale Säule der biblischen Lehre bildet. Wir kennen natürlich auch diese Schlüsselaussage Jesu, dass »mein Reich nicht von dieser Welt ist«. Es wurde uns gesagt, dass wir auf einen »Neuen Himmel und eine Neue Erde« warten. Und wir wissen, dass Johannes in seiner Offenbarung von einem neuen, himmlischen Jerusalem spricht, der goldenen Stadt. Wir wissen vom »Tag des Herrn«, der kommt, wie »ein Dieb in der Nacht« und den wir deshalb nicht bestimmen können. Und wir wissen von Weihnachten her, dass das Licht »in der Finsternis« geboren wird. (Ja, man könnte aktuell im März 2020 hinzufügen, dass es »jetzt, in der heutigen Finsternis« geboren wird.)

Aber immer wenn von diesen Begriffen die Rede war oder ist, wird von vielen Menschen, gerade von gläubigen Christen – quasi wie selbstverständlich – diese Zeit unendlich weit in die Zukunft verschoben. Es besteht gleichsam ein stillschweigender Konsensus, daß all diese Begriffe sehr vage und unspezifiziert sind und einer nüchternen, verstandesbetonten Analyse nicht zugänglich sind. Vielleicht ist das auch der Grund, warum diese Begriffe und Erzählungen heute – allgemein betrachtet – eine so geringe Rolle in der Glaubens- und Vorstellungswelt der meisten Christen spielen.

Doch nun ist die Corona-Krise gerade dabei, den Boden für unsere Glaubens- und Erkenntniswelt vollständig zu verändern. Der Zukunftsforscher Matthias Horx geht in einer gerade veröffentlichten Analyse davon aus, dass es nach dieser Krise nie mehr so werden wird, wie es vorher war. Nach seiner Auffassung erleben wir gerade eine Zeitenwende, ein sogenanntes »Bifurkations-Phänomen«, in der dauerhafte, endgültige Veränderungen geschaffen werden. Und *Eckhart Tolle*, der große spirituelle Lehrer, zitiert in einem besonderen Teaching zur Corona-Krise schlicht das Neue Testament, nämlich das Gleichnis von dem Mann, der sein Haus auf einen Felsen baute. Wir alle kennen es. Für Tolle bist du dieser Mann und du bist auch das Haus, dass du dir baust. Und diese Krise liefert die Stürme und Wasserfluten, die überprüfen, ob dein Haus, deine inneren Überzeugungen, dein Glaube, deine Sicht auf dich selbst auf Sand oder auf soliden Felsgrund gebaut sind.

Ein kurzer persönlicher Hintergrund

Was ich in diesem Buch niederschreiben möchte, ist auch eine Referenz an meine eigene kulturelle Herkunft und an die evangelisch, freikirchliche Glaubenswelt des früheren Siegerlandes, in der ich aufgewachsen bin. Es war ein Weg zwischen Weite und Engstirnigkeit, zwischen Sinnfindung, Symboldeutung und evangelikaler Verbalinspiration. In der geistigen Umwelt meiner Jugend fanden sich Begriffe wie Heilsgewißheit, Erbsünde, Kindertaufe, ewiges Leben, Jüngstes Gericht und so viele mehr. Es gab viel naives Vertrauen und viel ratlose Unsicherheit. Vor allem eine Überzeugung kristallisierte sich dabei aus: Mein Leben mußte dazu dienen, meine eigene, eigenständige Überzeugung zu finden. Mir war klar, dass mir bei diesem Findungsprozeß niemand helfen konnte, weder Eltern noch Pfarrer. Intuitiv wußte ich, dass diese und andere Instanzen »es ja selber nicht wissen«. Und mit »blinden Blindenleitern« war mir nicht gedient.

Begonnen hat mein spiritueller Weg, der Weg zu meinen eigenen Überzeugungen, mit Anfang 30, und mit Ende 30 begann ich mit der ZEN-Meditation. Den eigentlichen Zen-Weg begann ich mit Anfang 40, parallel zu einer Phase großer beruflicher Anspannung. Schließlich in 2006, mit 47 Jahren, erhielt ich meine Berufung zum Assistant Teacher der Sanbo-Kyodan-Zenlinie und zum Lehrer der Zen Linie von Willigis Jäger.

Heute bin ich mir sehr bewußt, dass Zen nur ein spiritueller Weg unter vielen ist. Zudem ist der Zenweg sehr fordernd und setzt eine große Hingabe voraus. Von meinem Meister Willigis Jäger und anderen habe ich gelernt, dass dieser Weg überkonfessionell ist und keinesfalls die Aufgabe vorhandener christlicher oder anderer Überzeugungen erfordert. Wie alle spirituellen Wege ist auch der Zenweg ein Weg der persönlichen Erfahrung, nicht dagegen ein Weg des Glaubens oder des Für-Wahr-Haltens. Deshalb ist auch diese Niederschrift kein Versuch zu überzeugen, sondern eher ein persönliches Zeugnis oder Bekenntnis. Ich bin im Christentum groß geworden und mir ist es seit langem ein Anliegen, eine Brücke zu schlagen zwischen Christentum und Spiritualität. Mir geht es darum, einem Suchenden den Zugang zu einer tieferen, spirituellen Bedeutung der biblischen Aussagen zu öffnen. Dies kann, nach meiner tiefsten Überzeugung, nicht über den Verstand geschehen, sondern nur über ein intuitives Erspüren des Wahrheitsgehalts des Gesagten. Genau deshalb besteht aus meiner Sicht auch keinerlei Notwendigkeit für eine theologisch-analytische Begründung der getroffenen Aussagen. Wer diese sucht oder vermißt, möge diese Schrift doch bitte gleich aus der Hand legen und in seinem Frieden bleiben.

Teil 1
Bausteine für ein
spirituelles Christentum

Zweites Kapitel – Begriffe und Konzepte

Ein einfacher Beginn mit dem Schwierigsten: GOTT

In dem wunderschönen Weihnachtsfilm »Obendrüber da schneit es« möchte das kleine Julchen eine Bitte an den Weihnachtsmann richten. Da fällt ihm ein, dass ja eigentlich das Christkind die Geschenke bringt, das Kind vom Lieben Gott. Der nächste Gedanke ist, dass das Kind vom Lieben Gott doch eigentlich Jesus ist. So kommt es zu der naheliegenden Gegebetsformel: Lieber Gott, lieber Weihnachtsmann, liebes Christkind und lieber Jesus.

Wir hatten als Kinder einen etwas ernsthafteren Zugang zu Gott, denn wir beteten jeden Abend eine Liedstrophe, die bei mir einen Respekt, ja fast eine »heilige Scheu« auslöste:

Oh Gott, Du frommer Gott, Du Brunnquell guter Gaben. Ohn' den nichts ist was ist, von dem wir alles haben. Gesunden Leib gib mir, und dass in diesem Leib ein unverletzte Seel und rein Gewissen bleib. Amen.

Mir war damit klar, dass es sich bei *GOTT* um ein sehr großes, mächtiges Wesen handeln muß, das ALLES hervorgebracht hat. Er gibt uns gute Gaben und einen gesunden Leib. Und in diesem Leib-Körper wohnt auch noch eine unverletzte Seele und ein reines Gewissen. Das war schon eine sehr weitgehende, zuverlässige und schlüssig anmutende Gebetsformel.

Und dennoch handelte es sich eben um eine Formel, eine Vorstellung, ein Bild. Zen nennt solche Bilder und Vorstellungen

»Konzepte«. Wir wissen nicht, wer oder was Gott ist, doch wir machen uns eine Vorstellung von ihm, eben ein Konzept. Mir erscheint es unverständlich, warum wir diesen Weg gehen.

Du sollst dir kein Bildnis machen

Wenn ich schon gar nicht weiß, was das Wort Gott bedeutet, dann riskiere ich mit jedem Bild, jedem Konzept meinen Blick auf Gott weiter zu verstellen, zu verschleiern. Die deutsche Sprache drückt das sehr genau aus: Ich mache (mir) eine Vorstellung, ich stelle etwas vor mich hin, nämlich das Bild oder Konzept. Und dieses Bild oder Konzept verstellt und behindert dann meinen Blick auf das Eigentliche, das Wesentliche, das ich nicht kenne, über das ich aber trotzdem sprechen möchte. Das kann kaum funktionieren.

Die Bibel nennt eine solche Vorstellung ein Götzenbild. Eine andere Bezeichnung ist das Wort »Götter«, das sich ebenfalls auf unzutreffende, irregeleitete Vorstellungen und Bilder von Gott bezieht. Und gerade weil falsche Vorstellungen den Blick auf Gott verstellen, gibt es ja schon im Alten Testament, in den 10 Geboten Mose, die ersten beiden Gebote, die gleichsam als wichtigste Botschaft, als »Fundamentalgebot« allen anderen Geboten vorangestellt waren. Ich erlaube mir, sie hier verkürzt zu zitieren:

Ich bin der Herr, dein Gott. Du sollst keine anderen Götter haben.

Du sollst dir kein Bildnis noch irgendein Gleichnis machen.

Ja, das ist wahrhaftig sehr klar und eindeutig formuliert, und ist doch endlos missachtet und missverstanden worden. Nicht der Maler und Bildhauer, der sakrale Kunst schafft, verstößt gegen diese Gebote, sondern jeder Mensch, der sich buchstäblich »falsche Vorstellungen« macht.

Das Zen benutzt ein anderes Wort für GOTT und spricht von der »Leerheit«. Ich habe diese Bezeichnung immer für wesentlich klarer gehalten. Das Wort Leerheit erschließt sich dem modernen Menschen zudem viel leichter und intuitiver als das Wort GOTT oder das Wort HERR. Es weckt direkte Assoziationen zu den Erkenntnissen der modernen Physik, die von der Leerheit des Raumes und der Leerheit der Materie spricht. Deshalb scheint mir das Wort »Leerheit« geeigneter zu sein, um uns einen spirituellen Weg zu öffnen.

Demgegenüber sind die uns gewohnten Worte GOTT und HERR sehr stark mit der ganzen Historie menschlicher Vorstellungen belastet, die sich um sie herum im Laufe der Zeit gebildet haben. Das wird dann besonders problematisch, wenn wir noch Vorstellungen aus einer überlieferten Tradition im Kopf haben, die mit denen einer anderen Überlieferung nicht, oder nicht vollständig in Einklang stehen. Es ist uns vielleicht gar nicht bewußt, wie unvereinbar auf einer tiefliegenden, seelischen Verständnisebene der strafende Rächer-Gott des Alten Testaments dem liebenden Vater-Gott des Neuen Testaments gegenübersteht. Wenn wir solche Gedanken denken und vielleicht mit Hilfe unseres analysierenden Verstand versuchen, ein klares Bild von GOTT zu entwickeln, merken wir gar nicht, wie sehr wir in Grübeleien und »Hirngespinste« (sic!) abgleiten, die zu rein gar nichts führen und ständig gegen das Bilderverbot verstoßen.

Die einzig ratsame Schlußfolgerung für uns Christen ist es deshalb, die beiden Gebote zu befolgen. Konkret heißt das: Ich versuche – zumindest eine Zeit lang – nicht mit meinem Verstand über GOTT nachzudenken, mir keine irgendwie gearteten Vorstellungen über Ihn zu machen, gerade nicht mit meinen Gedanken oder meinem Tun irgendwelchen Götter- und Götzenbildern zu folgen. Solche Götzen, die unser Tun und und Streben fast immer leiten und beeinflussen, sind etwa der »schnöde Mammon«, die Vorstellung immer etwas tun zu müssen, viel arbeiten zu müssen, erfolgreich sein zu müssen oder unsere soziale Stellung ausbauen und stärken zu müssen. Lasse ich dagegen alle diese Götzen »los« und befolge die beiden Gebote, komme ich wie von selbst zur Basis des Zen-Wegs, der »Meditation«. Wir sehen also eine große inhaltliche Nähe zwischen der Bedeutung der ersten beiden Gebote und den Grundlagen des Zen-Wegs.

Eine wichtige Unterscheidung: EGO und SELBST

Leider ist eine äußerst wichtige Unterscheidung, die sich aus der Frage nach dem Selbstverständnis des Menschen ergibt, im Christentum so gut wie unbekannt. ZEN unterscheidet zwischen den äußeren Eigenschaften des Menschen, die als »Ego« bezeichnet werden, und dem inneren, wahren Kern des Menschen, der als »Wesensnatur« oder »Selbst« bezeichnet wird. Aus christlicher Sicht mag eine solche Unterscheidung spitzfindig, unwichtig oder sogar irreführend erscheinen. Geht es uns doch im Christentum und in der Bibel immer um »den Menschen« und sein Verhältnis zu Gott. Dabei kennt die Bibel diese Unterscheidung sehr wohl, denken wir nur an den wichtigen Satz: »Was hülfe es dem Menschen, wenn er die ganze Welt gewönne und nähme doch Schaden an seiner Seele?« Dennoch steht die Unterscheidung bei Gesprächen über den christlichen Glauben vollständig im Hintergrund. Sie taucht höchstens implizit und unbemerkt, wie beiläufig wieder auf. So ist es jedem Christen klar, dass er gerade kein »Egoist« sein will, und kein Christ würde bestreiten, dass der Mensch eine Seele hat. Vage und unklar bleibt nur ihre Bedeutung und die Abgrenzung zwischen Ego und Seele.

Bei der Unterscheidung zwischen Ego und Selbst geht es um die uralte Frage des Menschen nach sich selbst: Wer bin ich? Warum bin ich hier auf dieser Erde? In der griechischen Antike waren über dem Eingang des Apollon-Tempels in Delphi diese Worte in Form eines Appells eingemeisselt: Erkenne dich selbst! Und der populäre Philosophie-Professor und Fernsehmoderator David Precht gibt seinem Buch über die Geschichte der Philosophie den Titel: Wer bin ich, und wenn ja wieviele? Machen wir uns mit einem fremden Menschen bekannt, so werden in aller Regel die typischen Merkmales des Ego benannt und ausgetauscht: Ich bin Dr. Soundso, ich bin Geschäftsführer der Firma XundY, und mir gehört das große Grundstück da an der Ecke. All diese Eigenschaften und Errungenschaften eines Menschenlebens mögen lange Zeit eine Rolle spielen. Sie sind aber im Grunde für die Beantwortung der tiefergehenden Frage nach der Wesensnatur des Menschen völlig belanglos. Ich habe zuhause einen Aktenordner aufbewahrt mit sämtlichen amtlichen Bescheinigungen, Abiturzeugnis, Diplom- und Promotionsurkunde, der ärztlichen Approbationsurkunde meiner Frau, Urkunden über die Beförderungsämter im Öffentlichen Dienst und vieles andere mehr. Er wurde seit Jahrzehnten nicht mehr in die Hand genommen. Er enthält hochwichtige Dokumente, die unser Leben mitbestimmt und geprägt haben – und dennoch haben diese Dokumente keinerlei tiefergehende Bedeutung. Und spätestens mit dem Tod müssen die Erben diese Papiere und andere Bestandteile unseres Egos wohl endgültig entsorgen.

Mir scheint es sehr nahe zu liegen, dass ein Festkleben am EGO den Menschen hindert, zu einem tieferen, realeren Gottesverständnis zu kommen. Der Unterschied zwischen »anspruchsvollem« EGO und »demütigem« Verständnis der Wesensnatur, des Selbst, findet sich auch in der Bibel an vielen Stellen, etwa in der Geschichte von den Pharisäern (die den Zehnten geben) und der Armen Witwe. Andererseits habe ich im christlichen Umfeld noch häufig den Glauben angetroffen, wonach der ganze Mensch, mit diesem Leib und allen seinen Eigenschaften einst wieder auferstehen wird. Eine solche Vorstellung macht es natürlich sehr schwierig, den Unterschied zwischen dem kurzlebigen, irrealen Charakter des EGO und der ewigen, göttlichen Wesensnatur, dem Selbst, zu erfassen.

Vielleicht hilft in diesem Kontext noch eine andere Beobachtung aus dem Neuen Testament. Immer wieder begegnen uns hier Pharisäer und Schriftgelehrte, die als Kritiker oder Gegner Jesu auftreten bzw. dargestellt werden. Für mich waren sie immer Musterbeispiele für Menschen mit einem großen EGO. Demgegenüber wählt Jesus seine Jünger offenbar gezielt aus den ungebildeten unteren Volksschichten. Es sind etwa Fischer, die wohl kaum lesen und schreiben können, denen aber wohl auch kein großes EGO den Zugang zur Botschaft Jesu versperrt. Das legt zugleich den Schluß nahe, dass theologisches Wissen und ein scharfer Verstand den Weg zum Gottesverständnis nicht etwa erleichtern, sondern eher erschweren.

Die Rolle des Verstandes

Spätestens seit der Aufklärung ist der Mensch stolz auf seinen Verstand und seine Fähigkeit zu denken. Das »Cogito, ergo sum« eines Rene Descartes rückt das Denken sogar direkt in den Mittelpunkt des menschlichen Selbstverständnisses und der Selbsterkenntnis. Seitdem haben wir uns immer mehr daran gewöhnt, das analytische Denken unseres Verstandes als einzige zuverlässige Basis für das Verständnis der Welt zu betrachten. Zudem begegnet man nur allzuoft der Auffassung, das wissenschaftliche Weltbild unserer Zeit stehe im Widerspruch zu religiösen Überzeugungen und Glaubensinhalten. Wissenschaftliches Denken wird dabei als einzig verlässliche Quelle angesehen, weil man davon ausgeht, dass die Aussagen der Wissenschaft ja schließlich durch Verstand, Beobachtung und logische Schlußfolgerungen »bewiesen« seien. Man vergißt dabei gerne den Kontext der Wissenschaftstheorie, wonach es sich bei Ergebnissen der Wissenschaft um »falsifizierbare Aussagen« handelt, die nur so lange gelten, bis sie durch eine neue, umfassendere und empirisch besser belegte Theorie ersetzt werden.

Fraglich erscheinen insbesondere Behauptungen, wonach wissenschaftliche Erkenntnisse im Widerspruch zu theologischen Überzeugungen stehen. Träfe das zu, so wäre doch entweder die Wissenschaft irregeleitet oder die Theologie. Wir sollten als moderne Menschen vielmehr zu der Erkenntnis »durchstoßen«, dass es sich bei unserer Welt und dem von uns beobachteten Kosmos um eine Einheit handelt, die die Erkenntnisfähigkeit sowohl des naturwissenschaftlichen als auch des theologischen Denkens bei weitem übersteigt. Wie immer sich die menschliche Erkenntnis entwickelt, Naturwissenschaft und Theologie bewegen sich in ein und demselben Kosmos, behandeln verschiedene Aspekte ein und derselben Welt.

Zwei Anekdoten zum Verhältnis von Verstand und Religion kann ich aus eigener Erfahrung beisteuern: Als mein Bruder geboren wurde, war ich fast 5 Jahre alt. Das Baby lag in seinem Bettchen, und mir wurde auf Befragen erklärt, der Klapperstorch habe es gebracht. Nun verfügte ich damals über einen tiefen Kinderglauben an den großen, allmächtigen Lieben Gott. Dieser hatte nach meiner festen Überzeugung die Macht, jederzeit ein Baby aus dem Nichts zu schaffen und in das Bettchen zu legen. Weise, wie ich offenbar damals war, verzichtete ich jedoch darauf, mit meinen Eltern in eine Diskussion über den Klapperstorch einzutreten. Ich beschloß bei mir, den Erwachsenen einfach ihren Glauben an den Klapperstorch zu lassen. Zehn Jahre später war es mit der Weisheit vorbei. Mein Freund Karl-Friedrich und ich unternahmen es nämlich damals in der »umgekehrten« Richtung, den theologischen Autoritäten des Ortes, den »Alten Brüdern« der Evangelischen Gemeinschaft, mit einem gewissen intellektuellen Hochmut der gebildeten Gymnasiasten klar zu machen, dass durch die Evolutionslehre die Schöpfungsgeschichte der Bibel widerlegt sei.

Heute erzeugt der Gedanke, Evolutionstheorie widerspreche der Schöpfungsgeschichte, bei mir nur noch ein heiteres Lächeln.

In der Spiritualität wird die limitierte Rolle des Verstandes aus einem ganz anderen Blickwinkel betrachtet. Hier erhofft man nicht mehr, die Lösung aller Probleme durch eine kluge und logisch einwandfreie Verstandesanalyse zu erhalten. Vielmehr ist man sich der Tatsache bewußt, dass Intuition und Entscheidungen »aus dem Bauch heraus« eine enorm wichtige Rolle im menschlichen Leben spielen. Bei näherem Hinschauen wird auch klar, dass die Verstandes- und Gedankenaktivität des

Gehirns in aller Regel weit von einer klaren logischen Analyse entfernt sind. Wir alle »machen uns Gedanken«, und in fast allen Fällen ist diese Verstandestätigkeit nichts anderes als ein ständiges »Plappern im Hintergrund«. Wir sind abgelenkt durch Ängste, Körperempfindungen, Beobachtungen, vorübergehende Sinneswahrnehmungen, Gefühle und noch so viel mehr. Für eine stetig wachsende Zeitdauer am Tag schalten wir ja ohnehin unseren analytischen Verstand aus und widmen uns dem Konsum von Medien. Immer wieder geht es dabei einfach um Ablenkung. Ja, wir sind als moderne Menschen so oft abgelenkt, dass uns die Konzentrationsfähigkeit teilweise oder ganz verloren zu gehen droht. Und natürlich wissen wir auch, dass alle wichtigen Körperfunktionen sowieso nicht durch den Verstand gesteuert werden, sondern vom Zentralen Nervensystem. Das für uns alle so wichtige Schlafen und Träumen vollzieht sich ja ohnehin jenseits der bewußten Verstandestätigkeit.

All das macht deutlich, warum Spiritualität und Mystik den Verstand, vor allem aber den nie versiegenden Strom ablenkender Gedanken eher als Hindernis auf dem Weg der Gottes-Erkenntnis und Gottes-Erfahrung betrachten. Man kann nämlich sagen, dass wir regelrecht »süchtig« nach ablenkenden Gedanken sind. Alles, auf das ich nicht aus freiem Entschluß verzichten kann, wird gewöhnlich unter dem Begriff der Sucht zusammen gefaßt. Und genau so verhält es sich mit dem nie versiegenden Gedankenstrom. Jeder Anfänger, der sich zu einer Meditation auf sein Kissen setzt, macht die gleiche Erfahrung: Es gelingt ihm nicht, den Strom seiner Gedanken einfach abzuschalten. Zudem meldet sich der Körper, der hier und da zwickt oder gar schmerzt. Der Versuch, nicht an diese Gedanken und Körperempfindungen »zu denken«, gleicht dann oft der konstruierten Aufgabe, fünf Minuten lang nicht an einen blauen Elefanten zu denken.

Und noch einen wichtigen Punkt sollten wir »bedenken«. Bei näherem Hinschauen zeigt sich unmittelbar, dass die ständig sprudelnden Gedanken fast ausschließlich um unser EGO kreisen. Wie geht es MIR? Was paßt MIR gerade nicht? Wie kann ICH bequemer sitzen? Was stört MICH an meinem Gegenüber? Wie kann ich MEIN Wohlbefinden steigern? Was fehlt MIR gerade? Fast schon belustigend sind die Gedanken während eines (fiktiven) Gottesdienstbesuchs. Wer sitzt vor mir? Wer hat mich gegrüßt? Wer singt falsch oder gar nicht? Ist es zu kalt oder zu warm? Wer hat ein neues Kleid an? Welche Fehler macht der Pfarrer gerade? ist es mir zu seicht oder zu intellektuell? Man könnte die Liste endlos fortsetzen. Alles das sind Gedanken und Vorstellungen, die uns ebenfalls von Gott trennen.

Genau um das Gegenteil geht es in Spiritualität und Mystik: Nämlich darum, alles das zu überwinden, was uns von Gott trennt. Gedanken und Vorstellungen loslassen, beiseite lassen. Sich offen machen für Gott und sein Wirken. Dann und nur dann können wir mit Samuel sagen: »Rede, HERR, dein Knecht hört.« Nur dieser Weg führt von der inneren Zerrissenheit zur Meditation.

Denn solange unsere Verstandesaktivitäten im Vordergrund stehen, solange stellen wir auch unser EGO in den Vordergrund. Gemeint sind hier nicht die wenigen Wissenschaftler, deren sachbezogenes Denken zu ihrer Tätigkeit gehört. Sie gehen in ihrer Arbeit auf und haben auch keine Konzentrationsschwierigkeiten. Gemeint ist vielmehr die innere Zerrissenheit des modernen Menschen, der ständig zwischen Hektik, Zeitdruck, Konzentration und Ablenkung hin und her pendelt. Der glaubt, ständig »Leistung bringen« zu müssen, auch im Sport und im Urlaub. Nehmen wir etwa als Beispiel den heute typisch gewordenen Jogger, dessen Handy auf Empfang geschaltet ist und der über die unvermeidlichen Kopfhörer gleichzeitig die permanente Musikberieselung erhält, ohne die viele heute nicht mehr auskommen. Der Burnout oder das Kind mit ADS-Störung sind dann nur weitere Steigerungsformen.

Natürlich ist unser Verstand bzw. sachbezogenes Denken wichtig für die Koordination und Steuerung unserer Tätigkeiten im Alltag. Doch auch hier geht es letztlich darum, dass wir uns nicht durch Vorstellungen ablenken lassen. Es geht darum, uns den Verstand dienstbar zu machen und »bei der Sache« zu bleiben. Eine andere schöne Formulierung ist, dass wir lernen sollten, »in einer Sache aufzugehen«. Wohlgemerkt: In *einer* Sache. Man kann nicht gleichzeitig in mehreren Sachen aufgehen! Menschen, die das gelernt haben und sich einer Tätigkeit voll und ganz widmen, haben in der Regel auch keinerlei Schwierigkeiten, sich Gott in der Meditation zu nähern.

Sein, Haben, Tun

Vielen modernen Menschen ist über dem, was sie **haben wollen** und dem was sie **tun müssen** das einfache **Sein** vollständig abhanden gekommen. Sie messen diesem Sein keinerlei Bedeutung zu. Dabei müßte uns allen klar sein, dass es in kritischen Lebenslagen und wenn es dem Lebensende entgegen geht, nur noch das Sein zählt. Wir müssen dann überhaupt nichts mehr tun, und ausnahmslos alle Dinge, die wir haben, müssen wir hinter uns lassen. Es sind die angehäuften Dinge, die bedeutungslos sind oder werden, nicht aber das Sein.

Haben und Tun stehen dem EGO des Menschen sehr nahe. Besser gesagt, das menschliche EGO und die EGO-bezogene Verstandesaktivität kreisen fast ausschließlich um diese beiden Themenkreise: Was habe ich schon und was hätte ich gerne noch? Was habe ich getan, was hätte ich vielleicht besser tun sollen und was sollte bzw. muß ich noch tun? An diesen beiden Fragen bzw. Themen machen sich auch unsere Emotionen fest. Nur allzu häufig ist es so, dass die Antworten auf diese Fragen nicht so ausfallen, wie es unser EGO-Denken gerne hätte. Dann sind wir stolz oder unzufrieden, gierig oder hochnäsig, ängstlich oder gehässig. So wirklich zufrieden mit unserem Haben und Tun ist das EGO eigentlich nie. Immer könnte es mehr sein und es könnte besser sein. Immer gibt es andere Menschen, die mehr haben, die in ihrem Tun erfolgreicher waren als wir. Hier kommen auch die Erwartungen ins Spiel, die wir selbst, unsere Eltern oder unser familiäres Umfeld an uns haben. Da soll etwa »aus dem Kind einmal das werden, was ich nie erreicht habe«, oder »das Kind soll es einmal besser haben«, das Kind soll »auf jeden Fall die Universität besuchen« und vieles andere mehr. Selbst in der Familiengeschichte kommen vor allem Themen zur Sprache. die mit dem Haben und dem Tun »zu tun haben«.

Eine besondere Überhöhung erfährt das Haben und das Tun im Protestantismus und seinen vielen Spielarten. Zwar spielt die sogenannte »Werkgerechtigkeit« in der offiziellen protestantischen Theologie keine Rolle mehr, denn es gilt der Grundsatz »sola fide, sola gratia«. Doch kommt bei zahllosen Protestanten die Überzeugung, dass »Gott mit dem Tüchtigen ist«, als diffuse, unterschwellige Grundvermutung wieder ins Spiel. Sie bestimmt dann, Theologie hin oder her, das Tun und Trachten ganzer Nationen. Zu diesem Thema hat Max Weber mit seinem Werk über »Die protestantische Ethik« eine maßgebliche Untersuchung geliefert. Und ohne diese protestantische Ethik wäre wohl auch die beispiellose EGO-Besessenheit des amerikanischen Großkapitalismus nicht vorstellbar, die wir gegenwärtig erleben. Es ist schon eine seltsame Form der Irreleitung, daß gerade die »evangelikalen« protestantischen Kirchen in Amerika einen halb- oder ganz kriminellen »Lügenpräsidenten« mit gewählt haben und bis heute unterstützen.

Man mag hier einwenden, dass unser tägliches Leben ohne Haben und Tun schließlich nicht vorstellbar ist. Das ist unbestreitbar der Fall, und selbst bei den Benediktinern heißt es ja in der Ordensregel: »Ora et Labora«. Der Punkt hier ist jedoch ein anderer.

Wir haben nämlich heute das Haben und das Tun so überhöht, daß wir mit dem Sein wenig oder gar nichts mehr anfangen können. Für uns erscheint das Sein wie eine selbstverständliche Zugabe, die sich aus Haben und Tun ergibt. In unserem Weltverständnis lautet die Grundvermutung: Wenn ich das Richtige tue und Genug habe, dann bin ich glücklich. Wenn ich aber mehr tue und mehr habe, dann bin ich noch glücklicher. Was ist uns dabei verloren gegangen? Alles! Denn wir haben unbemerkt und unbewußt den Zugang zum Wesentlichen verloren. Und das ist das Sein. Man kann auch sagen: Wir haben den Zugang zu Gott verloren, denn Gott ist untrennbar mit dem Sein verbunden. Wie anders machten es noch unsere Vorfahren. Sie hatten Muße (Zeit, zum Nichtstun) und nahmen sich noch die Zeit, während der sogenannten »Lichtstunde« vor ihren Haustüren zu sitzen und den sozialen Kontakt zu pflegen. Und das berühmteste Beispiel aus der Antike ist sicherlich Diogenes, der anspruchslos in einer Tonne (einem Fass) lebte. Er antwortete bekanntlich auf die Frage Alexanders des Großen, ob er ihm einen Wunsch erfüllen dürfe, mit dem klassischen Satz: »Geh mir aus der Sonne.«

Spiritualität

In diesem Buch gebrauche ich den Begriff der Spiritualität als einen Sammelbegriff für die originären religiösen Bemühungen und Empfindungen des Menschen. Der Begriff umfaßt damit neben den Weltreligionen auch jede andere Suche des Menschen nach Gott. Spiritualität ist insoweit eine innere Haltung, ein innerer Respekt vor dem unbekannten »Anderen«, »Größeren«, »Höheren«. Im Fall der Christlichen Religion gebrauchen wir das bedeutungsschwere Wort »Glauben«, um diese innere Haltung Gott gegenüber zu beschreiben und auszudrücken.

In einem allgemeinen Sinn ist die Spiritualität allen Menschen eigen und vertraut. Es gibt zwar unzählige Formen und Ausprägungen, von den – von uns so bezeichneten – »primitiven« Naturvölkern und ihren Kulten bis hin zu den großen Weltreligionen. Doch letztlich glauben fast alle Menschen an irgendetwas »Höheres«, in das ihr Leben »eingebettet« ist. Eine sehr geringe Zahl von Menschen, die Agnostiker, behaupten allerdings von sich das Gegenteil. Sie glauben an »Nichts« und erleben sich und ihr Erdenleben damit, vor dem Hintergrund der Erkenntnisse der modernen Physik, als einen völlig unbedeutenden »Fliegenschiss im Universum«. Mir erscheint diese Haltung eines Agnostikers im Hinblick auf die Naivität der zugrundeliegenden Annahmen sehr vergleichbar mit dem Gegenpol zu sein, dem Glauben an einen rächenden, strafenden Gott, der mit jüngstem Gericht, Hölle und Verdammnis droht.

Gerade weil der Begriff der Spiritualität so weit gefaßt ist, enthält er für mich auch eine gewisse Offenheit in der Haltung des Menschen. Diese Offenheit ist wichtig für die Toleranz zwischen den verschiedenen Religionen, der in der heutigen Weltsituation eine überragende Bedeutung zukommt. Als Gegenpol zu einem spirituellen Menschen erscheint mir deshalb gerade nicht der Agnostiker, der bei einem respektvollen Humanismus stehen bleibt. Es ist vielmehr die fehlende Offenheit anderen Überzeugungen gegenüber, wie etwa der engstirnige Glaube an den Wortlaut, der darauf beharrt, dass Gott den Menschen aus einem Erden-Klos geformt hat, weil es angeblich genau so in der Schöpfungsgeschichte steht. Von wahrer, tiefer Spiritualität zeugt demgegenüber der Vorschlag des Dalai Lama, die Religionen sollten sich eher auflösen als einer friedlichen Weiterentwicklung der Menschheit im Wege zu stehen.

So wichtig die Offenheit gegenüber Anderen und ihren Überzeugungen für eine spirituelle Haltung ist, müssen wir doch den Begriff der Spiritualität auch gegenüber einer vagen Beliebigkeit abgrenzen. In der Spiritualität ist eben nicht alles »gleich gültig« in dem Sinne, dass der eine das, der andere jenes von seiner Kanzel predigt. Spiritualität ist immer auch ein ernsthaftes Suchen und ein intensives Bemühen, die eigene Wahrheit zu finden. Die Intensität meines Anliegens und die Bereitschaft, meine Überzeugungen weiter zu entwickeln, ist geradezu kennzeichnend für die Spiritualität. Für Intensität könnte man vielleicht noch besser die Wichtigkeit sagen, die ich meiner Suche nach Gott beimesse und die Ehrlichkeit und Aufrichtigkeit meines Glaubensanliegens.

Im schon zitierten Buch »Herzenstüren öffnen« vergleicht Eileen Caddy (in dem Text für den 5. April) diese Suche nach Gott mit dem »Gehen Lernen« eines kleinen Kindes. Wieder und immer wieder probiert das Kind die Bewegungen aus. Es läßt in seinen Bemühungen niemals nach, bis das große Ziel erreicht ist. So ist mir auch meine Haltung zu Gott nicht nur wichtig, sondern sie ist die wichtigste Sache in meinem Leben. Was könnte denn wichtiger sein? Und meine Haltung zu Gott entwickelt sich im Laufe meines Lebens (im Sinne eines »Näher mein Gott zu Dir, näher zu Dir). Stehen bleiben beim Kinderglauben meiner Jugend ist deshalb zwar auch im Begriff Spiritualität enthalten, verkürzt ihn aber andererseits. Nicht wichtig ist hingegen der Begriff, die Bezeichnung, die ich diesem Prozeß der Suche und des Ausprobierens gebe. Im Christentum sprechen wir von »Glauben«. Für mich war das immer ein sehr vager Begriff, der eher ein »Für wahr halten« bezeichnete. Aus dem Katechismus lernte ich dann, dass der Begriff auch »ein herzliches Vertrauen« bezeichnet. Beides schien mir immer schon zu wenig zum Leben und zu wenig zum Sterben. Es kann doch wohl nicht ausreichend sein, dass man die Frage »Glaubst du auch an Gott? mit einem Ja beantwortet. Ebenso wenig reicht es aus, am Sonntag für eine Stunde die Kirche zu besuchen. So würde jedenfalls ein Kleinkind nicht Gehen lernen. Auch wenn die Kirche diesen Glauben als einen Prozeß ansieht, bleibt sie doch in vielen Fällen recht vage in ihren Empfehlungen an die Gläubigen. So war es jedenfalls meine Erfahrung.

Spiritueller Weg

Im Zen und in der Spiritualität sprechen wir von einem »Weg«, den wir gehen. Der Begriff des Spirituellen Weges ist im Vergleich zu dem der Spiritualität sehr eng gefaßt. Er bezeichnet den Weg eines Menschen zu Gott und zur Erkenntnis Gottes. Es geht dabei ganz konkret um alles, was dieser Mensch tut, um zur Erkenntnis Gottes zu kommen. Zen beschreibt diesen Weg mit einem wunderbaren Satz:

Weg wird Weg im Gehen, Weg wird Weg im Lassen.

Ich komme also nur zu Gott, wenn ich den Weg kenne. Und ich komme nur dann zu Ihm, wenn ich diesen Weg auch gehe. Mir sind diese Formulierungen immer sehr eindringlich und überzeugend gewesen. Es ist genauso als wenn ich mich entschließe, das Matterhorn zu besteigen. Vielleicht kaufe ich mir eine Routenbeschreibung und studiere sie. Vielleicht kann ich mir für schwierige Teile des Weges einen Bergführer nehmen. Sitze ich aber zuhause im Sessel und lese meine Routenbeschreibung, dann werden mir zwei Dinge ganz klar: Ich werde nie zum Matterhorn kommen, wenn ich nicht den ersten Schritt tue (dem immer weitere folgen). Und ebenso wesentlich: Wenn ich mich auf den Weg mache, muß ich mein vertrautes Zuhause verlassen. Und dieser Prozeß wiederholt sich vielfach. Es ist schön, wenn ich auf meinem Weg bis zur Schweizer Grenze gekommen bin, was vielleicht viele andere gar nicht erst versuchen. Doch nun gilt es für mich, weiter zu gehen, um ins Wallis zu kommen, denn dort – und nur dort – liegt das Matterhorn, und nur dort gibt es vielleicht die Chance, es zu besteigen.

Auch die Bibel kennt den Begriff des Weges zu Gott. Es ist der berühmte »Schmale Weg«, den nur Wenige gehen, im Gegensatz zum breiten Weg, den viele gehen, der aber zur »Verdammnis«, d.h. nicht zum Ziel führt. Natürlich ist der kürzeste und direkte Weg zum Matterhorn die Luftlinie, die zugleich verständlich macht, warum der Weg als »schmal« bezeichnet wird. Immer wieder habe auch ich nach einem möglichst »direkten« Weg gesucht. Beim Bergsteigen gibt es ja manchmal diese direkte Route, die sogenannte »Diretissima«. In der Lebenspraxis wird es mir aber kaum möglich sein, die Luftlinie einzuhalten, ganz zu schweigen davon, daß diese »Diretissima« uns in den allermeisten Fällen gar nicht bekannt ist. Vielmehr muß ich mich für einen konkreten Wegabschnitt entscheiden und kann etwa mit dem Zug in die Schweiz fahren, um mich dem Matterhorn zu nähern. Dort gilt es dann, sich wieder neu zu entscheiden und auf den Weg zu machen. Und nur allzu oft werden wir retrospektiv feststellen, dass wir Umwege gegangen oder stehen geblieben sind. Vielleicht erkennen wir auch, daß der vermeintliche Umweg in unserem speziellen Fall der direkteste mögliche Weg war und ist. Sich nicht entmutigen zu lassen, immer wieder neu los zu gehen, ist dann sicher das Wichtigste. Die Kleinkinder sind ein gutes Vorbild: Nie werde ich vergessen, wie mein Enkelkind unermüdlich versuchte, von der Rückenlage in die Bauchlage zu gelangen, aber über eine hohe Seitenlage nicht hinaus kam. Die Hürde erschien unüberwindlich, und ist doch heute schon lange Geschichte. Bringen wir auch als Erwachsene auf unserem spirituellen Weg soviel Ausdauer auf, wie als Kleinkind? Das Ziel der Gotteserkenntnis sollte uns wichtig genug sein, um alle Irrungen und Wirrungen unseres Lebens hinter uns zu lassen und immer weiter zu gehen.

Zen und Meditation

Im Zen ist die Meditation im Sitzen (Zazen) oder im Gehen (das Kinhin) das maßgebliche Werkzeug, um das ständige Plappern des Verstandes, den nie enden wollenden Gedankenstrom, den unser »analytischer Geist« hervorbringt, bewußt zu stoppen und zeitweise zu überwinden. Nach dem heutigen Wissensstand entfällt der bei weitem größte Teil der menschlichen Geistesaktivität (ca. 95%) auf das im autonomen Nervensystem verankerte Unterbewußtsein. Nur etwa 5% unserer Geistesaktivität entfallen auf das im denkenden Gehirn verankerte Bewußtsein. Versucht man unsere geistige Aktivität modellhaft zu beschreiben, so bilden die Gedanken unseres analytischen Verstandes eine schmale »Trennungszone« zwischen Bewußtsein und Unterbewußtsein. Das Hauptziel der Meditation besteht darin, durch die Konzentration der Aufmerksamkeit auf einen »Fokus« (etwa den Atem) den analytischen Geist »zur Ruhe zu bringen«. Durch Forschungen an Meditierenden wissen wir heute, dass diese Praxis zu einer »Verlangsamung« der Gehirnwellen führt. Der Meditierende überwindet gleichsam den analytischen Geist und ist mit seinem vollständig »wachen« Bewußtsein als Beobachter anwesend und verbunden mit dem Bereich seines Unterbewußtseins.

Was seine Entstehung anbelangt, ist das Zen genau genommen eine Schule des Mahayana Buddhismus, die sich im 6. und 7. Jahrhundert nach Christus in China entwickelte. Über 1000 Jahre nach Buddha brachte der Patriarch Bodhidharma dessen Lehre von Indien nach China. In der Folgezeit entwickelte sich aus dem Zusammentreffen der buddhistischen Lehre mit dem Taoismus das heutige Zen. Schließlich kam es im 12. Jahrhundert zur Zeit der Ming-Dynastie zu einem Niedergang des Zen in China, der jedoch zusammentraf mit einem Aufblühen der Praxis in Japan. Dort bildeten sich zwei große Schulen des Zen, die Soto-Linie und die Rinzai-Linie. Erst nach dem Zweiten Weltkrieg brachten in Japan geschulte Europäer und Amerikaner, wie der Jesuit Hugo Enomiya Lassalle und der Benediktiner Willigis Jäger, das Zen in den Westen.

Zen, Christentum und Mystik

Das Zen ist eine Praxis des Rückzugs auf sich selber, des Rückzugs in die Einsamkeit der Meditation, die in anderer Form auch schon im frühen Christentum bekannt war. So gab es etwa bei den sogenannten »Wüstenvätern« in den ersten Jahrhunderten nach Christus den vollständigen Rückzug in die Wüste, der oft auch mit zeitweisem Fasten verbunden war. Dabei ging es darum, sich zu »be-sinnen« (zum Sinn des Lebens durch zu stoßen), alle äußeren Ablenkungen auszuschalten und damit die Hindernisse (des EGO) abzubauen, die zwischen dem Menschen und Gott stehen. Wir denken dabei unwillkürlich an den Rückzug Jesu in die Wüste, zu einem 40 Tage dauernden Fasten, dass vor seinem eigentlichen Wirken stand. Danach wird er vom Teufel auf die Probe gestellt. Das Matthäus-Evangelium schreibt sogar, dass Jesus vom Geist in die Wüste geführt wurde, »damit er vom Teufel versucht würde«. Erst nach bestandener Prüfung »traten die Engel zu ihm und dienten ihm«, d.h. er ist nun verbunden mit den Boten und Kräften Gottes und kann über sie verfügen.

Wir kennen alle diese Geschichte und sind immer wieder in der Gefahr, sie als eine Episode abzutun, die für uns heute wenig Bedeutung hat. Genau das Gegenteil ist der Fall. Eigentlich geht es für uns darum, hier und jetzt diesen Einweihungsweg Jesu selbst nach zu vollziehen. Auch Johannes der Täufer kam aus der Wüste, wie schon Jesaja sagt (»Es ist eine Stimme eines Predigers in der Wüste«). Erst in der Stille und Einsamkeit der Wüste – wie auch immer unsere eigene Wüste aussieht – können wir alle äußeren Ablenkungen, die Ablenkungen unseres EGO-Verstandes überwinden, die uns der Teufel als wichtig darstellt und suggeriert. Bei diesen Ablenkungen geht es immer wieder um die äußere, materielle Welt, die für unser EGO so wichtig ist. Da geht es um Nahrung, Kleidung, Einkommen, Bildung, Titel, Besitz, finanzielle Absicherung. Selbst die engste Familie und ihre Geschichte wird bedeutungslos, wenn es um »die Nachfolge Jesu« geht (»Lasst die Toten ihre Toten begraben«). Wichtiger als alles andere ist unsere innerliche Suche nach Gott, unser eigener, ganz persönlicher spiritueller Weg. In der Bibel ist das glasklar ausgedrückt: »Trachtet am ersten nach dem Reiche Gottes«, wird uns gesagt. Und ebenso klar ist, welcher Art dieses Reich ist: »Mein Reich ist nicht von dieser Welt«.

Immer wieder wird uns im Evangelium die Richtung für unseren eigenen spirituellen Weg zu Gott gewiesen: Weg von der äußeren Welt des EGO, in die Stille, in die Wüste, zur Be-Sinnung auf uns Selbst, auf unser wahres Wesen, auf unsere wahre Aufgabe. Zen benennt diese Aufgabe im genau gleichen Sinngehalt, nur mit anderen Worten und Begriffen: »Finde deine Wesensnatur« und »Vollende deine Geburt«. Auch die alten Griechen meinten das gleiche, wenn sie über den Eingang des Apollon-Tempels in Delphi, eines ihrer wichtigsten Heiligtümer, die Inschrift meisselten: »Erkenne dich Selbst«. Und am Anfang des Johannes-Evangeliums finden wir den gleichen, zentralen Hinweis, wieder in einer anderen Begrifflichkeit: »Und das Licht scheint in der Finsternis, doch die Finsternis hat's nicht begriffen.« Seit der Geschichte von Weihnachten wissen wir es doch: Das Licht wird immer in der Finsternis geboren, in der Stille und Kargheit der Wüste, im »Stall von Bethlehem«. Deshalb ziehen sich die Mönche in ihre Zellen zurück, so wie es bei den Kartäusern besonders deutlich wird: Sie suchen die Einsamkeit des Schweigens, des gänzlichen »Zurück-Geworfen-Seins auf sich selbst«. Der »Nationalheilige« der Schweiz, der heilige Nikolaus von Flühe, verließ seine geachtete Stellung als Bürgermeister und Großbürger und verbrachte 20 Jahre zurückgezogen in einer kleinen »Klause«, nahe seinem früheren Dorf und doch vollkommen abgetrennt und einsam.

Der Begriff »Christliche Mystik« meint die große Gruppe der Christen, die über die Jahrhunderte hinweg diesen spirituellen Wegabschnitt gegangen sind und gepredigt haben. So entwickelte etwa Evagrius Pontikus (346-399), einer der eingangs erwähnten Wüstenväter, eine Stufenleiter, auf der der gefallene menschliche Geist allmählich zur Einheit mit dem göttlichen Geist zurückkehrt (Vgl. Andreas Ebert – Mystik, Die Seele der Religion). Wie Andreas Ebert weiter ausführt, steht am Ende der Stufenleiter des Evagrius Ponticus »*die innere Schau des Geheimnisses der göttlichen Dreifaltigkeit, in die der Schauende vollständig aufgenommen wird*«. Der Gedanke einer »Stufenleiter« erinnert mich spontan an die Himmelsleiter in der nächtlichen Vision Jakobs. Und auch derjenige, der die fernöstlichen Religionen und Weisheitslehren im Blick hat, erinnert sich an eine Stufenleiter – an den »Achtstufigen Pfad zur Erlösung von Leiden« den Patanjali gelehrt hat, und auf dem der Weg des Yoga aufbaut. Es ist überhaupt auffällig, wie sehr sich die Aussagen der Mystiker aus allen Religionen ähneln und entsprechen. So spricht Meister Eckehart (1260-1328), der vielleicht berühmteste Mystiker des Mittelalters, von der «Gottesgeburt in der Seele». Und gleiche Gedanken und Erfahrungsberichte geben uns etwa Johannes vom Kreuz (1542-1591), Angelus Silesius (1624-1677), Johannes Tauler (1300-1361), der islamische Mystiker Rumi (1207-1273) und der indische Mystiker Kabir (1440-1518), der sich weder auf die hinduistische noch die islamische Religion festlegen lassen wollte. Ein weiterer Mystiker, Gerhard Tersteegen (1697-1769), hat übrigens den evangelischen Pietismus und die damit einhergehende »Erweckungsbewegung« (u.a. im westfälischen Siegerland) stark beeinflußt.

Es ist vielleicht an dieser Stelle hilfreich, einige Originaltexte zu zitieren, in denen die manchmal rätselhaft wirkende Erfahrungswelt der Mystiker zum Ausdruck kommt.

Gott ist allzeit bereit,
wir aber sind sehr unbereit.
Gott ist uns nahe,
wir aber sind ihm sehr fern.
Gott ist innen,
wir aber sind draußen.
Gott ist in uns daheim,
wir aber sind in der Fremde.

(Meister Eckehart)

Du brauchst Gott weder hier noch dort zu suchen;
Er ist nicht ferner als vor der Tür des Herzens.
Da steht er und harrt und wartet,
wen er bereit finde,
der ihm auftue und ihn einlasse.
Du brauchst ihn nicht von weit her herbeizurufen;
er kann es weniger erwarten als du,
daß du ihm auftust.
Es ist ein Zeitpunkt:
Das Auftun und das Eingehen.

(Meister Eckehart)

Die Luft, in der wir leben, ist uns nahe;
die Luft ist in uns
und wir sind in der Luft;
Gott ist uns unendlich näher,
wir leben und schweben in Gott;

wir essen, trinken und arbeiten in Gott;
wir denken in Gott; und wer Sünde tut,
erschrick nicht, daß ich so rede
der sündigt in Gott …
Gott ist uns viel inniger als das Allerinnigste in uns;
da wartet er auf uns;
da will er sich uns mitteilen
und uns also selig machen.

(Gerhard Tersteegen)

Ich habe die ganze Welt
auf der Suche nach Gott durchwandert
und ihn nirgendwo gefunden.
Als ich wieder nach Hause kam,
sah ich ihn an der Türe meines Herzens stehen,
und er sprach:
»Hier warte ich auf dich seit Ewigkeiten«.
Da bin ich mit ihm ins Haus gegangen.

(Rumi)

Es wird aus den Beispielen deutlich, dass diese Texte von einem sehr persönlichen, intensiven und erfahrungs-bezogenen Gottesverständnis zeugen, das nicht mit dem theologisch verstandesmäßigen Lehrgebäude der Kirche übereinstimmt. Jedenfalls wurde Evagrius 150 Jahre nach seinem Tod als Ketzer verurteilt. Seine Ansichten drohten angeblich die Grenzen zwischen dem erhöhten Christus und dem Glaubenden zu verwischen (nach Andreas Ebert). Dieser Vorwurf wurde und wird von der Kirche immer wieder erhoben, wenn Einzelne über mystische Erfahrungen mit Gott berichten, die dem herkömmlich (historisch und theologisch) begründeten Gottesverständnis zuwider zu laufen scheinen.

Gotteserfahrungen

Schon immer war es für die Theologie und für alle spirituell Interessierten von größter Bedeutung, wenn Menschen von eigenen Erfahrungen mit Gott berichteten. Nichts ist authentischer als das eigene unmittelbare Erleben eines Menschen, den man als vertrauenswürdig und ernsthaft kennt, und der solche Erfahrungen schildert. Und dennoch sind solche Schilderungen häufig mit dem Argument zurückgewiesen worden, es könne nur das gelten, was in der Bibel stehe. Allerdings muß sich, wer so argumentiert, entgegenhalten lassen, dass ja auch in der Bibel von Wundern und direkten Erfahrungen mit Gott berichtet wird. Man denke etwa an das Erlebnis vor Damaskus, das Saulus zum Paulus machte. Sicherlich sollte die allgemeine Regel gelten »Prüfet die Geister«. In unserer Zeit hat es ja aus dem Bereich der Esoterik eine regelrechte Flut von Veröffentlichungen gegeben, die von Eingebungen und Informationen aus einer »Geistigen Welt« von Engeln und Geistwesen berichten, und die unseren Buchhandlungen ein großes Kundeninteresse und hohe Umsätze beschert hat. Solche Bücher und Berichte stoßen vielfach – wie ich meine sehr zu recht – auf große Skepsis, gerade in religiösen Kreisen. Und so warnte mich auch – lange bevor diese Fülle von Büchern und Erfahrungsberichten erschien – unser damaliger Ortspfarrer Müller mit eindringlichen Worten vor den »Irrlehren der Gnosis«.

Auch wenn Vorsicht angebracht erscheint bin ich jedoch der Überzeugung, dass wir in der heutigen Zeit besonders aufmerksam zuhören sollten, wenn es um die Schilderung persönlicher Gotteserfahrungen geht. Sie passen zum einen vollständig in das Weltbild der modernen Physik (und wie ich meine zum Weltbild der Bibel), zum anderen sind sie mittlerweile erstaunlich gut dokumentiert und empirisch belegt. Und schließlich kann ich ja auch meine vielfachen eigenen Erfahrungen nicht ignorieren, die mit anderen beschriebenen Erfahrungen übereinstimmen.

Eine stetig wachsende Zahl von persönlichen Erfahrungen und Schilderungen bezieht sich auf sogenannte »Nahtoderlebnisse«. Seit den frühen 1970er Jahren haben die »Pioniere« Elisabeth Kübler-Ross und Raymond Moody solche Erfahrungen in großer Zahl recherchiert und dokumentiert. Einen guten Überblick über den jetzigen Stand der Forschung gibt der niederländische Kardiologe Pim van Lommel in seinem 2007 erschienenen Buch »Endloses Bewußtsein – Neue medizinische Fakten zur Nahtoderfahrung«. Besonders ergreifend ist auch die Schilderung des amerikanischen Arztes Eben Alexander, der als Mediziner eine solche Erfahrung »am eigenen Leib« erlebt und in einem Buch festgehalten hat.

Die zweite Gruppe von Erfahrungen und Berichten umfaßt persönliche Schilderungen eines «spirituellen Erwachens». Im Zen sprechen wir von «Erleuchtungserfahrungen». Andere Ausdrücke für das gleiche Phänomen aus anderen Kulturkreisen sind «kosmisches Bewußtsein« oder Sahmadi.

Im Zen gibt es – über die Jahrhunderte hinweg – eine sehr große Anzahl solcher Erfahrungsberichte, die sehr gut dokumentiert sind. Seit den 1950er Jahren, als der Westen in Kontakt mit den fernöstlichen Lehren kam, gibt es auch bei uns Veröffentlichungen, die Schilderungen von Erleuchtungserfahrungen enthalten, so etwa von Phillipp Kapleau (Die drei Pfeiler des Zen) und Eckhart Tolle (The Power of Now). Und natürlich sollten wir uns in Erinnerung rufen, dass Indien das Mutterland der fernöstlichen Spiritualität ist und bleibt. Aus Indien gibt es bis zum heutigen Tag einen nicht endenden Strom von dokumentierten Erleuchtungserfahrungen und Schilderungen, die in christlicher Diktion als Wundererzählungen bezeichnet würden. Mich hat – wie viele tausend andere – das Buch des indischen Meisters Yogananda (Autobiographie eines Yogi) besonders beeindruckt. Die dortigen Lehrer (wie etwa Sri Yukteshwar, der Meister Yoganandas) verfügten über eine solche »innere Kraft«, dass sie Erleuchtungserfahrungen bei ihren Schülern unmittelbar durch Übertragung hervorrufen können.

Trotz dieser Fülle an Erfahrungen und Schilderungen ist das Zen solchen Erlebnissen gegenüber äußerst zurückhaltend. Im Zen übernimmt der erfahrene und kritisch-strenge Meister und Lehrer für den Schüler die Aufgabe des »Prüfet die Geister«. Diese stetige Prüfung ist sehr wichtig und verhindert, dass der Schüler belanglosen spirituellen Erlebnissen »hinter her läuft« und sich auf diese fokussiert. In immer neuen Gesprächen mit dem Meister nimmt dieser den Schüler »an die Hand« und führt ihn auf seinem Weg. Dadurch entsteht eine sehr enge persönliche Vertrauensverbindung zwischen Schüler und Meister, deren Bedeutung vor allem auch im Tibetischen Buddhismus und im Hinduismus immer wieder hervorgehoben wird. Der Weg des Zen zur Gottes- und Erleuchtungserfahrung wird dadurch zu einem »geführten« Weg, was den Schüler beruhigen und bestärken darf. Der Zen-Weg erscheint aber – bei näherer Betrachtung – auch besonders mühsam und beschwerlich. Gerade heute sind wir ja gewohnt, jede Information sofort verfügbar zu haben und alles kaufen zu können. Da erscheint die Anweisung, sich in jahrelanger Übung auf ein Meditationskissen zu setzen, doch sehr mühselig, ja unzumutbar.

Wir vergessen dabei meist, dass es bei jedem spirituellen Weg darum geht, eine Wegstrecke »zurückzulegen«, eine Wegstrecke im tatsächlichen Sinn des Wortes zu »meistern«. Was gemeistert werden muß, ist – in der Begrifflichkeit des Ostens – die Auseinandersetzung mit dem Karma, mit den Belastungen und »Verhaftungen«, die der Mensch in seiner Seele (aus früheren Leben) mitbringt. Zen nennt dieses Karma »eitle Verhaftungen«, die es abzulegen gilt. Immer wieder spricht der Zen-Schüler die »großen Gelübde« aus, zu denen auch dieses gehört: »Grenzenlos sind eitle Verhaftungen. Ich gelobe, sie alle zu lassen.«

Karma, Sünde, Angenommen Sein

Wir Christen wenden uns spätestens dann mit Grausen ab, wenn wir die Worte Karma und »frühere Leben« hören. Wir meinen: Diese armen Buddhisten und Hindus, die ihr Karma »erlösen« müssen. Wir Christen sind dagegen ein für alle mal erlöst durch den Kreuzestod Jesu. Wir sind zwar Sünder, können jedoch der Vergebung gewiss sein. Wir sind damit durch die Erlösungstat Christi angenommen von Gott.

So verschieden jedoch die Theologie hinter diesen Begriffen erscheinen mag, möchte sie doch – aus meiner Sicht – genau das Gleiche sagen. Eine Schlüsselstelle des Neuen Testaments ist in diesem Zusammenhang der Text aus Offenbarung 3,20: »Siehe, ich stehe vor deiner Tür und klopfe an.« Wir sind es also, der die Tür aufmachen muss. Gott gibt uns die Freiheit, diese Tür nicht zu öffnen. Erst wenn wir die Tür öffnen, kann Christus »eingehen« und das Abendmahl mit uns feiern. Was ist denn diese Tür? Sie ist alles das, was gerade mich persönlich von Gott trennt. Natürlich hat Gott den Menschen angenommen, ja er liebt jeden Einzelnen wie den »Verlorenen Sohn«.

Und dennoch sind wir es, die die Tür nicht aufmachen, und es liegt deshalb gar nicht an Gott, wenn Er keinen Zugang zu uns findet.

Es kann sehr schwer sein, die persönliche Tür zu öffnen, die uns von Gott trennt. Wie schwer, zeigt ein besonderes Beispiel aus dem Neuen Testament, die Geschichte vom Reichen Jüngling, die wir weiter unten noch einmal ausführlich betrachten wollen. Er ist ja aus unserer diesseitigen Sicht in einer recht komfortablen Position: Er ist nicht nur reich, sondern hat zudem noch alle Gebote eingehalten »von Jugend auf.« Wir können ihn wohl gut vergleichen mit einem typischen, erfolgreichen Protestanten. Was trennt ihn, dessen Leben offensichtlich unter Gottes Segen steht, denn noch von Gott? Wo ist seine Tür, die er noch nicht geöffnet hat? Jesus legt mit einem kurzen Satz den Finger in die Wunde und benennt die Tür: »Geh und verkaufe alles was du hast und gib es den Armen.« Mit fernöstlichen Begriffen gesprochen würden wir sagen: Sein Karma besteht darin, dass er am Materiellen klebt. Im fernöstlichen Verständnis bezieht sich dieses Kleben-Bleiben (die vom Zen so genannten »Eitlen Verhaftungen«) jedoch nicht nur auf materielle Güter. Es ist auch ein Kleben-Bleiben im Verstand, in Vorstellungen, Plänen und Lebensentwürfen. Man hat schon viel aus seinem Leben gemacht und viel erreicht, jetzt möchte man noch mehr erreichen. Der Reiche klebt nicht nur am Geld, er ist auch buchstäblich reich an Vorstellungen, Gedanken und Plänen. Wie sollte er jemals dem Beispiel Jesu folgen und 40 Fastentage in der Wüste verbringen? Genau dies ist die Herzenstür, die er nicht öffnet, und die ihn deshalb von Gott trennt.

Drittes Kapitel – Der Weg zu Gott

Das Rätsel Gott

Es ist unglaublich, wieviel Verstandesaktivität der Mensch über Jahrhunderte aufgebracht hat, um das Wesen Gottes zu ergründen. Unzählige Bücher wurden geschrieben, unzählige »Gottesdienste« wurden abgehalten, Kathedralen und Pyramiden wurden gebaut. Religionsstifter wie Buddha, Jesus und Mohammed kamen auf die Welt, um den Menschen zu führen und an die Hand zu nehmen. Die Botschaft des Christentums kämpfte mit der kleinen Schar der Apostel, der Urgemeinde und ihrer Anhänger für drei Jahrhunderte um das nackte Überleben. Dann schaffte es das Christentum schließlich unter Kaiser Konstantin sogar, Staatsreligion des römischen Reiches zu werden, und der Dom in Trier wurde gebaut. Generationen von Priestern und Theologen zerbrachen sich (buchstäblich) ihre Köpfe, um ihre Gottesvorstellungen den Menschen zu erklären. Und vergessen wir nicht: Unzählige Kriege und Auseinandersetzungen wurden um die Religion und ihre Auslegung geführt, unzählige Menschen verloren um ihretwillen das Leben, ja wurden sogar von der Kirche – angeblich um des Glaubens willen – umgebracht.

Und doch ist die Frage nach Gott (wir können auch sagen die Frage nach dem Wesen Gottes, nach dem Wesen des Menschen, nach dem Verhältnis von Gott und Mensch) bis zum heutigen Tag für die große Masse der Menschen nicht beantwortet. Das gilt sowohl für die theologischen Laien als auch für die große Zahl von Theologen, die an ihrem eigenen Glauben zweifeln und manchmal verzweifeln. Zwar kann der Mensch mittlerweile fliegen, gar zum Mond fliegen, über Satelliten kommunizieren und Computer in jeder Form bauen. Und dennoch sind Menschen einsam und enttäuscht, wenn sie keinen Zugang finden zu Gott und zum Sinn ihres Lebens. Ich denke jetzt an einen Freund, der an dieser Stelle immer resigniert einwirft: »Es gibt keinen Sinn des Lebens und der Mensch sollte endlich aufhören, danach zu fragen.«

Man könnte aus all dem schließen, dass die Beantwortung dieser Frage trotz aller religiösen Botschaften unendlich schwierig ist. Und tatsächlich: Für unseren menschlichen Verstand ist diese Frage nicht nur schwierig zu beantworten, sondern es ist – nach meiner Überzeugung – sogar unmöglich, diese Frage mit dem menschlichen Verstand zu beantworten. Und das aus dem simplen Grund, weil der menschliche Verstand ein Teil des Problems ist. So sehr wir unseren Verstand brauchen, um uns in der uns verständlichen Welt (»dieser Welt«) zu bewegen und zurecht zu finden, so sehr ist er ungeeignet, um »über diese Welt hinaus« zu denken. Alle Intelligenz menschlicher Wissenschaft bewegt sich eben immer innerhalb »dieser Welt«. Innerhalb dieser Welt sind wir wahrhaftig sehr weit gekommen. Schon lange haben wir erforscht, wie der Mensch aus der Evolution entstanden ist. Wir haben ein wissenschaftliches Weltbild, in dem Gott nicht explizit vorkommt, eben weil es ein Bild von »dieser Welt« ist. Doch an den Grenzlinien unseres Weltbildes, in vielen Bausteinen der Welt, die dem Menschen »paradox« vorkommen, ist unser Verstand ratlos. Wohlgemerkt, die Ratlosigkeit bezieht sich nicht auf kleine Unstimmigkeiten, die gleichsam »am Rande« liegen, sondern auf fundamentale Fragen: Wir wissen nicht, was der Urknall war, was ihn ausgelöst hat, was vor dem Urknall war, wir verstehen nicht, wieso Licht gleichzeitig Welle und Korpuskel ist, und wir verstehen nicht, was leerer Raum ist. An diesen Grenzen unserer Welt und unseres Weltbildes fragen einige Wissenschaftler ganz neu nach Gott. Andere halten diese Frage schlicht für sinnlos: Warum sollte man alles, was wir nicht wissen, in einen neuen Begriff »Gott« projizieren, den wir ebenso wenig begreifen und verstehen können?

Welchen Weg weist Jesus?

Es scheint also so, dass die persönliche Antwort auf die Frage nach Gott schwierig zu finden ist, selbst für besonders gebildete und intelligente Menschen wie etwa Naturwissenschaftler und Theologen. Umso verwunderlicher scheint mir die Auswahl, die Jesus bei der Berufung seiner Jünger trifft. Als Fischer und Ungebildete gehören sie samt und sonders zum »einfachen Volk«. Wir müssen wohl annehmen, dass sie Analphabeten waren. Und dennoch scheinen sie seiner Meinung nach offenbar über die besten Voraussetzungen zu verfügen, Jesu Lehre zu verstehen und in sich aufzunehmen. Vielleicht können wir sogar sagen, dass gerade die Tatsache, dass die Jünger »unverbildet« waren, ihnen einen direkten (Herzens-)Zugang zu der neuen und fremdartigen Lehre Jesu erlaubte. Demgegenüber hatten die gebildeten Pharisäer und Schriftgelehrten ihr (verstandesmäßiges) Lehrgebäude aus festgefügten Meinungen »im Kopf«. Ist es also einfacher, die Gottesfrage zu beantworten und einen persönlichen Weg zu Gott zu finden, wenn man nicht auf Wissen und Verstand baut?

Jesus beschreitet genau diesen Weg. Er wählt nicht nur seine Jünger aus dem einfachen Volk, sondern weist uns auch in vielen seiner Äußerungen auf einen Weg, der den Verstand überschreitet. Er benutzt den Verstand zwar weiterhin – etwa in seinen Auseinandersetzungen mit den Pharisäern – als technisches

Werkzeug zum Verständnis »dieser Welt«. Geht es aber um die Erkenntnis Gottes, besser ausgedrückt um »die Erfahrung Gottes«, so läßt er den Verstand beiseite, weil er hier einfach nur hindert. Statt der Darlegung eines in sich geschlossenen »Lehrgebäudes« geht es bei Jesus immer wieder um die konkrete Nachfolge. Auf dem Weg der Nachfolge gibt es für die Jünger von Zeit zu Zeit Hinweise auf Gott, aber auch konkrete Erfahrungen, seien es Wunder, seien es Heilungen oder einfach spontane Antworten Jesu auf »Fangfragen« der Pharisäer.

Für mich ist es dabei faszinierend, wie eng der von Christus aufgezeigte »Weg der Nachfolge« und der spirituelle Weg des Zen beieinander liegen. Zen bietet uns an, fordert uns auf, mit unserer verstandesmäßigen Lebensweise radikal zu brechen. Wir sagen im Zen: Hör auf zu fragen, setz dich auf dein Kissen und gehe in deine Übung. Christus fordert uns in gleicher Weise auf, in die Radikalität der Nachfolge zu gehen. Viele Einwände werden ihm entgegengehalten. Da geht es manchmal um sehr naheliegende »Argumente«, die gegen diese Nachfolge sprechen. Und es geht auch immer um die Frage des Zeitpunktes. So ist es auch bei uns. Schieben wir diese Nachfolge auf, oder entscheiden wir uns im gegenwärtigen Augenblick, im »Jetzt«?. Meist haben wir uns prinzipiell für die Nachfolge Christi entschieden, können aber nicht jetzt sondern erst später damit beginnen. Wie radikal ist doch die Antwort Christi darauf: Laß die Toten ihre Toten begraben, du aber komm und folge mir nach. Der spirituelle Weg führt immer ins JETZT und HIER, er beginnt immer jetzt und hier. Der Verstand möchte uns aber mit Argumenten davon abbringen und bringt immer wieder Vergangenheit und Zukunft ins Spiel. Kann denn wirklich irgend jemand von der Hand weisen, daß man zuerst die Toten begraben muß? Ja, Christus tut das. Er zeigt uns auf, dass dieser Weg im JETZT beginnt.

Folgen wir dieser Aufforderung! Bringen wir die nötige Offenheit und Radikalität auf! Lassen wir uns überraschen!

Der Weg der Nachfolge ist ein Weg jenseits aller vorgefaßten Meinungen und Vorstellungen. Wir haben schon eingangs in den ersten beiden Geboten gesehen, daß Bilder und Vorstellungen uns bei der Nachfolge behindern und irreleiten. Nachfolge heißt immer, jetzt und hier den Schritt zu tun, den Gott mir als nächsten Schritt eingibt. Dabei kann es oft vorkommen, dass der Sinn dieses Schrittes sich mir nicht erschließt. So ist es auch beim Zen: Ich gehe in meine Übung und setze mich auf mein Kissen, ohne eine Vorstellung oder ein klares Konzept im Kopf zu haben. Im Gegenteil: Es gilt, alle Konzepte und Vorstellungen beiseite zu lassen. Das fällt oft sehr schwer. Wie gut wäre es da, wenigstens eine generelle Orientierung zu haben, wie der Weg beschaffen ist, und was Nachfolge bedeutet. Zum Glück haben wir solche Orientierungen in der Bibel und in anderen heiligen Texten.

Gott ist Geist

Eine solche Orientierung, einen Schlüsselsatz des Neuen Testaments, gibt uns Jesus im Gespräch mit der Samariterin am Brunnen (Joh. 4). Dort heißt es:

Aber es kommt die Zeit und ist schon jetzt, in der die wahren Anbeter den Vater anbeten werden im Geist und in der Wahrheit; denn auch der Vater will solche Anbeter haben. Gott ist Geist, und die ihn anbeten, die müssen ihn im Geist und in der Wahrheit anbeten.

Über diesen Vers kann man wohl gar nicht lange genug meditieren. Gott ist Geist. Wir versuchen dagegen in unseren Vorstellungen immer wieder, Gott durch die Adjektive greifbar zu machen, die wir ihm zumessen. Wir sagen etwa: Er ist groß, Er ist allmächtig, Er ist gerecht, Er ist ewig, Er ist gut. Wie naiv all diese Charakterisierungen sind, sollte schon daran deutlich werden, daß wir wohl kaum ER oder SIE sagen können, und der »fortschrittliche« deutsche Sprachgebrauch »Gott*in« ist wohl auch kaum hilfreich.

Jesus bewegt sich mit seiner Aussage auch nicht auf der Ebene unseres Verstandes. Er macht keine analytischen Erklärungsversuche. Er gibt der Frau viel mehr, etwas viel wichtigeres: Es ist eine Offenbarung, eine Botschaft, eine Wegweisung »von Herz zu Herz«. Denn diese Frau fragt wirklich, sie öffnet sich, es ist ihr ein Herzensanliegen. In dem Gespräch davor geht es rasch von der verstandesmäßigen Ebene in die tieferliegende Ebene der Seele und des Bewußtseins. Jesus weiß eben, daß es der Frau um ein echtes inneres Anliegen geht. Und er offenbart seinerseits, dass er hellsichtig ist und ihre komplizierten Partnerschaftsverhältnisse, ihre ständig wechselnden Partnerschaften mit einem Blick durchschaut. Wir würden heute sagen: Jesus hat »kosmisches Bewußtsein«, er ist der Christus, er ist ein Erwachter und ein Meister. Die Bibel sagt dazu auch: Er ist der »Sohn Gottes«.

Diese göttliche Bewußtseins-Klarheit ist so ganz anders als die Aussagen auf der Ebene unseres Verstandes. Die Verstandesebene hat Jesus kurz und mit einer bemerkenswerten Radikalität abgehandelt. Er sagt:»Ihr (Samariter) wißt nicht, was ihr anbetet; wir wissen aber, was wir anbeten; denn das Heil kommt von den Juden« (Joh. 4,22). Jesus hat es gar nicht nötig, auf der Verstandesebene zu argumentieren oder vorsichtige Äu-

ßerungen zu tun, die unserem Verständnis von Toleranz gegenüber Andersgläubigen entsprechen. Denn er weiß, dass man
auf dieser Ebene ohnehin keine wirklich relevanten Äußerungen über Gott machen kann. Ihm geht es um die tieferliegende
und weit darüber hinausgehende Ebene, die wir im Christentum als »Göttliche Offenbarung« bezeichnen. Im Zen würden
wir dazu sagen: Er spricht als Erleuchteter auf der Ebene des
kosmischen Bewußtseins, des »Christus-Bewußtseins«. Und
auf dieser Ebene offenbart er sich auch der Frau gegenüber als
Christus und Messias.

Es wäre vollkommen sinnlos, seine Worte der Offenbarung
wiederum auf die Ebene unseres menschlichen Verstandes he-
runterziehen und dort analysieren zu wollen. Und dennoch
bringen seine Worte Licht in das Dunkel, sie scheinen gleichsam wie ein Leuchtturm und beleuchten die Wirklichkeit Gottes. Das Wort »Geist« wirft einen Lichtstrahl auf diese Wirklichkeit, und dieser Lichtstrahl gibt uns eine »Ahnung«, ein
Stück intuitive Erkenntnis. Der Lichtstrahl offenbart auch viel
darüber, was Gott »nicht ist«. Geist ist jedenfalls kein Körper,
obwohl viele Menschen das nur zu gerne hätten und dafür
den Mythos der Schöpfungsgeschichte bemühen, wonach wir
als Ebenbild Gottes erschaffen worden sind. Geist ist und hat
auch keine spezifische Form, er hat vielmehr sehr viel Ähn-
lichkeit mit dem Begriff »Leerheit«, den wir im Zen benutzen.
Und Geist ist auch kein »Ding«, ein abgegrenztes, körperliches
Gegenüber, das wir mit unserem Verstand definieren und mit
unseren Sinnen wahrnehmen können.

Der zeitgenössische indische Meister Sri Sri Ravi Shankar, der
Gründer der spirituellen Schule »Art of living«, hat alles das,
was man mit menschlichen Worten über »Gott ist Geist« sagen
kann, ganz wunderbar und feinfühlig beschrieben.

»What is spirit? What is all this about spirit? What is the nature of spirit? Spirit is something that is understanding; spirit is something that experiences and expresses. It is something, it is not nothing. Yet it is not something, because it is not a thing. And it is not finite, it is infinite, you can not measure it. What does it experience and what does it express? These are called: the values. Love, Understanding, Caring, Sacredness, …«

So präzise und verstehend kann nur jemand über Gott sprechen, der Ihn und seine immer während Gegenwart wirklich selbst erfahren hat, gewissermaßen »am eigenen Leibe« erfahren hat. Denn unser Körper spielt eine zentrale Rolle, wenn es um die Erfahrung Gottes geht. Paulus formuliert das klar und eindeutig (1.Kor. 6): Wisset ihr nicht, dass euer Leib ein Tempel des Heiligen Geistes ist? Und natürlich ist da kein Unterschied zwischen der Botschaft Christi »Gott ist Geist« und dem »Heiligen Geist«, dem Tröster, den Er uns gesandt hat.

Deshalb – und nur deshalb – sind wir hier auf dieser Welt: Um Gott als Geist durch und mit unserem Körper zu erfahren. Dieser Geist ist immer da und er ist in Allem. Wir müssen Ihn nur »einlassen«. Er ist es, von dem Jesus sagt: »Siehe, ich stehe vor der Tür und klopfe an«. Und natürlich ist da kein Unterschied zwischen dem »Gott ist Geist«, dem »Jesus als Christus« und dem Heiligen Geist. Auch wir Christen sprechen ja schließlich – mit der Bibel – vom »Dreieinigen Gott«.

Dieser »Geist Gottes« ist die eigentliche Realität. Er ist das, was bleibt, was über Raum und Zeit steht. Er ist auch das, von dem der Mythos in der Schöpfungsgeschichte sagt: »Und der Geist Gottes schwebte über dem Wasser«. Wir dagegen sind die kurzlebigen Geschöpfe, die für lächerlich kurze 70 oder 90 Jahre in diese Welt hineingeboren, geschaffen worden sind. Wir sind die Blätter, die im Herbst vom Baum fallen. Die sich einbilden, »das« Leben sei zuende, weil »ihr« kleines Leben zuende ist. Wir haben unser großes, kleines EGO, das sich einbildet, ein besonderes Blatt zu sein, ja gar das einzige Blatt zu sein, auf das es ankommt. Und andererseits sind wir die einzigartigen und geliebten Geschöpfe Gottes. Jeder von uns hat seine besondere Tür, vor der Jesus steht und anklopft. Jeder kann – eigentlich – in diesem Leben seine Tür öffnen. Er kann den Göttlichen Geist in sein Leben einlassen. So nennen wir in religiöser Sprache den Vorgang der Türöffnung.

Die Anbetung Gottes im Geist und in der Wahrheit

Das Einlassen des Göttlichen Geistes in unser Leben, die Öffnung unserer Inneren Tür, ist der wahre Gottesdienst, die wahre Anbetung Gottes. Sie wird in der Bibel vielfältig beschrieben. So etwa in dem Vers: »Wieviele Ihn aber einließen, denen gab er Macht, Gottes Kinder zu werden« (Joh. 1,12). Dieses Einlassen, die Öffnung unserer inneren Tür, kann nur in der Wahrheit geschehen. Mein ganzes Leben hindurch hat mich zu diesem Thema der Gebetstext begleitet, den in meiner Jugendzeit der örtliche Pfarrer Müller vor seiner Predigt bzw. nach der Lesung des Predigttextes in tiefer Ehrfurcht betete: »Heiliger Vater, heilige uns in der Wahrheit. Dein Wort ist die Wahrheit«. Dieser Satz aus dem Hohepriesterlichen Gebet Christi (Joh. 17,17), der mit solcher Klarheit, mit solch großem inneren Respekt und mit solcher Hingabe gesprochen wurde, war für mich immer ein Wegweiser auf dem Weg zu dieser Wahrheit Gottes. Er ist auch gleichsam ein Türöffner für unsere innere Tür. Mit ihm öffnen wir die innere Tür, die uns von Gott trennt und »lassen Ihn ein«. Dabei geschieht nichts anderes, als dass wir die Vorstellungen, Wünsche und Projekte unseres kleinen, großen EGO beiseite schieben und uns für Gottes Willen öffnen. Anbetung in der Wahrheit ist damit gleichbedeutend mit dem Satz aus dem Vaterunser: Dein Wille geschehe. Diese Öffnung unserer inneren Tür für Gott kann nur in Ehrfurcht, Achtsamkeit und Respekt und in absoluter Ehrlichkeit Gott gegenüber geschehen. Nur dann bin ich in der Wahrheit.

Im Zen nennen wir diese Haltung und Praxis »Meditation«. Die östlichen spirituellen Wege wissen, dass die innere Öffnung des Menschen nur im Körper und mit dem Körper geschehen kann. Die Öffnung der Tür ist ein Akt der Hingabe an den Göttlichen Geist, den ich innerlich und körperlich in tiefer Ehrlichkeit vollziehen muß. Ich kann diesen Schritt nicht mit meinem Verstand »begreifen«. Er ist gerade nicht ein Schritt des Verstandes, Ich kann ihn nicht mit Gedanken und Logik verstehen. Ich kann ihn vielmehr nur jetzt und hier, im »Tempel« meines Körpers vollziehen, wenn ich »in der Wahrheit« bin, wenn ich auf die Göttliche Wahrheit höre. Dann und nur dann bin ich auf dem Weg zu Gott, der in diesem Sinne immer ein schmaler Weg ist.

Viele Christen können diesen Weg der »Anbetung in der Wahrheit« nicht gehen, weil sie ihre innere Tür nicht kennen. Sie können nicht zwischen Wahrheit und Einbildung, zwischen Wahrheit und »Vorstellung« unterscheiden, weil sie den Unterschied zwischen ihrem EGO und ihrem »Wahren Selbst« nicht kennen. Sie denken: Ich bin doch ich. Und wenn ich bete, dann bete ich doch aufrichtig, ich meine es doch ernst. Leider ist dieses naive Gebet in Unkenntnis der eigenen inneren Tür eben kein Gebet in der Wahrheit. Sehr häufig werden in einem solchen »Gebet« lediglich die aktuellen Wunschvorstellungen des EGO in totaler Blindheit an Gott gerichtet. Leute beten um Geld, um einen Lottogewinn, um Hilfe beim Bestehen einer Prüfung, um Genesung von einer lästigen Krankheit und vieles mehr. Sie beten auch, dass sie selbst den Krieg gewinnen mögen, und nicht ihr Feind.

In der Bibel wird an vielen Stellen darauf hingewiesen, dass ein solches Gebet nichts weiter ist als ein inneres Plappern (Matth. 6,7). Zwar verheißt Jesus in der Bergpredigt Gebetserhörung für den wahren Beter. Doch steht im Neuen Testament auch – unmittelbar folgend – die Aufforderung, »Gehet ein durch die enge Pforte« (Matth. 7,13). Diese enge Pforte, dieser schmale Weg ist gleichbedeutend mit der Öffnung der inneren Tür. Diese Tür und diese Pforte gilt es erst einmal zu finden, zu sehen und sich ihrer bewußt zu werden. Sie liegt immer da, wo die Unkenntnis über uns selbst und unsere Schwächen am größten ist. Wir haben zwar meist kein Problem damit, in sehr vager Form zu bekennen » …wir sind allzumal Sünder«. Doch, anstatt an unseren Schwächen wirklich zu arbeiten, gehen wir lieber schnell zur »Vergebung unserer Sünden« über. Dann bleibt in den meisten Fällen kaum mehr übrig als das recht gemütliche Karnevalslied »Wir sind alle arme Sünderlein, s'war immer so, s'war immer so. Der Herrgott wird es uns bestimmt verzeihn, s'war immer so, s'war so.« Aber so sympathisch dieses Lied von Willy Millowitsch auch daher kommt, es hat mit der Wahrheit der Bibel eben nichts zu tun, und ebenso wenig entspricht es dem entschlossenen Ringen eines Zen-Schülers, der den Kampf mit seinem EGO aufnimmt und konsequent meditiert, um seine innere Tür zu Gott zu öffnen und Ihn einzulassen. Wir sind eben so geartet, dass wir den Splitter im Auge unseres Nachbarn sehen, nicht jedoch den Balken im eigenen Auge. Genau an diesem Balken entlang führt aber der schmale Weg zur inneren Tür. Erst wenn wir diesen Balken mit größter innerer Anstrengung entfernt haben, führt uns der schmale

Weg der Türöffnung weiter zu vielen anderen Splittern, die wir ebenfalls im Auge haben, die wir aber wegen des Balkens gar nicht gesehen haben. Es ist klar, dass diese Aufforderung einen von sich selbst (vom eigenen EGO) überzeugten Pharisäer ebensowenig erreichen kann, wie einen oberflächlichen Christen, der lieber gleich auf die Sündenvergebung verweist als an die Bedeutung der Buße in seinem Leben zu denken.

Ein in christlichen Kreisen beliebter Weg, sich um die enge Pforte herum zu drücken, ist auch die Projektion der inneren Aufgabe der Türöffnung in die Außenwelt. Der so zentrale Balken im eigenen Auge ist in diesem Stadium noch vollkommen im Unbewußten verborgen. Diese Christen sehen ihre Aufgabe, ihren schmalen Weg vielmehr darin, am bösen Nachbarn Nächstenliebe zu üben, auch wenn er es einem so schwer macht. Allein das Streben nach Nächstenliebe reicht dabei aus, um immer wieder das eigene EGO zu bestätigen und für schuldlos zu erklären. Sollten daran noch Zweifel bestehen, schaffen weitere »gute Werke« den Beleg dafür, dass das eigene Bemühen »gut zu sein« jedenfalls ausreicht. Im Ergebnis bleibt das eigene Entzücken, wie oft man schon in der Rolle des barmherzigen Samariters war. Letztlich droht bei diesem Weg jedoch das Steckenbleiben im Pharisäertum. In dieser Gefahr steht auch eine Evangelische Kirche, die die eigenen Mitglieder nicht mehr erreicht, dafür aber Rettungsschiffe ins Mittelmeer schickt.

Der schmale Pfad, der christliche Weg zu Gott

Es gibt für uns Christen eine besondere Chance, einen direkten Weg zu Gott zu finden. Er besteht darin, durch ein tiefes, kindliches Gottvertrauen das Abgleiten in die EGO-Falle des Verstandes zu vermeiden. Es ist der Weg des Zöllners (Luk. 18,9), der gerade nicht auf seine guten Werke vertraut und nicht im großen EGO des Pharisäers stecken bleibt. Jesus beschreibt ihn so:

»Der Zöllner aber stand ferne, wollte auch die Augen nicht aufheben zum Himmel, sondern schlug an seine Brust und sprach: Gott, sei mir Sünder gnädig!«

Es ist erstaunlich, wie sehr die Geschichte vom Zöllner derjenigen des »Schächers am Kreuz« und der des »Hauptmanns von Kapernaum« gleicht. Der eine ist ein verurteilter Verbrecher, die beiden anderen sind Vertreter der verhaßten römischen Besatzungsmacht. Und doch beten alle drei Gott im Geist und in der Wahrheit an. Gerade weil sie aus der Gottesferne kommen, gelingt es ihnen, ihr EGO und ihren Verstand hinter sich zu lassen. Nach unserem christlichen Wortverständnis würden wir sagen: Sie hatten einen wahrhaftigen, tiefen Glauben. Mir kommt an dieser Stelle unmittelbar die Frage 21 aus dem Heidelberger Katechismus in den Sinn, die ich als Konfirmand 1963 noch auswendig lernen mußte:

»Was ist wahrer Glaube? Es ist nicht allein eine zuverlässige Erkenntnis, …, sondern auch ein herzliches Vertrauen, welches der Heilige Geist durchs Evangelium in mir wirkt, dass nicht allein anderen, sondern auch mir Vergebung der Sünden, ewige Gerechtigkeit und Seligkeit von Gott geschenkt ist, aus lauter Gnade, allein um des Verdienstes Christi Willen.«

Mir war als Konfirmand natürlich gar nicht bewußt, wieviel theologisches Denken und verstandesmäßige Spitzfindigkeit in diese Formulierung eingeflossen ist. Und doch ist es den Theologen zum Glück nicht gelungen, die Essenz der Antwort in ihrem »Räsonieren« ganz zu verdecken. Es geht nämlich um eben dieses »herzliche Vertrauen«, um die direkte vertrauensvolle Öffnung hin zu Gott. Und es geht darum, sich dieses »herzliche Vertrauen« eines tiefen Glaubens nicht durch verstandesmäßiges Räsonieren kaputt machen zu lassen. Wer so glaubt, fragt nicht weiter mit dem Verstand, ob es ein ewiges Leben gibt oder nicht, ob die Bibel sich für eine Kinder- oder eine Erwachsenentaufe ausspricht, und wer unter welchen Bedingungen zum Abendmahl zugelassen werden kann. All dies kann er dem Verstand der Theologen überlassen. Er selbst kann dagegen mit leuchtenden Augen und voller Freude in den – freikirchlichen – Gesang einstimmen: »Herrlich, herrlich wird es einmal sein, wenn wir zieh'n von Sünden klar und rein, in das gelobte Kaanaan, …«. Ein solches frohgemutes Vertrauen mag vielen »naiv«, ja sogar engstirnig erscheinen, doch ist es in Wahrheit ein »kindliches« und damit ein echtes Vertrauen. Und nur wenige Aussagen im Neuen Testament sind so klar und eindeutig formuliert wie die Aussage Jesu: »Lasset die Kindlein zu mir kommen und wehret ihnen nicht, denn solcher ist das Reich Gottes« (Matth. 19,14).

Und wir kennen auch die Ergänzung dieses Verses, die an anderer Stelle berichtet wird: »Wahrlich, ich sage euch: Wer das Reich Gottes nicht empfängt wie ein Kindlein, der wird nicht hineinkommen.« Genau dies ist auch das Verständnis von Zen: Wenn wir nicht lernen, durch unsere Übung der Meditation den ewig plappernden EGO-Verstand hinter uns zu lassen, so können wir nie zu dieser vollständigen Offenheit des Herzens vorstoßen, über die die kleinen Kinder verfügen. Sie können Gott zwar noch nicht bewußt im Geist und in der Wahrheit anbeten, aber sie leben dafür unbewußt ständig in der Einheit mit Gott. Man könnte auch sagen, sie leben vor dem Sündenfall, bevor sich irgendein EGO bilden konnte. Es ist so einleuchtend, dass ein kleines Kind deshalb, auch wenn es schon spricht, noch nicht »Ich« sagen kann, weil es gar nicht weiß, was dieses Ich sein soll. Es hat noch dieses uneingeschränkte »kindliche Vertrauen«, dass Jesus als die Vorbedingung für den Eintritt in sein Reich nennt. Hierin liegt auch ein wichtiger Hinweis auf die Natur wahrer Erleuchtung.

Ich schreibe diese Worte am 23. April 2020 und möchte hierzu erneut den heutigen Tagestext von Eileen Caddy zitieren (Herzenstüren öffnen), durch den Gott direkt zu uns spricht:

»Rücke nah an Mich heran, und Ich werde nah an dich heranrücken. Es liegt bei dir, den ersten Schritt in die richtige Richtung zu tun, indem du den direkten Kontakt zu Mir aufnimmst, und alles andere wird sich entfalten. Jede Seele wird anders vorgehen; dass einzig Wichtige ist, dass du den ersten Schritt tust, wie schwankend er auch sein mag. Wisse einfach, wenn du einmal den ersten Schritt getan hast, dann wird jeder folgende kraftvoller und sicherer sein. Du wirst Wunder über Wunder erleben, während du Meinen Willen tust und Meine Gesetze Gestalt annehmen siehst ....«.

Viertes Kapitel – Wer, wo und wie ist Gott?

In diesem Kapitel möchte ich versuchen, die Verbindungen zwischen meinen eigenen Erfahrungen mit Gott, den Texten der Bibel und den Texten des Zen zu beschreiben. Im christlichen Gottesdienst erhalten wir üblicherweise eine Textlesung und eine anschließende Auslegung, die uns den Text erklären möchte. Ein engagierter Theologe geht bei dieser Auslegung sehr gründlich vor. Er recherchiert die verschiedenen Übersetzungsmöglichkeiten, den Zusammenhang und den kulturellen Hintergrund, aus dem heraus der Text zu verstehen ist. Er versucht, den Inhalt des Textes in unsere heutige Zeit zu übertragen und findet möglicherweise Beispiele für sein Verständnis. Bei alldem hat der Theologe sich sicherlich aufrichtig um eine verstandesmäßige Durchdringung des Textes bemüht.

Aus den vorangegangenen Kapiteln dürfte jedoch deutlich geworden sein, dass ich den Versuch, Texte der Bibel mit Hilfe unseres Verstandes zu analysieren, für wenig erfolgversprechend, jedenfalls aber nicht für ausreichend halte. Mein Anliegen ist ein ganz anderes. Ich habe die hier zitierten Texte sehr lange nicht verstehen können, obwohl ich viele Predigten über sie gehört und Unterweisungen über ihr Verständnis erhalten habe. Auf meinem weiteren spirituellen Weg wurden mir jedoch vielfältige Erlebnisse und Erfahrungen zuteil, die mich mit großer Freude feststellen ließen, dass es sich bei den wichtigen Sätzen der Bibel um überlieferte Zeugnisse spiritueller Aussagen handelt, die vollständig mit den Lehren anderer spiritueller Wege übereinstimmen. Von diesen Erfahrungen möchte ich hier »Zeugnis geben« und über Inhalt und Bedeutung der Texte im Lichte der Erfahrungen berichten. Keinesfalls möchte ich hingegen Argumente dafür aufzeigen, dass ein bestimmter Text so und nicht anders zu verstehen ist.

Der brennende Dornbusch

In 2. Mose 3 wird über die Berufung des Mose und sein Gotteserlebnis am brennenden Dornbusch berichtet. Diese Schilderung und die Nennung des Gottesnamens »JHWH« ist sicherlich einer der zentralen Offenbarungstexte der Bibel. Mich hat dieser Text schon als Jugendlicher auf meiner Suche nach der Wahrheit angesprochen und fasziniert. Gott kann sich also an einer beliebigen Stelle in Form eines Feuers manifestieren und sich dadurch Mose offenbaren. Damals wußte ich noch nichts über die Lehre von den vier Elementen und ihre Symbolik. Ich habe nur die Heiligkeit dieses Textes in mir gespürt. Umso enttäuschter war ich aber, dass Gott dem Mose mit dem Satz »ICH BIN DER ICH BIN« antwortet. Für mich bedeutete dieser Satz damals nichts als eine Tautologie und die Verweigerung einer ausführlichen Antwort.

Heute weiß ich – und habe es erfahren – dass Gott mit diesem Satz aus dem Feuer des brennenden Dornbuschs in der Wüste dem Mose alles über sich offenbart. Ich weiß, dass dieser Satz heißt: Gott ist das ewige Sein, das ICH BIN. Dieses Sein ist jenseits der Zeit und damit sowohl innerhalb als auch außerhalb der Raumzeit, in der wir leben. Dieses Sein enthält unendliche Energie, die durch das Feuer zum Ausdruck kommt. Dieses Sein umgibt und erfüllt alles, was in Ihm geschaffen wird und existiert, mit unendlicher Liebe und Zuwendung. Dieses Sein ist in dem brennenden Dornbusch, der jedoch nicht verbrennt. Dieses Sein kann sich nach seinem Belieben manifestieren und zur Form werden. Es ist innerhalb der Materie und außerhalb von ihr. Das Sein manifestiert sich mit seiner Energie im Feuer. Es manifestiert sich aber auch als Materie, als Dornbusch. Es gibt für uns Menschen kaum etwas lebensfeindlicheres als einen Dornbusch in der Wüste. Und doch ist das ewige Sein Gottes, das ICH BIN, auch in diesem Dornbusch. So wie Es in dem Dornbusch ist, ist Es auch in uns, Es ist in allem, weil alles auch in ihm entstanden ist. Das versucht auch der Satz auszudrücken: »Gott schläft im Stein, träumt in der Blume und erwacht im Menschen.« Zen bezeichnet dieses Sein Gottes als »Leerheit« oder auch als »Buddhanatur«. Deshalb entspricht auch der Kernsatz des Zen »Alles Seiende ist dem Wesen nach Buddha« in seinem Gehalt genau dem »Ich bin der ICH BIN«.

Aus meiner Sicht gibt es zudem keinerlei Unterschiede zwischen dem mystischen Erleben des Mose und den Erkenntnissen der modernen Physik. Wir Menschen erfahren uns mit unseren Sinnen innerhalb einer Raumzeit, die wir als vierdimensional wahrnehmen. Zwar können wir seit Einstein verstehen bzw. mathematisch nachvollziehen, daß diese Raumzeit gekrümmt ist, und wir können in der Welt der Mathematik ohne weiteres mit n-dimensionalen Räumen rechnen. Dennoch übersteigt es völlig unser alltägliches Vorstellungsvermögen, zu verstehen, was ein n-dimensionaler Raum ist. Es verwundert deshalb auch nicht, daß die Physik bis heute nicht verstanden hat, was »leerer Raum« bzw. »Der Weltraum« eigentlich ist. Wir nehmen Dinge und Himmelskörper im Raum wahr, wir erforschen ihre Eigenschaften und ihre Bewegungen, wir beschreiben Kräfte und Felder, die im Raum auftreten. Aber wir haben keinerlei Vorstellung davon, um was es sich bei diesem Raum handelt und welche Eigenschaften er hat und behält, wenn wir alle Dinge »wegdenken«. Wie sollten wir auch als dimensional beschränkte Wesen verstehen können, was sich in anderen Dimensionen abspielt? Es ist so, als sollte ein zweidimensionales Strichmännchen, das auf ein Blatt Papier gemalt wird, die vierdimensionale Wirklichkeit verstehen, die wir wahrnehmen. Und doch wird uns in diesem Text des Alten Testaments davon berichtet, wie sich dieses »ICH BIN« wie aus einer »anderen Welt«, gleichsam von außen und doch innerhalb unserer Welt dem Mose offenbart. Im Neuen Testament wie auch in vielen anderen Texten wird uns in gleicher Weise über Wunder berichtet, die mit unseren Naturgesetzen nicht vereinbar zu sein scheinen und deshalb für uns nicht zu verstehen sind. Ich meine, wir sollten 2000 Jahre später etwas toleranter und offener geworden sein solchen Erzählungen gegenüber. Wir sollten versuchen, aus ihnen zu lernen, anstatt alles abzustreiten, was sich unserem Verständnis entzieht.

Christus hat uns die Botschaft, die Mose aus dem brennenden Dornbusch vernimmt, auch im Ritual des heiligen Abendmahls hinterlassen. Und deshalb findet sich im Eucharistischen Hochgebet der Katholischen Kirche ebenfalls der Bezug auf dieses allumfassende Sein Gottes, das ICH BIN. In der abschließenden »großen Doxologie«, die sich auf Jesus Christus bezieht, heißt es: »Durch Ihn und mit Ihm und in Ihm ist Dir, Gott, allmächtiger Vater, in der Einheit des heiligen Geistes, alle Herrlichkeit und Ehre jetzt und in Ewigkeit.« Hier geht es zwar darum, wie durch Christus auch Gott »alle Herrlichkeit und Ehre« erwiesen wird. Wir können jedoch, wie weiter unten noch deutlicher wird, diese Aussage genauso auch auf unser Leben ausdehnen. Wir leben durch den Heiligen Geist Gottes und nur durch Ihn. Wir leben in Gott dem Vater, der allumfassend ist und in allem ist. Und wir leben mit Jesus Christus, der wahrer Mensch ist zugleich wahrer Gott ist. Jesus hat, obwohl er wahrer Mensch ist, keinerlei EGO-Schranken um sich herum aufgerichtet, die Ihn von Gott trennen. Deshalb ist er Christus und zugleich wahrer Gott. Noch deutlicher als Er kann uns niemand den Weg zu Gott weisen.

Gott, unser Vater

Vor mir liegt gerade eine Zeitschrift, das Heft Nr. 29 von GEO Kompakt, das sich dem Thema widmet »Der Urknall ... und wie die Welt entstand«. Das Heft enthält die Beschreibung unseres heutigen wissenschaftlichen Weltbildes. Der Untertitel lautet: »Wie das Nichts zu Raum und Zeit wurde.« Den Untertitel hat sicher ein Journalist geschrieben, denn ein seriöser Wissenschaftler würde schon präziser sagen, dass er nicht weiß, was vor dem Urknall war. Der Satz eignet sich aber besonders gut, um das Weltbild der Bibel und das eines spirituellen Menschen mit dem eines Wissenschaftlers zu vergleichen. Nach meiner Erfahrung kann man vereinfacht sagen, dass im Weltbild der Spiritualität der Wissenschaftler mit seinem Weltbild einen Platz hat, im Weltbild der Wissenschaft jedoch die Spiritualität keinen Platz findet, weil sie aus der Sicht des menschlichen Verstandes als nicht meßbare Spekulation betrachtet wird.

Wenn jedoch die Schöpfungsgeschichte sagt, »Am Anfang schuf Gott Himmel und Erde«, ist das eben nicht gleichbedeutend mit der Aussage »Wie das Nichts zu Raum und Zeit wurde«, sondern geht unendlich weit darüber hinaus. Und das hat nichts zu tun mit dem engstirnig verstockten Standpunkt der Kreationisten, die den Schöpfungsmythos als konkrete Beschreibung sehen wollen, die im Gegensatz zur Evolutionslehre steht. Viel mehr geht es um das Wissen und die Erfahrung der Mystiker, dass Gott eben nicht das »Nichts« ist, sondern unendlich viel mehr.

Bei näherem Hinschauen finden wir, dass schon in der Geschichte vom brennenden Dornbusch eine weitergehende Erkenntnis des Göttlichen Seins enthalten ist. Nach Zeltmacher geht die deutsche Übersetzung des hebräischen Urtextes zurück auf die griechische Septuaginta-Übersetzung »ego eimi ho on«, aus der sich der lateinische Vulgatatext »ego sum qui sum« ableitet. Diese abstrakte Übersetzung in der Vulgata, die dem abstrakten Verständnis der platonischen Philosophie entspreche, lasse jedoch eine wesentliche Nuance des hebräischen Textes unberücksichtigt. Der hebräische Urtext »eheje ascher eheje« müsse präzise mit »Ich bin der Dabeiseiende«. Für die Israeliten sei nicht die Existenz Gottes das Entscheidende, sondern Gottes »Dabei-Sein« (*zeltmacher.eu*). Das »Sein« Gottes enthält damit auch ein aktives Element der Zuwendung. Dem entspricht auch die Aussage Jesu: »Siehe ich bin bei euch alle Tage bis ans Ende der Weltzeit« (Matth. 28,20).

Diese Verheißung Christi, dass er »bei uns« sein will bis ans Ende der Weltzeit (wir würden wohl heute sagen »solange die Raum-Zeit besteht«) steht also – wie sollte es anders sein – in der Kontinuität zur Aussage Gottes im brennenden Dornbusch. Sie entspricht auch vollständig der Bezeichnung Gottes als »Vater«, die Jesus selbst so häufig verwendet. Dass Gott ein »liebender Vater« ist, macht Ihn für uns soviel greifbarer und erfahrbarer, als wenn wir von Gott als »Geist« oder als »Sein« sprechen. Diese Offenbarung Gottes als »liebender Vater« ist eines größten Geschenke, die Jesus seinen Jüngern und Nachfolgern macht. An unseren Vater, der uns liebt, dürfen wir uns jederzeit mit vollem Vertrauen wenden. Wie weitgehend und umfassend die Liebe Gottes zu seiner Schöpfung und seinen

Geschöpfen ist, offenbart Jesus uns etwa im Gleichnis vom Verlorenen Sohn. Und in Lukas 10, 21-22 findet sich der wunderbare Text:

»Zu der Stunde freute sich Jesus im heiligen Geist und sprach: Ich preise dich, Vater, Herr des Himmels ud der Erde, weil du dies den Weisen und Klugen verborgen hast und hast es den Unmündigen offenbart. Ja, Vater, so hat es dir wohlgefallen. Alles ist mir übergeben von meinem Vater. Und niemand weiß, wer der Sohn ist, als nur der Vater, noch, wer der Vater ist, als nur der Sohn und wem es der Sohn offenbaren will.«

Alle diese Beschreibungen gelten äquivalent und sind uns von Gott selbst und seinem Sohn Jesus Christus offenbart. Gott ist Geist, ER kann nur im Geist und in der Wahrheit angebetet werden, ER ist das alles durchdringende Sein, das ICH BIN, und dieses Sein ist »bei uns« und wendet sich uns zu wie ein liebender Vater. Deshalb dürfen wir auch – mit David – den wunderbaren Psalm 103 beten: »Wie sich ein Vater über Kinder erbarmt, so erbarmt sich der HERR über die, die Ihn fürchten« (Ps.103,13). Und wir wissen, daß Gottesfürchtigkeit im Sinne des Psalms nichts mit Furcht und Angst zu tun hat. Vielmehr beschreibt das Wort den tiefen innerlichen Respekt und das Vertrauen des Menschen Gott gegenüber.

Gott, der Sohn

In dem oben zitierten Vers aus Lukas 10 offenbart Jesus uns, wie er als Christus zu Gott, seinem Vater steht. Die Theologie spricht von der »Dreieinigkeit Gottes«. Dies ist vielleicht das größte Geheimnis, das Gott umgibt. Und wir wissen, wie die Botschaft von der Gottes-Sohnschaft Christi das ganze Neue Testament durchzieht. An vielen weiteren Stellen offenbart Christus sein inniges Verhältnis zu seinem Vater. Diese Botschaft gipfelt darin, daß er sagt: »Ich und der Vater sind Eins« (Joh. 10,30) und sogar weiter bezeugt: »Wer mich sieht, der sieht den Vater« (Joh. 14,9). Für seine Anhänger wie für seine Gegner ist diese Botschaft in gleicher Weise zentral. Die einen »glauben daran«, die anderen stellen sie in Zweifel und sehen darin sogar das größte Sakrileg, dessen sich ein Mensch schuldig machen kann. Bereits Johannes der Täufer stellt die Frage: »Bist du es, der da kommen soll, oder sollen wir auf einen anderen warten« (Matth. 11,3) ? Auch bei der Versuchung Jesu durch den Satan geht es um die Frage »Bist du Gottes Sohn, so sprich, dass aus diesen Steinen Brot werde«. Und vor dem Hohen Rat, kurz vor seiner Kreuzigung, wird Christus wiederum mit der gleichen, entscheidenden Frage konfrontiert: »Bist du denn Gottes Sohn?« (Luk. 22,70)

In dieser Frage ist für unser verstandesmäßiges »Räsonieren« eine weitere Frage enthalten, die gleichsam noch spitzfindiger ist. Wenn Jesus Christus ein Mensch ist, wie kann er dann Gott sein? Und wenn er Gott und Gottes Sohn ist, wie kann er dann Mensch sein? Folgt man menschlicher Logik, so ist landet man schnell bei der Behauptung »geboren von der Jungfrau Maria«, die wir mit jeder Wiederholung des Glaubensbekenntnisses postulieren. Für die Theologie der frühen Kirche ist diese Frage im Jahr 451 vom Konzil von Chalcedon (damals in der Nähe von Byzanz, heute Istanbuler Stadtteil) zugunsten der »Zwei-Naturen-Lehre« entschieden worden, wonach Christus gleichermaßen wahrer Gott und wahrer Mensch ist. Für die allermeisten Christen und ihren Glauben wird diese Entscheidung keine große Rolle spielen. Sie sehen sie als eine theologische Spezialfrage an, die für sie ohne Belang ist, weil sie ihren Glauben auf Jesus Christus und seine Auferstehung konzentrieren. Und doch kommt dieser Frage eine entscheidende Bedeutung zu auf unserem Weg zu Gott.

Es gab nämlich auf diesem Konzil noch eine andere Glaubensauffassung, die etwa von den (koptischen) Christen aus Ägypten vertreten wurde, dann aber per Konzilsbeschluß – gleichsam »ex cathedra« – aus der Kirche verbannt wurde. Diese Auffassung betonte die Einheit zwischen Mensch und Gott, die Einheit von Schöpfer und Geschöpf. Dabei geht es um die Einheit, die »vor dem Sündenfall« bestand. Diese Einheit kann uns etwa die Schöpfungsgeschichte verdeutlichen, wenn wir sie endlich nicht mehr als »kreationistischen Märchen-Mythos« verspotten, sondern als mystische (Heils-)Botschaft verstehen. In der paradiesischen Schöpfung leben nämlich auch die Urmenschen (»Adam und Eva«) in dieser Einheit mit Gott, die keine Trennung kennt. Die Menschen, alle Menschen sind nach diesem Verständnis von ihrer Natur her Gottes-Söhne und Gottes-Töchter. Sie selbst sind dieser mystischen Botschaft zufolge aus der Einheit mit Gott »herausgefallen« in die »Zweiheit« der »Dualität«, die wir im Christentum – in einer geradezu schaurigen Wortwahl – als »Sündenfall« bezeichnen. Die Herausbildung eines EGO-Bewußtseins vollzieht sich wohl in der Evolution beim Übergang vom Affen zum Menschen. Die wahre »Sünde« des Menschen besteht also, daß er glaubt, als EGO etwas abgetrenntes, etwas Besonderes zu sein und dass er sich damit von Gott »abgesondert« hat. Er ist ein untrennbarer Bestandteil des Kosmos, der göttlichen Schöpfung. Durch die Herausbildung eines EGO-Bewußtseins und sein duales Weltverständnis glaubt er aber, als eigenständige Einheit dieser Welt »gegenüber« zu stehen. Wenn wir in der theologischen Ausdrucksweise bleiben, nennen wir diese »Ursünde« der Menschen auch »Erbsünde«, von der uns Christus »erlöst« hat.

Das Evangelium des »Menschensohnes« Jesus Christus ist also nicht die Botschaft, dass Er uns durch seinen Tod – quasi stellvertretend – erlöst hat. Es ist die Botschaft, dass wir alle »Erlöste« sind, wenn wir nur endlich in das Bewußtsein der Einheit mit Gott zurückkehren. Der Weg zurück ins Paradies ist eben nicht für immer »versperrt«, wie ich es von vielen Kanzeln zum Thema Schöpfungsgeschichte gepredigt bekommen habe. Vielmehr zeigt Christus uns den schmalen Weg zurück in die Einheit mit Gott auf. Alles andere ist Theologie (Denn im kirchlichen Bereich nennen wir das verlorene Umherirren und Räsonieren des menschlichen Verstandes »Theologie«). In genau der selben Weise, in der der Hohe Rat die Gottes-Sohnschaft Christi als Sakrileg ansieht, dass die Todesstrafe nach sich zieht, betont auch die Kirche die »Zweiheit«, die angeblich zwischen dem Menschen und Gott eine Kluft auf-reißt wie zwischen Himmel und Erde. Dabei handelt doch das gesamte Evangelium von der Überwindung dieser Kluft, von der Überwindung der Zweiheit und der Rückkehr in die Einheit mit Gott. Diese Einheit bezeichnet Christus als »Himmelreich« und als »Reich Gottes«. Diese Einheit ist den »Weisen und Klugen« verborgen, weil sie im Räsonieren des theologischen Verstandesdenkens gefangen sind. Dagegen wird sie den »Unmündigen« durch Christus offenbart, die offen sind für den intuitiven Zugang zu Gott, von dem auch die Mystik spricht.

Gott schickt uns als seinen Sohn einen ganz besonderen Men-schen, der in der vollständigen Einheit mit dem Vater lebt. Dieser Menschensohn ist – mit heutiger Sprache der Mystik ausgedrückt – ein »Erleuchteter«, der sein EGO vollständig überwunden hat. Er drückt es in seiner Botschaft mit dem Satz aus: »Seid getrost, denn ich habe die Welt überwunden« (Joh. 16,33). Diese überwundene Welt ist die illusionäre Welt der selbstgewählten Abtrennung von Gott. Diese illusionäre Welt wird in den östlichen Religionen als »Maya« bezeichnet. Die östlichen Religionen wissen, dass es nur »eine Welt« gibt, die Welt Gottes, die Welt des »ICH BIN«. Sie wissen, dass die »Tür« des eingebildeten EGO, an die Gott »anklopft«, diese Welt der »Dualität«, nur in unseren Köpfen, in unserem Verstand und in unserer Wahrnehmung existiert.

Gott tut in Jesus Christus alles, wirklich alles was möglich ist, um sich und die Einheit seines ICH BIN uns zu offenbaren. Gott ist im Schwachen, nicht im Starken. Sein ICH BIN ist im Kleinsten wie im Größten. Die Weihnachtsgeschichte passiert eben in einem Stall und nicht in einem Schloß. Das Licht erscheint in der Finsternis. Der Zimmermannssohn ist eben kein Gelehrter und hat doch Zugang zur größten Weisheit. Er geht in die Einsamkeit der Wüste und erliegt eben nicht den Versuchungen des Teufels. Er reitet auf einem Esel in Jerusalem ein, denn ihm geht es auch nicht um weltliche Macht und Einflußnahme, sondern um Heilung und Vergebung. Für ihn ist der Tod am Kreuz kein Scheitern, sondern ein Zeichen für die Überwindung der dualen Welt. Die Mystik weiß um die tiefe Symbolik des Kreuzes. In ihm »kreuzen« sich zwei Geraden (die vier Himmelsrichtungen) in einem »Punkt«, der die Einheit symbolisiert.

Christus weist uns stets den Weg zum Vater. Am deutlichsten wird das für mich in dem allseits bekannten Vers: »Ich bin der Weg, die Wahrheit und das Leben. Niemand kommt zum Vater denn durch mich« (Joh. 14,6). Als Kind und Jugendlicher habe ich in meiner – gut evangelischen – Familie mehrfach Diskussionen über diesen Vers mitbekommen und darunter sehr gelitten. Meine Verwandten fühlten sich der Freien Evangelischen Gemeinde zugehörig. Sie verstanden den Vers so, dass

Jesus damit auf sich selbst hinweist. Er und nur Er ist dieser Weg. Meinem Vater erschien dieses Verständnis »zu eng«. Ihm kam es auf Gott an, auf den »Vater und den Sohn«. Die Verwandten pochten auf den Wortlaut der Bibel im Sinne des »So steht es geschrieben!« Mein Vater glaubte an einen tieferen Sinn des Textes jenseits des Wortlauts, konnte das aber nicht theologisch begründen. Die Gemüter erhitzten sich, es kam zum Streit. Als Kind habe ich nur das mitbekommen und als schmerzlich empfunden. Nach einem Leben der Suche weiß ich nun, was dieser Vers bedeutet, und habe es selbst erfahren. Jesus will uns sagen: Das »ICH BIN«, das eine ungeteilte Sein, ist der Weg, die Wahrheit und das Leben. Und niemand kann Gott erkennen und erfahren, der nicht die Einheit von Gott und Schöpfung, von Vater und Sohn in diesem ungeteilten Sein erkennt und erfährt. Das göttliche ICH BIN ist als »Göttlicher Geist« in allem und deshalb auch in uns. Der spitzfindige und wortklauberische Streit von damals bleibt dagegen in den Wirrungen des menschlichen Verstandes gefangen, zieht Gott gewissermaßen in die Zweiheit und pocht auf Unterschiede.

Im Christentum hängt das gemeinsame Verständnis leider viel zu oft von der Verwendung der »richtigen« Begriffe ab. Keine Probleme gibt es etwa mit dem Sprachbild, dass wir Menschen alle »Gottes Kinder« sind, weil dieses Bild gleichsam als respektvoll und genügend »dual« empfunden wird (Hier wir kindlichen Erden-Menschen, dort Gott als liebender Vater). Es erscheint auch noch legitim, zu sagen, dass wir »in Christus von Gott angenommen sind«. Hingegen ist die Aussage, dass »Gott in uns ist« oder – noch radikaler –, dass »auch der Mensch göttlich ist« eindeutig zu weitgehend und wird als Grenzüberschreitung, ja als pure Häresie empfunden. Mir scheint es schon erstaunlich, wie nahe in diesem Punkt unser heutiges Verständnis demjenigen des Hohen Rates im

Prozeß gegen Jesus ist. Auch heute noch würden wir einen Menschen, der von sich behauptet, »in ihm lebe Gott« oder gar »er sei Gott« umgehend der Lästerung bezichtigen. Wie anders sieht das doch ein großer Geist wie Goethe, von dem der Ausspruch überliefert ist:

»Wär nicht das Auge sonnenhaft, die Sonne könnt es nie erblicken. Läg nicht in uns des Gottes eigne Kraft, wie könnt uns Göttliches entzücken?«

(Goethe, Zahme Xenien)

Warum müssen wir uns eigentlich diese tiefste Wahrheit von Goethe erklären lassen und können sie nicht dem Johannes-Evangelium entnehmen (Joh. 10,31 ff)? Dort wird berichtet, dass die Juden Jesus die Steinigung androhen, » …um der Gotteslästerung willen, denn du bist ein Mensch und machst dich selbst zu Gott« (Vers 33). Und Jesus ihnen daraufhin antwortet: »Steht nicht geschrieben in eurem Gesetz (Psalm 82,6): Ich habe gesagt: Ihr seid Götter ?«

Gott, der Heilige Geist

In seinem Heiligen Geist ist Gott bei uns, er wendet sich uns zu, wie wir es schon bei Mose und dem brennenden Dornbusch gesehen haben. Deshalb verweist Jesus die Jünger auf den Heiligen Geist als »Tröster« für die Zeit nach Tod und Auferstehung. Er bezeichnet ihn vor seinen Jüngern als »den Geist der Wahrheit, den die Welt nicht empfangen kann, denn sie sieht ihn nicht und kennt ihn nicht. Ihr kennt ihn, denn er bleibt bei euch und wird in euch sein« (Joh. 14,17). Für unseren dualen Verstand ist das sehr schwer zu verstehen. Aber immer wieder stoßen wir im

Neuen Testament auf diese »Identität« der Dreieinigkeit. Der Vater ist der Sohn, ist der Heilige Geist, – und dieser Heilige Geist ist auch in uns Menschen. Immer wieder ertappen wir uns selbst als Ungläubige und Zweifler, die nicht an diese Identität glauben können. Statt dessen sind wir gefangen in unserem dualen Denken und glauben an unser eingebildetes, abgetrenntes EGO, mit dem wir meinen, Gott »gegenüber« zu stehen.

Unser duales Denken kann eben nicht akzeptieren, dass der »Menschensohn« tatsächlich ein Mensch ist, denn er ist für uns ja »Gottes Sohn«. Deshalb neigen wir auch dazu, die Geschichte von der Jungfrauengeburt Jesu (Matth. 1,18) zu einem Dreh- und Angelpunkt des christlichen Glaubens zu machen. Die Einen erklären diese Geschichte gleichsam zum »Testfall« und fügen sie als zentralen Punkt in unser kirchliches Glaubensbekenntnis ein. Für die Anderen scheitert der ganze christliche Glaube an dieser Geschichte. Sie erklären sie eher zum Märchen, statt einfach zuzugeben, dass der Gegensatz zwischen Göttlicher Dreieinigkeit und menschlicher dualer Wahrnehmung (entweder – oder) über den Horizont unseres Verstandes hinausgeht. Wir schwelgen gerne im Stolz auf unsere aufgeklärte, »wissenschaftliche« Sichtweise, nach der eine Jungfrauengeburt unmöglich ist. Da werden auch die Leute schnell zu selbsterklärten Wissenschaftlern, die nicht einmal erklären können, warum ein Flugzeug fliegt oder wie ein LED-Bildschirm funktioniert. Dann werden die Wunder Jesu und seine Heilungen ebenso schnell und locker ins Reich der Märchen abgeschoben, statt dem Wahrheitsgehalt dieses vermeintlichen Märchens nachzuspüren.

Nach meiner Auffassung sollte für uns »moderne« Menschen gerade der hohe Stand unserer wissenschaftlich technischen Erkenntnis dazu beitragen, den Glauben an die »Einheit« der

Göttlichen Trinität zu erleichtern. Die Wissenschaft ist bereits an vielen zentralen Punkten unseres Weltbildes auf paradoxe, unerklärliche Phänomene gestoßen, die sie akzeptieren muß, weil sonst ihr ganzes theoretisches und empirisches Gebäude zusammenfällt. Und zudem – man ist geneigt zu sagen »schlimmer noch« – kann sie diese Phänomene zwar nicht verstehen, sie aber dennoch mathematisch beweisen. Beispiele für solche Phänomene sind die Quantenverschränkung und die Doppelnatur des Lichtes als Welle und Korpuskel. Und macht es wirklich so einen großen Unterschied, ob ich – mit Albert Einstein zusammen – davon überzeugt bin, dass unser Kosmos »immer schon da war«, oder ob ich – wie die herrschende Meinung – davon überzeugt bin, die Entwicklung unserer Welt bis auf infinitesimale Sekundenbruchteile kurz nach dem Urknall zurück verfolgen zu können, dann aber sagen muß, dass natürlich niemand weiß, was eine Sekunde vor dem Urknall war und wie es überhaupt zu einem Urknall kam.

Wer mich sieht, sieht den Vater

Immer wieder stoßen wir an diese Grenze unserer »eingebildeten Trennung« von EGO und Gott, an die von uns selbst errichtete Tür, vor der Christus steht und »anklopft«. Dabei treffen wir doch beim Lesen des Neuen Testamentes buchstäblich auf Schritt und Tritt auf die Zusicherungen Jesu, dass diese Identität von Gott und seiner Schöpfung gilt.

Wir sehen uns als Suchende und bitten mit Philippus: »Herr, zeige uns den Vater, und es genügt uns« (Joh. 14,8). Man spürt förmlich die Enttäuschung Jesu, dass eine lange gemeinsame Erlebnisreise mit seinen Jüngern noch immer nicht ausgereicht hat, um ihnen einen tieferen Blick in die Realität zu öffnen. Jesus antwortet: »So lange bin ich bei euch, und du kennst mich nicht, Philippus ? Wer mich sieht, der sieht den Vater! Wie sprichst du dann: Zeige uns den Vater? (Joh. 14,9).

Diese Identität zwischen Vater und Sohn dehnt Jesus immer wieder auf die ganze Schöpfung aus. Man hat förmlich den Eindruck, als könne für Jesus das gefundene Gleichnis oder Bild gar nicht stark genug formuliert sein, um die Identität zwischen Gott und Schöpfung hinreichend deutlich zu machen. Das gilt etwa für das wichtige Gleichnis vom Verlorenen Sohn. Ich erinnere mich noch gut an eine eindrucksvolle Predigt des verstorbenen Pfarrers Ludwig in der Bildungsstätte Schloß Craheim, in der er in allen Einzelheiten beschrieb, dass in der Sprache dieses Gleichnisses die Übergabe des Siegelringes des Vaters an den verlorenen Sohn gleichbedeutend ist mit der Übertragung der eigenen Identität.

Wir sind hier an einer zentralen Stelle unseres religiösen Verständnisses. Dabei stoßen wir vielleicht darauf, dass für uns Christen eine ganz große Schwierigkeit im Verständnis des Neuen Testaments darin besteht, daß wir zwar für die Person Christi akzeptieren können, dass diese Einheit zwischen Ihm und dem Vater besteht, nicht aber für uns. Wir glauben, dass Christus, der Gottes-Sohn in der Einheit mit dem Vater lebt, wir können aber nicht glauben, dass diese Botschaft Christi auch für uns Menschen gilt. Letzteres würden wir als Hybris empfinden, weil wir uns ja als »Arme Sünder« sehen, die eben getrennt von Gott leben. Statt der Botschaft des Gleichnisses vom Verlorenen Sohn zu vertrauen, bleiben wir eher furchtsam und zögerlich. Wir vergessen dabei, dass Christus sich vor allem als »Menschensohn« bezeichnet hat und sich damit bewußt auf eine Stufe mit uns begibt.

Vielleicht hilft uns hier ein anderes Gleichnis weiter, das Gleichnis vom wahren Weinstock (Joh. 15,1), in dem Christus uns den gleichen Sachverhalt mit einem anderen Bild erklärt.

»Ich bin der wahre Weinstock, und mein Vater der Weingärtner. Eine jede Rebe an mir, die keine Frucht bringt, wird er wegnehmen; und eine jede, die Frucht bringt, wird er reinigen, daß sie mehr Frucht bringe. Ihr seid schon rein um des Wortes willen, das ich zu euch geredet habe. Bleibt in mir und ich in euch. Wie die Rebe keine Frucht bringen kann aus sich selbst, wenn sie nicht am Weinstock bleibt, so auch ihr nicht, wenn ihr nicht in mir bleibt. **Ich bin der Weinstock, ihr seid die Reben. Wer in mir bleibt und ich in ihm, der bringt viel Frucht; denn ohne mich könnt ihr nichts tun.«**

Immer wieder müßten und sollten wir dieses Gleichnis lesen und versuchen seinem Sinn nachzuspüren. Selbst unser menschlicher Verstand, der stets auf Unterschiede bedacht ist und der die Einheit mit Gott nicht »denken« kann, wird an dieser Stelle gleichsam mit der Nase darauf gestoßen. Wo ist denn der Unterschied zwischen Weinstock und Reben? Pflanzt der Winzer nicht den Weinstock gerade deshalb, um die Reben ernten und verarbeiten zu können? Und trägt nicht jede Traube sogar die Fähigkeit in sich, einen neuen Weinstock hervorzubringen? Sollte etwa der Winzer eine Rebe »verwerfen«, weil sie etwas anderes ist als der Weinstock? Solche Fragen lassen außer acht, um was es eigentlich geht: Es geht um die Frucht, um das Fruchtbringen, und um das Ziel des ganzen Weinbaus, die Gewinnung des Weines aus den Reben. Kein Winzer würde danach schauen ob Rebe 1000 besser oder schlechter gewachsen ist als Rebe 1001. Allerdings gibt es immer wieder einmal eine Rebe, die gar keine Trauben ausgebildet hat, sondern im »infantilen« Stadium stecken geblieben ist. Auch sie ist als Teil des selben Weinstocks gewachsen, ist aber nutzlos für den Weinbau und damit für den Winzer. Diese schlecht oder gar nicht ausgebildeten Reben wird der Winzer wegnehmen.

Es geht also in unserem Leben darum, eine gut ausgebildete Rebe zu werden und Trauben hervorzubringen. Es geht nicht darum, mehr Trauben hervorzubringen als andere Reben. Es geht auch nicht darum, etwas anderes zu werden als eine Rebe, weil das rein biologisch auch gar nicht möglich ist. In der Spiritualität wird dieser grundlegende Zusammenhang mit anderen Worten ausgedrückt, die jedoch die gleich Bedeutung haben. Hier heißt es:

Werde, der du bist! Oder, noch etwas anders: **Vollende deine Geburt!**

In der Rebe sind die noch winzigen und unreifen Trauben schon angelegt. Sie trägt die Fähigkeit schon in sich, Früchte zu bringen. Es ist ihre natürliche Bestimmung, die bereits in ihrem Wesen angelegt ist. Dazu sind keine besonderen Anstrengungen ihrerseits erforderlich. Ich finde es immer wieder erstaunlich und wunderbar, wie aus einer kleinen Buchecker eine gewaltige Buche wächst, und mit welcher Leichtigkeit und Selbstverständlichkeit das geschieht. Wir Menschen jedoch rätseln an unserem Selbstverständnis und hadern vielleicht sogar mit dem Winzer. Immer wieder müssen wir »die Tür aufmachen«, damit Gott eintreten kann. Statt unserem eingebildeten EGO zu folgen, müssen wir unser tieferes Wesen erkennen und eine Rebe sein.

Mein verehrter Lehrer und Meister Willigis Jäger hat über diesen Zusammenhang sein wichtigstes Buch geschrieben. Er hat für den Weinstock und die Reben ein anderes Bild gewählt, das

Bild einer Welle im großen Ozean. Auch diese Welle im Ozean glaubt in ihrem EGO-Bewußtsein, etwas Besonderes zu sein und sein zu wollen. Die Kernaussage des Buches ist bereits im Titel enthalten: **Die Welle ist das Meer** – *Mystische Spiritualität.* Im Verständnis der katholischen Kirche war dieser Titel eine Anmaßung. In einer frappierenden Parallelität zum Verständnis des Hohen Rates in Jerusalem konnte die Verstandeslogik der Kirche es auch zweitausend Jahre später nicht zulassen, daß einer ihrer Priester behauptete, es gebe eine Einheit zwischen Gott und Mensch, zwischen Winzer, Weinstock und Reben. Deshalb setzte der damalige Vorsitzende der Glaubenskongregation und spätere Papst Benedikt, Josef Kardinal Ratzinger, das Buch auf den Index und erteilte Willigis Lehrverbot.

Unserer Ratio, die in der Dualität des »entweder – oder« gefangen ist, wird diese höhere Einheit immer verschlossen bleiben, obwohl dieselbe Ratio über die »Dreieinigkeit Gottes« seitenlange theologische Abhandlungen und ganze Bücher schreibt. Jesus Christus hingegen bezeugt diese Einheit von Vater und Sohn, ebenso wie die Einheit von Weinstock und Reben. Die Kirche, als »Vertreter des Winzers auf Erden« sollte einfach aufhören zu behaupten, dass zwar Winzer und Weinstock ein und dasselbe sind, dass es sich aber bei den Reben um »verirrte, sündige Geschöpfe« handelt, die nur auf die Gnade des Winzers hoffen dürfen, wenn sie ihre Sünden bereuen. In den Worten Jesu ausgedrückt betreibt Gott »Weinbau«, und wir sind die Reben, um deren Trauben willen sich seit 15 Milliarden Jahren eine endlose kosmische Evolution im Rahmen unserer gekrümmten Raumzeit vollzieht.

Leerheit und Form

Wir sind hier im Zentrum der Botschaft Christi angelangt. Er hat uns diese zentrale Botschaft in verschiedenen Bildern und Aussagen hinterlassen, die sie immer weiter verdeutlichen sollen. So verwendet Er in Joh. 10 das Bild vom Guten Hirten und sagt den jüdischen Zuhörern ganz offen (Joh. 10, 27):

*»Aber ihr glaubt nicht, denn ihr seid nicht von meinen Schafen. Meine Schafe hören meine Stimme, und ich kenne sie, und sie folgen mir; und ich gebe ihnen das ewige Leben, und sie werden nimmermehr umkommen, und niemand wird sie aus meiner Hand reißen. Mein Vater, der mir sie gegeben hat, ist größer als alles, und niemand kann sie aus des Vaters Hand reißen. **Ich und der Vater sind eins.**«*

Wir können die beiden Gleichnisse sehr wohl zusammen sehen. Die Botschaft Christi gilt für alle Menschen. Aber es liegt nicht am Weinstock, wenn einige Reben keine Frucht bringen. Und es liegt nicht am Guten Hirten, wenn einige Schafe seine Stimme nicht hören und ihm nicht folgen. Es ist unsere Entscheidung, die Tür unseres eingebildeten EGOs aufzumachen, an die Jesus anklopft. Es ist unsere Entscheidung, auf die Stimme des Hirten zu hören. Und es ist unsere Entscheidung, als Rebe Frucht zu bringen statt in unseren materiellen Formen zu verkümmern und die möglichen Trauben gar nicht auszubilden.

Vielleicht ist es hilfreich, an dieser Stelle die Brücke zu schlagen von der Botschaft Christi zur Botschaft des Zen-Buddhismus, die beide – mit jeweils anderen Begriffen und anderen »Gleichnissen« – dasselbe ausdrücken wollen. Im Zen geht es auch darum, die Tür des eingebildeten EGOs zu öffnen. Diese Tür wird hier als »Tor-loses Tor« oder »Tor-lose Schranke« bezeichnet. Dieses Tor gilt es zu durchschreiten. Es gilt zu erkennen, dass es nur eingebildet ist und deshalb eigentlich gar nicht existiert. Das Durchschreiten des Tores ist ein Prozeß der Erkenntnis, den uns niemand abnehmen kann. So müssen ja auch die Schafe auf die Stimme des Guten Hirten hören und ihm folgen. Und die Reben müssen eben Frucht bringen. Alle diese Schlüsselstellen im Christentum und im Zen wollen dasselbe sagen.

Und noch eine zentrale Aussage Christi findet sich im Zen wieder. Es ist die Aussage: *Ich und der Vater sind eins.* Zen drückt diese Aussage in anderen Begriffen aus. Zen bezeichnet Gott, den Vater, mit dem sehr abstrakten Begriff der »Leerheit«. Gott, den Sohn, den Weinstock mit seinen Reben, bezeichnet Zen als »Form«. Jeder Mensch, jedes Tier, jede Pflanze, jeder Stein gehört zu dieser Form, ist Form. Im Christentum würden wir sagen: Jeder Mensch, jedes Tier, jede Pflanze, jeder Stein sind »Schöpfung« Gottes. Für diesen Zusammenhang ist in der Esoterik auch der Ausdruck gebräuchlich, dass alle Menschen, Tiere, Pflanzen und Dinge ein Seelen-Bewußtsein haben. Hierin liegt auch die tiefere Bedeutung des schon erwähnten metaphorischen Satzes, »Gott schläft im Stein, träumt in der Blume und erwacht im Menschen«.

Die große Gotteserfahrung im Zen liegt darin, zu erkennen, zu spüren und zu erfahren, dass Leerheit und Form »eine Einheit bilden«. Sie sind »Nicht Zwei«, sie sind »eins«. Genau das ist auch die Essenz der Aussage Christi: Ich und der Vater sind eins. Christus will uns damit nicht nur sagen, daß er sich mit seinem Vater »einig« ist, dass er den Willen des Vaters tut oder dass der Vater ihn immer unterstützt. Sondern er sagt und offenbart uns: *Ich und der Vater sind »Nicht Zwei«.* In dem vielleicht wichtigsten Lehrtext des Zen, dem »Sutra von der Vervollkommnung der Weisheit des Herzens«, dass in Japan als »Maka Hannya Haramita Shin Gyo« bezeichnet wird, erhält der Schüler Sariputra hierzu die folgende Belehrung:

Sariputra, Form ist nichts anderes als Leere,
Leere nichts anderes als Form.
Form ist wirklich Leere,
Leere wirklich Form.
Das Gleiche gilt für Empfindung, Wahrnehmung,
Wollen und unterscheidendes Denken.
Sariputra, die Formen aller Dinge sind leer,
sie entstehen nicht und vergehen nicht.
Sie sind nicht rein und nicht unrein.
nehmen nicht zu und nicht ab.

Es gibt also im Zen keine andere Sichtweise als im Christentum. Vielmehr kann uns Zen dazu führen, die Worte Christi noch tiefer zu verstehen und zu durchdringen.

Zen zeigt uns auch eine Praxis auf, eine körperliche Übung des »Sitzens in der Stille«, des sogenannten Za-zen, mit der wir uns auf den Weg begeben, der hinführt zur tieferen Durchdringung dieser Wahrheit. Dieser Weg entspricht dem, was wir im Christentum als »Nachfolge Christi« bezeichnen. Wenn wir diesen Weg beschreiten, vermeiden wir den ewigen Stillstand, in dem die große Masse der »Namens-Christen« verharren. Sie haben vielleicht die Erzählungen der Bibel alle »schon einmal gehört« und irgendwo in ihrem Gedächtnis abgelegt. Eindrucksvolle aber auch rätselhafte Verse waren dabei. Sie haben nicht verstanden, was davon wichtig und was unwichtig ist. Einige haben sogar – wie die sogenannten »Kreationisten« – ihren Glauben an einem ganz bestimmten Wortlaut festgemacht. Sie bilden sich ein, Christus nachzufolgen indem sie an den Wortlaut eines Bibelverses »glauben«. Tatsächlich ist das nicht »wahrer Glaube« im Sinne des Katechismus, es ist ein Hängenbleiben an der Form und eine Erstarrung.

Christlicher Glaube hat aber auch einen ganz großen Vorteil im Vergleich zur »Dharmalehre« des Zen. Jedenfalls habe ich diesen Vorteil immer so empfunden. In der Art, wie uns die Worte Christi in der Bibel überliefert sind, läßt er uns teilhaben an einem sehr persönlichen, vertrauensvollen, menschlichen und warmherzigen Gottesverständnis. Demgegenüber ist die Begriffswelt des Zen viel abstrakter. Wir können auch als Europäer die überlieferte Begriffswelt des asiatischen Buddhismus nicht wirklich erfassen, weil es uns allen so geht, dass wir quasi »mit der Muttermilch« die Begriffswelt des abendländisch-christlichen Kulturkreises übernommen haben. Es ist für uns viel einfacher, zu einem liebenden himmlischen Vater zu beten als die »Leerheit« in allen Formen wahrzunehmen.

Gott ist die Liebe

Eine große Offenbarung, die uns Christus geschenkt hat, ist der immer neue Hinweis auf die Liebe Gottes. Dieser Hinweis durchzieht die gesamte Lehre Jesu. Die göttliche Liebe der »Agape« überwindet all die Ego-Grenzen, die wir Menschen aufrichten. Sie steht über unserer dualen Welt von Gut und Böse, Freund und Feind. Sie führt in die »radikale Akzeptanz« alles dessen, was ist. Sie überwindet alle Trennung durch irgendwelche »Vorstellungen« des Menschen und ist damit gleichbedeutend mit »radikaler Vergebung«. In erster Linie überwindet diese göttliche Liebe die eingebildete Trennungsvorstellung der »Erbsünde«, die Vorstellung, dass wir Menschen uns gleichsam »unwiderruflich« von Gott abgesondert hätten und dadurch eine unüberwindliche Kluft geschaffen hätten, die nur Gott überbrücken kann. Erst recht überwindet diese Liebe alle menschlichen Vorstellungen von Sünde im Sinne einer moralischen Schuld.

Gott hat seinen Sohn nicht in die Welt gesandt und sterben lassen, um uns ein für alle mal von unserer Schuld zu erlösen. Er hat Ihn zu uns gesandt, um uns die frohe Botschaft zu bringen, **dass wir Erlöste sind**. Willigis Jäger zitierte oft eine Formulierung von Rose Ausländer. Sie bezeichnete uns Menschen als »Wir Auferstandene vor unserer Geburt«. ER, der an unsere Tür anklopft, will und wird eintreten in uns, sobald wir die Tür öffnen. Ja – ER ist schon in uns, wir haben die Wahrnehmungstür für IHN nur noch nicht geöffnet. Gott läßt uns unseren freien Willen. Die Tür, die »torlose Schranke«, beruht auf unserer Einbildung und Vorstellung, die durch unseren freien Willen aufgemacht und überwunden wird. Erst dann können wir die Botschaft Jesu wirklich verstehen, dass es nämlich diese Trennung in Wirklichkeit nie gab. Der Türöffner für unsere innere Schranke ist die Liebe. Sie ist das verbindende Element zwischen Gott und den Menschen. Sie öffnet den Weg von unserem falschen Selbstverständnis als EGO zu unserem »Wahren Selbst«, das wir im Zen als unsere »Wesensnatur« bezeichnen. Wie macht die Liebe das? Oder, besser gefragt, wie eröffnen wir uns den Zugang zu dieser göttlichen Liebe?

An dieser Stelle gibt es eine große Gefahr, die aus einem Mißverständnis der Lehre Jesu erwächst. Es geht um das Thema des zentralen »Liebesgebotes« der Bergpredigt in Matth. 5,44, wo Jesus sagt: »Liebet eure Feinde und bittet für die, die euch verfolgen …«. Wie viele Christen sind schon an diesem Satz hängen geblieben und gescheitert. Sie interpretieren diesen Satz eben als ein »Gebot«, dass sie zwar gut verstehen, aber nicht erfüllen können. Sie schaffen es einfach nicht, den Feind, den bösen Nachbarn oder den schwierigen Verwandten zu lieben. Daraus ergibt sich dann wieder eine Bestätigung ihres Schuld- und Sündenverständnisses und das dringende Bedürfnis, nach Vergebung dieser Schuld.

Wir blicken hier gleichsam auf eine zentrale geistesgeschichtliche Entwicklung der Menschheit, die in der Bibel beschrieben wird. Jesus bezieht sich in seinem Satz in der Bergpredigt explizit auf die Sicht des Alten Testamentes, das in 3. Mose 19,18 sagt: »Du sollst deinen Nächsten lieben und deinen Feind hassen.« Heute, nach 2000 weiteren Jahren spiritueller Entwicklung, haben wir zwar diesen Satz aus dem 3. Buch Mose weit hinter uns gelassen und verstehen, warum Jesus mit seinem Liebesgebot weit darüber hinausgeht. Wir haben begriffen, daß der Hass im Zusammenleben der Menschen keinen Platz hat und sind »im Grundsatz« bereit, Liebe zu üben. Und dennoch scheitern wir im Einzelfall an diesem Liebesgebot, weil wir weiterhin in der dualen Welt des Ich und Du verhaftet sind. Aus dem »Feind« wird dann der böse Nachbar oder der schwierige Verwandte. In diesen schwierigen menschlichen Beziehungen gelingt die Liebe nicht. Wir spüren zwar intuitiv, dass diese Schwierigkeiten auch etwas mit uns selbst zu tun haben, doch ist es ja soviel einfacher, die Schuld immer wieder beim Anderen zu suchen und oft sogar vollständig auf ihn zu schieben. Letzteres ist in der Psychologie wohlbekannt als »Projektion«. Oft ist es dann eine scheinbar naheliegende Lösung, unsere grundsätzliche Bereitschaft zur Liebe an einer konkreten »guten Tat« fest zu machen. Wir spenden für Afrika und übernehmen die Patenschaft für ein Waisenkind. Damit wird wiederum bestätigt, dass wir gut sind und lieben, unser

Nachbar dagegen schlecht und zur Liebe unfähig ist. Ja, man könnte dieses Verständnis sogar als erheblichen Fortschritt ansehen, weil das »Nichtverhältnis« zum bösen Nachbarn doch immerhin weit besser ist als die Kriege der Vergangenheit.

Aber dieser Fortschritt geht nicht weit genug. Vielmehr stehen wir heute in der spirituellen Entwicklung der Menschheit an einem Punkt, wo mehr erforderlich ist. Wir sind im wahrsten Sinne des Wortes aufgerufen, entsprechend der Lehre des großen Schweizer Psychologen Carl Gustav Jung »über unseren Schatten zu springen«, d.h. uns mit unserem eigenen »Schatten« auseinander zu setzen. Und dieser unser Schatten ist gerade der böse Nachbar, der schwierige Verwandte. Wenn wir diesen mühsamen Weg gehen, werden wir langsam anfangen zu verstehen, was es heißt, seine Feinde zu lieben. Mir fällt hier ein Satz ein, den mein Vater oft im Hinblick auf die nie abreißende Folge der Kaffee-Einladungen meiner Mutter zitierte und der m.E. von Oskar Wilde stammt. Er lautet: *Für Frauen heißt der Satz, Liebet eure Feinde, »Besucht eure Nachbarinnen und trinkt Tee«.*

Erst in der Auseinandersetzung mit unseren Lebensproblemen und unseren Beziehungsproblemen und durch diese Auseinandersetzung eröffnen wir uns den Weg zur Liebe. Die göttliche Liebe der Agape kann man nicht erlernen. Die Aufforderung »Mach die Tür zu!« kann man befolgen und die Tür tatsächlich umgehend zu machen. Die Aufforderung »Liebe deine Feinde« kann man nicht befolgen. Man wird vielmehr bei solchen Versuchen immer wieder scheitern und letztlich feststellen, dass man es nicht schafft, seine Feinde zu lieben. Tatsächlich ist der Satz Jesu auch gar nicht als Aufforderung zur Liebe gemeint. Er setzt vielmehr einen Schlußpunkt hinter das überkommene Verständnis des Alten Testaments, ganz im Sinne eines: »Das ist es nicht!« Das führt direkt zu der Frage: Wie ist die göttliche Liebe denn wirklich? Und da ist die Feindesliebe ein Wegweiser, ein Augenöffner für die Wirklichkeit.

Wenn wir uns mit unseren Lebensaufgaben und unserem Schatten wirklich auseinandergesetzt haben, dann sind wir daran auch innerlich gereift und haben viel erfahren. Das gibt uns die Chance, den inneren Frieden und die »Herzöffnung« zu spüren, die Gott in uns bewirkt. Wir spüren Gott in uns. Erst dann beginnt die Liebe zu fließen, erst dann spüren wir, dass wir wirklich lieben können, dass die Liebe aus uns heraus strömt und allen Kreaturen gilt. Sie umfaßt dann auch die sogenannten Feinde, die dann gar keine Feinde mehr sind. Diese Liebe ist gleichbedeutend mit der Erfahrung der göttlichen Einheit und löst alle Grenzen auf. Sie ist nicht zu vergleichen mit unseren dilettantischen Versuchen, Liebe quasi als ein »gutes Werk zu vollbringen«.

Eckhart Tolle antwortet in einem Buch einmal auf die Frage eines Schülers, ob nicht die Liebe ebenfalls ein »Portal zu Gott« ist, durch das man IHN finden und erreichen kann. Er beantwortet die Frage mit einem klaren Nein. Diese klare Antwort ist gerade für Christen eine entscheidende Wegweisung. Die göttliche Liebe fließt durch uns, wann immer wir den Weg zu Gott gefunden haben, und nur dann. Der Weg zu Gott ist das bewußte Sein, das »ICH BIN«. Die Liebe ist also gleichsam der Zustand, der bei Gott herrscht. Es ist wie im Lied beschrieben: »Gott ist die Liebe«. Doch erst müssen wir den Weg zu Gott finden, und zwar unser persönlichen, eigenen Weg. Erst dann werden wir den Zugang finden, durch den die Liebe fließen kann. Diese Liebe kann nicht gemessen werden, etwa durch den Wert gespendeter Geldbeträge. Sie ist vielmehr die wahre, ursprüngliche, göttliche »Agape«, die allen Menschen und der ganzen Schöpfung gleichermaßen gilt. Erst dann sind wir bei der Situation der armen Witwe im Tempel angelangt, die von den Pharisäern beobachtet wird. Sie hat – gemessen in Geld – kaum etwas zu geben. Doch durch sie – und nur durch sie – fließt die Agape.

In dieser wichtigen Aussage liegt eine Radikalität, die vielen Christen überhaupt nicht angenehm ist. Sie bedeutet nämlich, dass es sich bei den allermeisten Akten der »Nächstenliebe« im christlich-kirchlichen Bereich gar nicht um Liebe handelt. Viel zu oft ist diese formale, nach außen getragene, dem andern »angetragene« Liebe ein Bestätigungsakt unseres eigenen EGO, und damit auch eine Art »Pharisäer-Liebe«. ICH bin mir in meinem eigenen EGO sicher und demonstriere es Dir mit einem formalen Liebesakt. All das fließt gerade nicht als göttliche Liebe aus der Einheit mit Gott, sondern bleibt stecken in der Zweiheit unseres eigenen EGO. Aus dem gleichen Grund ist auch die Zahlung von Kirchensteuer, das Betreiben eines kirchlichen Kindergartens oder die Finanzierung eines Flüchtlingsschiffs im Mittelmeer kein Akt der christlichen Nächstenliebe. Vielmehr ist es gerade das Problem der heutigen christlichen Kirche, dass sie die Liebe Gottes zwar predigt, aber selbst nur in wenigen Fällen zu ihr durchdringt. Die Kirche verliert in ihrem Inneren den Kontakt zu den eigenen Mitgliedern, ist also »innen hohl«, verweist aber zu ihrer Rechtfertigung auf Akte eines übersteigerten, »politischen« Samaritertums in der Außenwelt.

Glauben

Im Lichte des hier Gesagten lohnt es, noch einmal einen genaueren Blick auf den Begriff »Glauben« zu werfen. Es geht mir dabei um eine einzige Erkenntnis: Glauben ist viel mehr als im Katechismus beschrieben wird. Um zu Gott zu kommen, reicht es eben nicht aus, etwas »für wahr zu halten«. Es reicht auch nicht aus, »ein herzliches Vertrauen« in irgend etwas zu entwickeln.

Glauben ist ein aktiver Prozeß der Auseinandersetzung mit dem eigenen EGO. Wir sind auf dieser Welt, um heraus zu finden, welche individuellen, spezifischen EGO-Schranken uns von unserem tiefsten Wesenskern, unserem göttlichen Selbst trennen. Das finden wir am ehesten und besten heraus, indem wir unsere Alltagsprobleme anschauen, nicht vor ihnen weglaufen, sondern uns diesen Problemen stellen. Hier gilt es, Demut zu entwickeln und Akzeptanz zu lernen. Der moderne Ausdruck »radikale Akzeptanz« bringt all das genauer auf den Punkt, was die Bibel als Vergebung bezeichnet. Der Alltag, die Umwelt, der böse Nachbar, der schwierige Verwandte – das sind unsere wahren Lernaufgaben. Sie spiegeln uns unsere eigenen Schwächen und Verfehlungen wie in einem Brennglas. Deshalb ist es auch meist nicht der geeignete Weg, in ein Kloster einzutreten oder sich im inneren Bereich der Kirche zu bewegen. In diesen »heiligen Hallen« ist es relativ einfach, sich in aller Ruhe mit biblischen Texten zu befassen, denn es gibt dort nur wenige Testmöglichkeiten, um unsere Fortschritte oder Rückschritte in der Auseinandersetzung mit unserem EGO zu erproben. Der frühere Wilnsdorfer Pastor Fritz Giebeler hatte das erkannt. Als er über die Bibelstelle »Ihr seid das Salz der Erde« predigte, unterstrich er immer wieder, dass das Salz seine Wirkung nur entfaltet, wenn es das Salzfass verläßt. Nie werde ich seinen beschwörenden Ausruf vergessen: »Es ist so schön im Salzfass!«. Dieser Satz gilt sowohl nach innen, wie nach außen. Ich lerne mich selbst und mein EGO am besten kennen, indem ich mich den Problemen stelle, die im Außen auf mich zukommen. In der Umkehrung ist der Satz ebenso wichtig: Nur wenn ich mich mit meinen EGO-Schranken auseinandersetze und sie abbaue, kann ich die äußeren Probleme der Welt lösen. Das heißt eben auch, dass nur dann eine Chance besteht, die »Anderen« von der christlichen Botschaft zu überzeugen, wenn ich bei mir selber angefangen habe, mein EGO überwunden und die innere Tür aufgemacht habe, an die Christus anklopft.

Vor diesem Hintergrund gewinnt der sogenannte »Missionsbefehl« der Bibel eine völlig neue Bedeutung. Der Missionsbefehl Christi ging direkt an seine Jünger. Er meinte eine direkte Weitergabe der Botschaft Christi. Christus ist die »Quelle« aus der der reiche unverfälschte Strom des »Lebenswassers« entspringt. Wie im Gedicht vom »Römischen Brunnen« ergießt sich dieses Wasser in die weitere Schale des Jüngers. Er kann gar nicht anders als diese Lebenswasser an andere »Schalen« weiterzugeben, weil in diesen ersten Jüngern das Wasser des Leben gleichsam »überfließt in einer zweiten Schale Rund«. Mit Mission im späteren Wortsinn hat das alles nichts zu tun, geschweige denn mit einem »Missionsbefehl«. Hätten die Christen auch nur einen Teil dieser Botschaft wirklich begriffen, wären uns und der Welt unendlich viele Leiden und Perversitäten erspart geblieben. Wie kann man bloß – im Nachhinein betrachtet – auf die Idee kommen, den christlichen Glauben mit viel Gewalt und viel Geld verbreiten zu wollen? Für wahre Mission braucht es nicht nur eine eigene Überzeugung, sondern ein wahrhaftiges »Vor-leben« der christlichen Lehre.

Im Zen-Buddhismus nennen wir diese ursprüngliche, unverfälschte Weitergabe der Lehre eine »Übertragung von Herz zu Herz«. Nur diese Weitergabe ist geheiligt und authentisch. Nur der selbst zum »Meister« gewordene wahre Schüler kann die Lehre seines Meisters (Dharma) an einen weiteren oder mehrere andere Schüler übermitteln. Der Meister erkennt den Bewußtseins-Zustand des Schülers und entscheidet auch über die »Lehrbefähigung« (Inka Shomei). Die überlieferte, ununterbrochene Kette der Lehrer (Patriarchen) geht bis auf Buddha selbst zurück. Hieraus erklärt sich auch die überragende Bedeutung des »Meisters«, des wahren Lehrers im Zen-Buddhismus.

Fünftes Kapitel – Die Welt

Wir sagen im Deutschen, einer kuriosen Redewendung folgend, dass »Gott und die Welt« zu einer Feierlichkeit zusammengekommen sind. Wir meinen damit, dass wirklich alle da sind, an die man hätte denken können. Oft steckt in diesen vom »Volksmund« entwickelten Redewendungen viel Wahrheit. Nimmt man sie in dem Fall für »bare Münze«, so meint der Volksmund offenbar, dass Gott und die Welt zwei komplementäre Teile bilden, die sich zu einem Ganzen »ergänzen«.

Für strenggläubige Christen hatte der Begriff »die Welt« für lange Zeit einen bewertenden, fast moralischen Beigeschmack. Sie dachten (und denken?) in dem Zusammenhang an »die böse Welt«, an die »sündige Welt« und an die »weltlichen« Begierden. Und auch in den ersten Universitäten war es klar, dass die Gelehrten die Welt entweder aus der Sicht der Theologie oder der Philosophie betrachteten. Die drei Weisen aus dem Morgenland waren wohl aus unserer heutigen Sicht eher Astrologen als Astronomen, jedenfalls keine Naturwissenschaftler. Erst nach der Aufklärung bildete sich der Ansatz heraus, Theologie und Philosophie beiseite zu lassen, und sich in der (Natur-) Wissenschaft auf die Erscheinungen der physischen, körperlichen Welt zu konzentrieren, diese zu messen und in theoretischer und empirischer Form zu beschreiben. Dabei ergab sich zugleich eine eigenartige Tendenz, das bisher bestehende Weltbild gleichsam »umzudrehen«. Das bisher über alles gestellte religiöse Weltbild wurde plötzlich fraglich. Alles theologische und religiöse, das so lange als sichere, unumstößliche Grundlage gegolten hatte, erschien nunmehr als nebulös und eventuell sogar irreal. Sogar der positiv besetzte Begriff des »Glaubens« erhielt im Laufe der Jahre einen eher negativen Beigeschmack, etwa gemäß der Folgerung: Glauben ist kein Wissen. Was wirklich da ist, kann ich messen. Reale Zusammenhänge kann ich beweisen, brauche sie also nicht zu glauben. Gegenstände des »Glaubens« sind eher irreal. Warum fordert die Kirche mich auf, an Zusammenhänge zu glauben, die ich weder messen noch beobachten oder mathematisch beweisen kann?

Von da aus war es nur noch ein kleiner Schritt zu der irrigen Annahme, die Lehre der Bibel sei überholt und die Schöpfungsgeschichte stehe im Widerspruch zur Evolutionstheorie der Biologie. Bei dieser Annahme handelte es sich aber mehr um einen gefühlten »Zeitgeist« als um Behauptungen oder Ergebnisse der Wissenschaft. Dieser war es vielmehr spätestens seit der Wissenschaftstheorie von Karl Popper klar, dass wissenschaftliche Behauptungen falsifizierbar sein müssen und nur so lange gelten, bis sie im Rahmen einer neuen Behauptung falsifiziert werden.

Was durch diese Phase der Geistesgeschichte bewirkt wurde, war letztlich eine vorübergehende Diskreditierung des religiösen Weltbildes. In dieser vermeintlich vom Menschen präzise vermessenen Schöpfung schien plötzlich der Gedanke an den Schöpfer keinen Platz mehr zu haben. Wie anders klang noch ein Denker wie Immanuel Kant. Mein Vater brachte mir immer wieder den Satz von Kant nahe: »Der gestirnte Himmel über mir und das moralische Gesetz in mir lehren mich, an Gott zu glauben«. Und die evangelischen Konfirmanden lernen mit der Frage 1 des Heidelberger Katechismus ja sogar eine noch viel weitergehende Aussage, dass nämlich: » ...ohne den Willen meines Vaters im Himmel kein Haar von meinem Haupte fallen kann«.

Diese Hinwendung des Menschen zum messbaren, zum vermeintlich wissenschaftlichen, ging und geht einher mit einem immer stärker werdenden Materialismus. Der »moderne« Mensch ist schon lange nicht mehr um sein Seelenheil bemüht, sondern um die Maximierung seines Reichtums. Es macht immer wieder betroffen, im Standardwerk von Max Weber (»Die protestantische Ethik«) nachzulesen, welch entscheidenden Anteil die protestantische Theologie und Ethik an dieser Irreleitung der Menschen hat. So kommt es auch nicht von ungefähr, dass viele der freikirchlichen Splittergruppen im heimatlichen Siegerland und anderswo sich um reiche (vermeintlich von Gott gesegnete) Unternehmerfamilien scharen. Und die heutige Wirtschaftswelt, die vom alles übersteigenden Finanzkapital der amerikanischen Superreichen geprägt ist, geht letzlich auf den religiösen Eifer der Pilgrim Fathers zurück. Ihnen ging es zwar zunächst um Glaubensfreiheit und Existenzaufbau. Hinzu kamen aber bald überlegene Waffen und die Aneignung des Landes der eingeborenen Indianer. Diese schwierige Mischung endete sehr schnell bei dem Satz: Nur ein toter Indianer ist ein guter Indianer. Man nahm den später so genannten »First Nations« das Land ab, setzte Kopfgeldprämien aus und brach in vielen Fällen geschlossene Verträge. Vor dem Hintergrund der amerikanischen Geschichte ist ein Donald Trump keineswegs eine Ausnahme, sondern nur ein überhöhter Ausdruck der irregeleiteten Ethik der amerikanischen Gesellschaft, die nach wie vor von den White Anglo Saxon Protestants (WASP) bestimmt wird. Das wirkliche, gelebte Christentum ist dabei schon lange vergessen, auch wenn in vielen mitgliederstarken Kirchen stundenlange schwülstige Gottesdienste gefeiert werden.

Wo stehen wir also heute mit unserem religiösen Weltbild? Schließen wir nach Corona – bis auf vereinzelte Gottesdienste im kleinen Rahmen – einfach die Kirchen zu? Verharren wir im Zweifel, weil anscheinend die Wissenschaft mit dem Weltbild der Bibel nicht übereinstimmt? Kommt nach Corona eine neue geistige Wende mit anderen religiösen Ansätzen? Diese und andere Fragen möchte ich hier nicht weiter erörtern. Stattdessen möchte ich einfach – ohne irgendeinen Anspruch zu erheben – mein eigenes Weltbild vorstellen und beschreiben.

Mein Weltbild sehe ich als Ergebnis einer lebenslangen Suche nach Gott, die erst sehr spät in ein endgültiges, glückhaftes Finden mündete. Es ist geprägt vom Zen-Buddhismus und von meinen vielen spirituellen Erfahrungen auf dem Zen-Weg. Es entspricht zwar in weiten Teilen dem Weltbild der Esoterik. Allerdings gibt es im esoterischen Bereich heute eine solche Vielzahl selbsternannter Propheten, dass einmal mehr die Aufforderung gilt: »Prüfet die Geister«.

Die duale Welt

Unsere tägliche Welt, so wie wir sie erleben, ist geprägt von der Dualität. Wir sind uns dessen nur deshalb nicht bewußt, weil wir die Dualität für dermaßen selbstverständlich halten, dass wir nicht auf die Idee kommen, man könnte sie hinterfragen. Wenn ich auf meiner Terrasse sitze und schreibe, fühle ich mich entweder wohl oder unwohl. Es ist entweder Tag oder Nacht, es ist entweder Winter oder Sommer. Als Mensch bin ich entweder dick oder dünn, entweder klein gewachsen oder groß, entweder reich oder arm. Meistens ist die Dualität einfach nur ein Faktum (Tag oder Nacht), oder sie bezeichnet die beiden Pole unseres Erlebens (zu warm oder zu kalt), zwischen denen beliebig viele Einzelzustände denkbar sind.

Unser Verständnis der Welt als »duale Welt« läßt sich interessanterweise bis zur Schöpfungsgeschichte der Bibel zurückverfolgen. Es gibt eben die fundamentale Entscheidung, ob wir vom Baum der Erkenntnis essen oder es lieber bleiben lassen. Und schon im Mythos der Schöpfungsgeschichte erscheint uns die Dualität nicht nur in der faktischen Form, sondern sie ist untrennbar verknüpft mit Wertung und Werturteilen. Es geht eben nicht nur um die Wahl: Erkenntnis oder keine Erkenntnis. Es geht von Anfang an um die Erkenntnis von »Gut und Böse«. Und es geht um einen – vermeintlichen – Unterschied von Gott und Mensch. Diesen Unterschied suggeriert die Schlange mit den verführerischen Worten: Ihr werdet sein wie Gott. Wir werden damit quasi vom ersten Schritt an förmlich »hineingeworfen« in die grundlegenden Probleme, die das Verständnis von Dualität mit sich bringt.

Das mag vielen als Schwierigkeit erscheinen, weil es zu grundlegenden Fragen führt, die im späteren Christentum nicht mehr gestellt werden. Anstatt immer wieder neu zurück zu gehen zum Anfang der Verständnisprobleme im Schöpfungsmythos, rückt man diesen lieber etwas weiter weg ins Nebulöse, über das man sowieso nichts weiß oder wissen kann. Es erscheint demgemäß auch einfacher, sich an die biblischen Aussagen des Neuen Testaments zu halten, weil dort ja das Verhältnis von Gott und Mensch offenbar in einer »neuen« Weise beschrieben wird, die erst durch Christus in die Welt gebracht wird und noch dazu anschaulicher zu sein scheint.

Aus meiner Sicht entspricht jedoch die Lehre Christi vollständig dem Mythos, der in der Schöpfungsgeschichte dargestellt wird. Ja es erscheint mir sogar ratsam, in grundlegenden Glaubensfragen immer wieder auf die Schöpfungsgeschichte zurück zu gehen, weil dort die Wurzeln der späteren theologischen

Lehren zu finden sind. In diesem Sinne hängt etwa die Frage, ob und wie es zu verstehen ist, daß Christus »Wahrer Gott und wahrer Mensch« ist, direkt zusammen mit unserer Interpretation der Aussage der Schlange »Ihr werdet sein wie Gott«. Und natürlich hängt auch die Lehre von der Sündenvergebung direkt zusammen mit der Frage, was eigentlich die »Erkenntnis von Gut und Böse« ist.

Wahrscheinlich sind sich die meisten Theologen einig in der Interpretation, dass der sogenannte »Sündenfall« die Trennung des Menschen von Gott bezeichnet und symbolisiert. Im christlichen Weltverständnis ist durch den Sündenfall die Erbsünde in die Welt gekommen. Und selbst das esoterische Weltbild sieht in ganz ähnlicher Weise den Menschen als ein Wesen an, dass »aus der Einheit« in die Zweiheit der dualen Welt gefallen ist, auch wenn hier eine moralische Komponente völlig fehlt. Bei genauerem Hinschauen ist die Trennung von »Gut und Böse« ein typisches Beispiel für die durch den Verstand, d.h. durch die vermeintliche »Erkenntnis« geprägte Art und Weise des Menschen, die Welt wahrzunehmen. Mit der größten Selbstverständlichkeit sieht unser Verstand die ganze menschliche Wahrnehmungswelt als dual an. Geht es also um das menschliche Handeln, so denken wir automatisch in den Kategorien »Richtig und Falsch« bzw. »Gut und Böse«. Ich habe es immer als merkwürdig empfunden, dass wir mit gleicher Selbstverständlichkeit den Rest der Welt, die Pflanzen und Tiere, ja das ganze »übrige« Universum von dieser dualen Betrachtung ausnehmen. So scheint es uns ebenso normal wie selbstverständlich, dass aus Bucheckern innerhalb von 200 Jahren riesige Bäume emporwachsen, ohne dass jemals Fragen laut werden nach groß oder klein, dicker oder dünner Stamm, geschweige denn nach »besser oder schlechter« als die benachbarte Buche. Wir wundern uns nicht einmal, wenn ein

Peter Wohlleben uns das »Geheime Leben der Bäume« erklärt, wonach die Bäume sich über das Wurzelgeflecht gegenseitig unterstützen und eine so starke Vernetzung aufweisen, dass man eigentlich nicht von einem »einzelnen« Baum sprechen kann. Auf der Ebene von Fauna und Flora wie auch in unserem astronomisch-physikalischen Bild des Universums können wir also das Fehlen von Gut und Böse akzeptieren. Allerdings bleibt unser Bewußtsein auch auf diesen Ebenen auf die Dualität fixiert, wir hängen an den vermeintlichen »einzelnen« und selbständigen Objekten fest, die unsere Wahrnehmungswelt ausmachen.

Dementsprechend beziehen wir in unseren theologischen Überlegungen und Schriften sogar Gott in die von uns »gedachte« Dualität ein. »Er« ist »im Himmel«, wir sind auf der Erde. Ja wir gehen sogar noch weiter: Im gesamten Alten Testament »vermenschlichen« wir diesen von uns vorgestellten Gott. Mal liebt er uns und akzeptiert uns, mal ist er wütend und verstößt uns. Und weil unsere ganze Welt aus dualer Wahrnehmung besteht, erscheinen uns diese Erzählungen auch noch verständlich und »normal«. Reichlich unnormal erscheint uns demgegenüber die Botschaft Jesu Christi, der die »Vergebung der Sünde« und die Feindesliebe predigt. Und völlig unverständlich erscheint das Gebot Jesu, dem Angreifer auch noch »die andere Backe hinzuhalten«. Christus hat sein ganzes Leben lang nichts anderes getan als auf die tieferliegende Einheit zwischen Gott und Mensch hinzuweisen. Für uns sind hingegen »Vater und Sohn« zwei verschiedene göttliche Wesen. Wie könnten wir vor diesem Hintergrund verstehen, wenn Christus sagt »Ich und der Vater sind eins«, oder »Wer mich sieht, sieht den Vater«? Damit sind wir als Christen keinen Deut anders als die Hohen Priester und Schriftgelehrten. Sie akzeptieren selbstverständlich, dass alle Menschen »Geschöpfe Gottes« sind. Aber sie verurteilen Jesus zum Kreuzestod, als er die Frage, ob er »Gottes Sohn« sei, mit »Du sagst es« beantwortet.

Immer wieder geht es also darum, daß unser dual ausgerichteter Verstand sich die Einheit der göttlichen Welt, die Einheit von allem nicht vorstellen kann. Wir können den »Punkt nicht denken«. Für uns ist ein Punkt ein Gebilde mit Ausdehnung, ob gedruckt in der Zeitung oder elektronisch dargestellt auf einem Bildschirm. Dagegen ist der ideale Punkt, der dimensionslose Schnittpunkt gerader Linien, für unseren Verstand nicht vorstellbar und damit eben auch »nicht denkbar«. Was jedoch wiederum unserem Verstand als absolut selbstverständlich – weil dual – erscheint, ist das sogenannte Kausalgesetz, dass Gesetz von Ursache und Wirkung. Für alle Wirkungen gibt es aus unserer Sicht eine kausale Ursache. Damit bleiben uns aber die tieferen Einsichten des Neuen Testaments und der Mystik ein für alle mal verschlossen. Wie sollen wir mit unserem dualen Denken die »Einheit« der Welt Gottes verstehen, in der » ...ohne den Willen unseres Vaters im Himmel kein Haar von unserem Haupt fallen kann«? Wie sollen wir mit unserem dualen und kausalen Denken verstehen, dass Gott Kriege zuläßt, daß er – wie es für uns offensichtlich erscheint – einige Menschen begünstigt und andere benachteiligt? Wir können uns unschwer hineinversetzen in eine Kriegssituation, wie etwa bei der Schlacht von Sedan im deutsch-französischen Krieg von 1870/71, wo die preussische Armee nach gewonnener Schlacht die Helme abnahm und den Choral »Nun danket alle Gott« anstimmte. Hätte Gott nicht auch den (katholischen) Franzosen helfen sollen? Und wie war es bei den vielen unsäglichen Religionskriegen? An dieser Stelle kommt man unwillkürlich auf eine Unsäglichkeit nach der anderen. Was hätte Gott etwa bei der Zerstörung der christlichen Hauptstadt Konstantinopel durch ein christliches Kreuzfahrer-Heer tun sollen, die im

Auftrag der geldgierigen und ebenso christlichen Venezianer erfolgte?

Weil unser Verstand das alles nicht denkend verstehen kann, bleiben auch die beiden wichtigsten Schlußfolgerungen völlig unbemerkt, die wir aus unserem dualen Weltverständnis ableiten. Erstens setzen wir Gott gleich mit »dem Guten«. Weil wir alles in die beiden Kategorien Gut und Böse einteilen, erscheint uns die Zuordnung Gottes zum Pol des Guten selbstverständlich. Es entgeht uns dabei jedoch, dass wir mit dieser Zuordnung Gott in unsere duale Sicht der Welt einbeziehen. Wir sind naiv genug, den allmächtigen Gott, den Gott der Einheit und der Dreieinigkeit »herunter zu ziehen« ins Lager der guten Menschen, genauer gesagt ins Lager der pharisäischen Gutmenschen. Allzuoft folgt daraus direkt der nächste Schritt, dass nämlich die »Welt« zu einer »bösen Welt« erklärt wird, die nur durch permanente Vergebung überhaupt eine Daseinsberechtigung hat.

Wie ratsam wäre es aus meiner Sicht, dieses Verständnis anhand der Schöpfungsgeschichte zu überprüfen. Dort könnten wir feststellen, dass Gott jenseits der Dualität von Gut und Böse zu finden ist. Die Welt von Gut und Böse ist die duale Erkenntniswelt der Schlange, die es in Wirklichkeit gar nicht gibt. Die Schlange »suggeriert« uns eben nur, dass wir durch die duale Erkenntniswelt wie Gott sein würden. In Wirklichkeit führt sie uns in die Irre, sie führt uns in die Welt der »Maya«, wie es die östliche Weisheit nennt. Diese duale Maya-Welt ist die Welt der ewigen Wertung, der Einteilung in Schwarz und Weiß. In dieser dualen Welt beten eben sowohl Deutsche wie Franzosen auf dem Schlachtfeld um Unterstützung. Es ist die Welt der Sünde und der »Verdammnis«. Es ist die Welt, die ein für allemal durch Vergebung überwunden werden muß.

Wieviel einfacher wäre es, den Fokus unseres Denkens darauf zu lenken, dass wir alle Geschöpfe Gottes sind. Wie oft müssen wir die Geschichte vom Verlorenen Sohn noch lesen, bis wir akzeptieren können, dass Gott eben nicht den verlorenen Sohn verdammt und dem wohl geratenen Sohn das ganze Erbe schenkt.

Ebenso grundlegend ist eine weitere Schlußfolgerung aus unserem dualen Weltverständnis. Unser ganzes Handeln richtet sich auf das, was wir haben wollen und akzeptieren. Dem setzen wir gegenüber, was wir nicht haben wollen und ablehnen. Immer wenn wir uns für eine Alternative entscheiden, lehnen wir damit automatisch eine oder mehrere andere Alternativen ab. So bauen wir ein Leben lang an »unserer« Welt, der Welt, die wir akzeptieren. Dagegen gerät mehr und mehr die Tatsache aus unserem Blickfeld, dass ja die anderen Alternativen ebenfalls zur Welt dazugehören. Wir akzeptieren gewissermaßen den Tag und lehnen die Nacht ab. Entsprechend diesem Bild bezeichnen ja die Psychologen die von uns abgelehnte Seite der Welt als »unseren Schatten«. Es ist für uns eben nicht akzeptabel, daß auch wir im selben Sinn potentielle Mörder sind, in dem der Mörder potentiell ein ehrbarer Bürger ist. Wir stecken zu tief in unserem dualen Verständnis von Gut und Böse, dass uns die Schlange im Paradies durch ihre Verführung »auf-oktroyiert« hat.

Die Welt als Jammertal

Sehr häufig haben gerade fromme Menschen, denen es darum geht, ihr Leben nach Gott auszurichten, unter der Dualität gelitten. Sie haben gespürt, dass unsere Erlebnis- und Erkenntniswelt eben nicht das Paradies ist, sondern die Welt, in der man »im Schweiße seines Angesichts« sein Brot verdienen muß. Sie haben gelernt und erfahren, dass es in der dualen Welt nicht nur das Gute, sondern auch das Böse gibt. Direkt damit verbunden ist meist auch die Erfahrung, dass wir im Leben alle das Gefühl haben und auch von Zeit zu Zeit erfahren müssen, dass wir nicht alles »richtig« gemacht haben. Es entsteht vielleicht immer wieder einmal ein unterschwelliges Schuldgefühl, dass bis hin zu Selbstvorwürfen führen kann. In christlich religiösen Kreisen kommt dann bald der Begriff der »Sünde« dazu und das Gefühl, ein Sünder zu sein. Es kann im Extremfall zu einer Art »Selbstverdammung« kommen, die bis hin zu einer religiös bedingten Neurose führen kann. Menschen mit solchen Selbstvorwürfen haben gespürt, wie schwer es ist, sich mit den Schwierigkeiten und Problemen im eigenen Leben auseinander zu setzen und sie zu verarbeiten. Sie haben nicht gelernt, ihre Schwächen und den von ihnen innerlich abgelehnten Schattenbereich in ihrem Leben zu akzeptieren. Anstatt »über ihren Schatten zu springen« und die »böse Welt« gar nicht erst zu verdammen, empfinden sie die Welt als ein einziges Leiden, eben als »Jammertal«. Sie haben zu kurz gedacht und geschlossen, dass ein erlöstes Leben in dieser Welt unmöglich ist. Ihr Gebet richtete sich – wenn sie beten konnten – deshalb nicht auf eine Erlösung »in dieser Welt«, sondern auf eine »Erlösung von der Welt«.

Dabei haben sie einfach vergessen, dass die Welt, die sie als Jammertal empfinden, in Wirklichkeit die Schöpfungswelt ist, d.h. die von Gott geschaffene Welt. Sie ist sogar in erster Linie und vor allem die von Gott erschaffene Welt und damit zugleich die Welt Gottes. Damit ist auch der Mensch in erster Linie und vor allem Gottes Geschöpf. Wie könnte der Schöpfer selbst sein Geschöpf nicht lieben und akzeptieren? Was ist es doch für eine abstruse, mittelalterliche und alttestamentliche Vorstellung, dass Gott ein zürnender, wütender Rächer ist, der im jüngsten Gericht seine eigenen Geschöpfe verdammt und in das ewige Höllenfeuer stößt?

Auch wenn wir heute, nach einer langen geistesgeschichtlichen Entwicklung, diese Vorstellungen überwunden haben, bleibt uns doch immer wieder die Aufgabe, heraus zu finden, was denn mit den Metaphern der einschlägigen Bibeltexte zu diesen Themen eigentlich gemeint ist. Es gibt offenbar schon eine »Lebensaufgabe«, der wir uns stellen müssen und bei deren Bewältigung wir mehr oder weniger gut abschneiden, ja im Extremfall sogar versagen können. Wie im Gleichnis mit den Talenten, die der Herr den Knechten gibt, geht es auch für uns darum, mit unseren »Talenten« gut umzugehen. Das ist nicht immer einfach. Es kann bedeuten, dass wir »unser Kreuz auf uns nehmen« müssen. Wer jedoch die Bewährungsprobe im Jammertal lieber vermeiden möchte, der gerät in die Position des Knechtes, der seine Talente vergräbt und unangetastet läßt.

Schauen wir noch genauer hin, was die Welt für uns eigentlich zu einem Jammertal macht, so stoßen wir auf Emotionen und Erfahrungen, die jedem Menschen bekannt sind. Eine fundamentale Belastung, unter der wir immer wieder leiden, ist die Angst. Sie bedrängt uns in vielfältigen Formen und ist nahezu permanent vorhanden. Sie ist für den Menschen so bedrohlich und einengend, daß eine große Zahl von Büchern zu diesem Thema verfaßt worden ist. Aus der langen Reihe der »Formen der Angst« (wie das klassische Buch von Riehmann heißt) seien hier nur genannt: Die Angst vor Krankheit und Tod, die Angst vor Schmerz, die Angst zu versagen, die Angst vor Verlust und die Angst, dass unser Leben sinnlos und belanglos sein könnte. Auch die Unterscheidung von Innen und Außen ist in diesem Zusammenhang wichtig. Wir haben ebenso häufig Angst davor, dass uns von Außen »etwas zustoßen« könnte als auch davor, dass in uns selbst etwas »schief geht«, fehlt oder nicht genügt. Die »innere Angst« äußert sich oft auch als ein lähmendes Gefühl der Ohnmacht und der Hoffnungslosigkeit. Diese Gefühle können für uns so bedrohlich erscheinen, dass sie unser ganzes Leben beeinflussen, ja sogar bestimmen und dominieren. Oft sind sie auch in ihrem Charakter regelrecht paradox. So hat gerade der Reiche, der sich keinerlei Sorgen machen müßte, Angst vor dem Verlust seines Reichtums. Und mit einem gewissen Zynismus könnte man fragen, warum wir denn Angst vor dem Tod haben, wenn wir unser Leben sowieso als sinnlos empfinden?

Wir alle kennen diese Angstgefühle und leiden unter ihnen mehr oder weniger stark. Sie scheinen auch direkt verknüpft zu sein mit der Frage nach Gott und der Frage nach dem Sinn des Lebens. Christliche Mystiker sprechen davon, daß man auf der Suche nach Gott durch die »dunkle Nacht der Seele« gehen muß. Und haben wir uns jemals gefragt, warum Christus erst »am dritten Tage« auferstanden ist und – nach der Aussage unseres Glaubensbekenntnisses – »hinabgestiegen (ist) in die Welt des Todes«? Jedenfalls spielt die Frage der Angst und der Erlösung von Angst und Leid eine wichtige Rolle sowohl im Christentum als auch im Buddhismus. So gibt es etwa im Johannes-Evangelium eine zentrale Stelle (Joh. 16,32 u. 33), in der Christus kurz vor seinem Tod zu seinen Jüngern sagt:

Siehe, es kommt die Stunde und ist schon gekommen, daß ihr zerstreut werdet, ein jeder in das Seine, und mich allein laßt. Aber ich bin nicht allein, denn der Vater ist bei mir. Das habe ich mit euch geredet, damit ihr in mir Frieden habt. In der Welt habt ihr Angst; aber seid getrost, ich habe die Welt überwunden.

Christus beschreibt es also als eine feststehende Tatsache, dass die Menschen in der Welt, d.h. in der Welt ihres dualen Bewußtseins, Angst haben. Die entscheidende Aussage in diesen Versen ist jedoch, daß Christus die duale Welt überwunden hat und in einer anderen, umfassenderen Welt lebt, in der Welt der Einheit, der Welt der Schöpfung, der Welt Gottes des Vaters. Für uns kann und sollte diese Bibelstelle mehr sein als die tröstliche Vorstellung, dass »nur« Christus die duale Welt überwunden hat. Wir sollten als eigentliche Botschaft Christi in diesen Versen eine Aufforderung sehen, Ihm nach zu folgen und selbst diesen Schritt zu vollziehen, d.h. auch selbst »die Welt zu überwinden«. Das ist die eigentliche Botschaft von der Nachfolge Christi. Deshalb sagt er *»Wer mir will nachfolgen, der verleugne sich selbst und nehme sein Kreuz auf sich«* (Luk. 9,23). Mit dieser Nachfolge folgen wir auch seiner Aufforderung: *»Darum sollt ihr vollkommen sein, wie euer Vater im Himmel vollkommen ist« (Matth. 5,48).* Dann öffnen wir unsere innere Tür, die uns von Gott trennt und an die Christus anklopft. Dann gehören wir zu den Menschen, für die Christus im Hohepriesterlichen Gebet bittet und von denen er sagt, dass sie ihm *»sein Vater gegeben hat«.* Dann finden wir seinen Frieden, dann haben wir mit unseren Talenten gut gewirtschaftet.

Die objektive, subjektive und geistige Welt

Neben der (dualen) Welt unseres Verstandes, die wir kennen bzw. zu kennen glauben, gibt es offenbar noch andere Welten, für die uns eine Wahrnehmung fehlt. Es ist sind die Welten der Engel, der Geister und Geistwesen, von denen uns auch die Bibel vielfältig berichtet.

Noch in den mittelalterlichen Gemälden werden uns diese Geistwesen sehr plastisch und drastisch vor Augen geführt. Wir wissen heute auch, dass die Mönche und Nonnen vergangener Jahrhunderte die biblische Botschaft sehr direkt über diese Gemälde und Altarbilder erfahren haben. Deshalb wurden auch diese Bilder nach einem festen »Kanon« gemalt und angeordnet, der natürlich von den kirchlichen und klösterlichen Instanzen überwacht wurde. Anstatt über einen Bibeltext, den sie vielleicht noch nicht einmal lesen konnten, mit dem Verstand theologische Mutmaßungen anzustellen, war es für die Klosterinsassen üblich, über die Bildbetrachtung quasi analog und intuitiv den Gehalt der Verse zu erfassen. Wie selbstverständlich wurden damit für sie die vom Maler geschaffenen Gemälde zu einer wirklichen Welt, die sie selbst als die wahre Welt der Bibel erlebten.

In ähnlicher Form erleben ja, wie die Naturwissenschaft es uns darlegt, auch die Tiere und Pflanzen ihre eigene Welt. Sie haben ihre eigenen Sensoren und Sinneswahrnehmungen, die meist in einem Frequenzspektrum arbeiten, das von dem der menschlichen Sinnesorgane sehr verschieden ist. Während uns diese Tatsache etwa für die Bienen und Fledermäuse sehr verständlich erscheint, mußte es uns für die Welt der Bäume erst vor ein paar Jahren noch von Peter Wohlleben erklärt werden.

Philosophen und Wissenschaftler haben viel darüber geschrieben, ob und in wieweit auch wir Menschen jeweils in unserer eigenen Welt, in der Welt unserer Wahrnehmung leben, die sich von der Wahrnehmungswelt anderer Menschen unterscheidet. Jedenfalls zeigt sich etwa aus Berichten von Unfallzeugen, dass verschiedene Menschen ein und denselben Vorgang ganz unterschiedlich erleben und schildern. Der Fokus unseres Bewußtseins liegt so sehr auf unserer eigenen sinnlichen Wahrnehmung, dass es uns vollständig entgeht, wie sehr unsere Stimmungen, Vorurteile und Überzeugungen diese Wahrnehmung überlagern und prägen.

Wir wissen auch, dass uns etwa Musik und Kunst auf einer tieferliegenden Ebene direkt berühren und ansprechen. Die in der Musik ausgedrückten Stimmungen und Emotionen werden sogar von vielen unterschiedlichen Zuhörern in ähnlicher Weise wahrgenommen und empfunden. Man sagt, dass Musik die Herzen bewegt, und dass sich kein Mensch diesem Einfluß entziehen kann. Stellen wir uns als Gedankenexperiment einmal vor, dass vor und während der schon beispielhaft genannten Schlacht von Sedan alle Beteiligten einschließlich der Stabsoffiziere aus einer überdimensionalen Beschallungsanlage stundenlang Walzermusik von Johann Strauß hätten anhören müssen. Wir wissen nicht, wie ein solches Experiment ausgegangen wäre. Wir können uns jedoch leicht vorstellen, dass es einen Unterschied gemacht hätte, ob aus der Beschallungsanlage Walzermusik oder »Heavy Metal« ausgestrahlt worden wäre. Unsere Wahrnehmung ist also offenbar nicht nur sehr subjektiv, sondern darüber sehr geprägt von Stimmungen und Emotionen.

Andererseits geht unser Verstand wie selbstverständlich davon aus, dass die Welt, die uns umgibt, »objektiv« ist, und dass die Dinge und Vorgänge, die uns umgeben, objektiv und verbindlich gemessen und beschrieben werden können. Wäre das nicht so, würde unsere Alltagswelt buchstäblich zusammenbrechen. Wir müssen uns nämlich darauf verlassen können, dass Regeln und Wahrnehmungen allgemeingültig definiert und eingeordnet werden können. Eine rote Ampel muß weiterhin für alle verbindlich eine rote Ampel bleiben, deren Überfahren geahndet wird. Und doch wird uns in Strafprozessen immer wieder vorgeführt, wie sehr der subjektive menschliche Hintergrund eines Täters seine Handlungen, seine Schuld bzw. Schuldfähigkeit und damit auch das Strafmaß beeinflußt. Heute, im Herbst 2020, bieten die politischen Ereignisse in den USA und in vielen anderen Staaten Beispiele dafür, dass die Welt der objektiven Wahrnehmung, die gleichzeitig auch die Welt des sogenannten »seriösen Journalismus« ist, immer wieder durchbrochen und auf den Kopf gestellt wird. Was ist das für eine objektive Wahrnehmungswelt, in der der Präsident der größten Weltmacht von den einen als charismatischer Führer und Retter, von den anderen als Schurke und verbrecherischer Demagoge wahrgenommen wird. Spätestens an diesem Beispiel sollte uns deutlich werden, dass die sogenannte Objektivität unserer Wahrnehmungswelt nicht selten geradezu paradoxe Züge aufweisen kann.

Doch zurück zur »geistigen Welt«, zur Welt der Engel und Geistwesen. Zu dieser Welt hatte eine entfernte Verwandte von mir einmal einen unnachahmlichen Satz auf Plattdeutsch geprägt: »Det geret, awer det won mir net glauwe« (Das gibt es, aber daran wollen wir nicht glauben). Dieser Satz drückt sehr treffend aus, dass die »geistige Welt« häufig von den Menschen als eine bedrohliche Unbekannte erlebt wird. Hier gibt es eben nicht nur Engel, die ewig Halleluja singen, sondern auch den Teufel, Dämonen und Geister. Wir lesen in der Bibel einiges über diese Welt, können sie jedoch mit unseren Sinnen und in unserem Alltag nicht erfahren. Ja, wir können uns als Menschen nicht einmal vorstellen, dass es Welten geben könnte, die in anderen, uns unbekannten Dimensionen existieren. Auf der anderen Seite gibt es jedoch seit jeher Schilderungen von Menschen, die über Erlebnisse mit Engeln und Geistern berichten.

Auch ich selbst könnte zu diesen Erlebnissen und Erfahrungen einiges beitragen. Aber im Zen sprechen wir nicht über solche persönlichen Erfahrungen und Erlebnisse, weil wir wissen, dass es auf sie gar nicht ankommt. Ich erzähle eine solche Erfahrung nur meinem Meister und Lehrer, wer anders könnte sie auch verstehen? Und der Meister wird immer wieder sagen: Sei dankbar für diese Erfahrung, aber klammere dich nicht daran, lass sie wieder los und gehe weiter auf deinem spirituellen Weg.

Gerade deshalb bin ich der Meinung, daß man nicht zuviel über die geistige Welt rätseln sollte. Warum sollten wir versuchen, mit unserem begrenzten Verstand Theorien über eine Welt aufzustellen, die wir mit unseren Sinnen nur sehr begrenzt erfahren können? Andererseits sollten wir die Erfahrungen, die Menschen gemacht haben und die sie konkret beschreiben, gewiß ernst nehmen, stehen lassen und sie nicht anzweifeln. Wir sind alle in unsere Alltagswelt geboren und müssen uns in ihr bewähren und entwickeln. Und das ist wegen der Begrenztheit unserer Möglichkeiten auch gut so. Wie sagte doch Heinz Rühmann als braver Soldat Schweijk: »Es hat alles seinen tiefen Sinn.« Wir haben unseren Lebensweg im Hier und Heute. Deshalb bin ich auch immer etwas skeptisch, wenn ich Schilderungen lese, die in ausführlichster Weise die geistige Welt oder Teile von ihr beschreiben.

Dennoch müssen wir alle zur Kenntnis nehmen, dass wir heute in einer neuen Zeit leben, in der es eben nicht nur »normale« Religiosität und engstirnige, evangelikale Religiosität, sondern auch die Esoterik gibt. So können wir etwa aus meiner Sicht hunderttausende dokumentierte Erfahrungsberichte über Nahtod-Erlebnisse, die in wesentlichen Punkten übereinstimmen, nicht einfach als Scharlatanerie abtun. Wir sollten sie vielmehr ernst nehmen und respektieren und im Sinne des Grundsatzes

»Prüfet die Geister« daraufhin abklopfen, ob und welche Relevanz sie für unser eigenes Leben haben.

Die Welt als Maya, Erleuchtung und das Reich Gottes

In der asiatischen Mystik gibt es schon seit Jahrtausenden die Erkenntnis, dass die Welt, die wir als »normale«, »nicht erleuchtete« Menschen mit unseren Sinnen wahrnehmen, nichts anderes ist als eine Illusion, eine Täuschung. Das Sanskrit-Wort »Maya« bedeutet in der wörtlichen Übersetzung genau das: Schein, Täuschung, Illusion. Der Begriff »Maya« bezeichnet ein Verständnis der illusionären Natur der sich ständig wandelnden Welt der Dinge und Erscheinungen, dem ein anderes Verständnis der eigentlichen Welt gegenüber steht. Diese andere, wirkliche, wahre Welt ist die Welt des Essentiellen, des Unwandelbaren und Absoluten. Sie wird in der asiatischen Mystik auch als die »Welt der Erleuchtung« (»Bodhi«) bezeichnet. Uns erscheint die Unterscheidung zwischen Maya und Bodhi als nicht verständlich und nicht wissenschaftlich. Das liegt vor allem daran, dass unsere Sinne und unsere Wahrnehmung ein Teil der Maya sind. Deshalb hilft es uns auch wenig, wenn die Quantenphysik uns erklärt, dass die Materie zu 99% aus leerem Raum besteht, der wiederum nicht wirklich leer, sondern von Kräften durchzogen ist. Wir müssen das zwar so stehen lassen, weil es mathematisch bewiesen ist, doch unserem direkten Wahrnehmen und Verstehen ist es für immer verschlossen. Es bleibt jedoch insgesamt festzuhalten, dass wir nach heutigem Erkenntnisstand das Verständnis der Welt als »Maya« zumindest nicht mehr als »unwissenschaftlich« bezeichnen können. Allerdings weiß auch die Wissenschaft bisher so gut wie nichts über Bodhi, über die Welt der Erleuchtung. Erst in jüngster Zeit entwickelt sich die Erforschung der Meditation im Zusammenhang mit der Hirnforschung geradezu zu einem Schwerpunkt der experimentellen Wissenschaft.

Als Christen sind wir nicht gewohnt, zwischen einer illusionären, unerleuchteten Welt und einer absoluten, erleuchteten Welt zu unterscheiden. In unserem üblichen dualen Denken ziehen wir den »Trennungsstrich« eher zwischen »der Welt« und Gott. Das erspart uns sehr viele lästige Fragen, die schwer zu beantworten wären. Wir empfinden auf dieser Basis unsere gesamte Alltagswelt bis hin zum materiellen Universum der Sterne und Galaxien als »real«. Dem gegenüber stecken wir die »geistige Welt« und die subjektiven Erleuchtungs- und Nahtod-Erfahrungen einzelner Menschen einfach in eine »andere Schublade«. Es ist die Schublade »Gottes«, oder anders formuliert, der Welt des Glaubens, die wir assoziieren mit einer vagen, eher nebulösen Natur. Mit dieser Einteilung schleicht sich aber eine Wertung in unser Denken ein, die unseren Entwicklungsweg blockiert und eine spirituelle Erkenntnis unmöglich macht. Diese Wertung ist sich der Fessel der Dualität gar nicht mehr bewußt. Sie hält einfach die tägliche Wahrnehmungswelt für »real« und die Welt Gottes, die geistige Welt für »nicht real« bzw. »irreal«, »nicht wirklich«. Auch wenn viele Christen diese Unterscheidung nicht so hart formulieren würden, bestimmt sie »in Wirklichkeit« doch unser Denken und Handeln.

Für uns Christen ist diese geistige Welt Gottes zumeist auch gleichbedeutend mit dem, was die Bibel als das »Reich Gottes« bezeichnet. Wir wissen natürlich, dass die Botschaft vom »Reich Gottes« der zentrale Bestandteil der Lehre Christi ist. Aber oft haben wir kaum mehr als eine leise Ahnung, was Jesus eigentlich mit diesem Begriff meint. Und doch liegt in dem Begriff »Reich Gottes« der Schlüssel zu einem tieferen Verständnis. Die Botschaft Christi vom »Reich Gottes« ist gleichsam die Nahtstelle zwischen östlicher Spiritualität und westlicher Religiosität. Wir sollten sie uns deshalb ganz genau ansehen.

Wir sollten jedenfalls nicht stehen bleiben bei der Lehre von der Sündenvergebung, nur weil die Begriffe von Sünde, Schuld und Erlösung uns einleuchtender und leichter verständlich erscheinen. Zwar versuchen diese Begriffe und die damit verbundenen Lehren die gleichen Sachverhalte zu verdeutlichen und klar zu machen. Wann immer wir sie verwenden, sind wir jedoch in Gefahr, wieder und wieder abzugleiten in unsere duale Weltsicht, in die Welt der Dualität. Da gibt es dann die »Sünder« und die »Gerechten«, die »Erlösten« und die »Unerlösten«, die Getauften und die nicht getauften, die zum Abendmahl »zugelassenen« und die, die man leider nicht zulassen kann. Da gibt es »Unterschiede« an allen Ecken und Enden und wir haben in Windeseile – meist ohne es zu merken – die göttliche Botschaft von der »Einheit der Welt« heruntergeholt in unsere Welt, in die Welt des Richtig und Falsch, in die Welt von Himmel und Hölle, in die Welt der Ketzer, der Inquisition und der Scheiterhaufen. Heute ist es an der Zeit, diese mittelalterlichen Begriffe hinter uns zu lassen und neu hin zu hören. Hin zu hören auf die Botschaft Christi vom »Reich Gottes«, die Botschaft von der »Einheit« der Welt, von der Einheit von Gott und Mensch.

Teil 2
Die christliche Botschaft wie ich sie verstehe

Seit meiner Jugend bin ich tief innerlich davon überzeugt, dass das Neue Testament die Wahrheit verkündet, und dass wir uns als Menschen auf diese Wahrheit verlassen können. Dennoch blieben immer Kernfragen offen. Am Anfang waren es eher läppische, vorübergehende Mißverständnisse, etwa ob ein Widerspruch bestünde zwischen der Evolutionstheorie der Biologen und der Schöpfungsgeschichte der Bibel. Später waren es mehr essentielle, tiefergehende Fragen, die jedenfalls mir persönlich unklar blieben.

Da war die ewige Frage nach GOTT, wer, was und wo ist Gott? Was heißt es eigentlich, an Ihn zu glauben?

Da war die Frage nach Gottes Sohn Jesus und der ganzen Theologie, die von der christlichen Kirche im Laufe der Jahrhunderte entwickelt wurde. Ist die Botschaft der vielen kleinen und großen Kirchen wirklich noch die Botschaft Jesu Christi? Sind theologische Unterschiede bedeutsam oder nicht?

Da war die Frage nach der Sünde: Bin ich ein Mensch, der von Gott geliebt wird oder bin ich ein ewiger Sünder, dem Gott nur mit Stirnrunzeln vergibt?

Da war die Frage nach dem Jüngsten Gericht und dem Ewigen Leben. Was ist das Ewige Leben? Werde ich in den Himmel kommen oder droht mir die Hölle?

Da war die Frage nach der Freiheit des Menschen in der Welt eines Allmächtigen Gottes. Kann und soll ich mein Leben selbst in die Hand nehmen, weil ich Entscheidungsfreiheit habe? Oder ist diese Freiheit eine Illusion, weil in unserer Welt alles im Sinne der Prädestinationslehre von Gott vorher bestimmt wird?

Da war die Frage nach der Allmacht Gottes, und wie Gott Leid und Krieg zulassen kann, wenn er doch allmächtig ist?

Da war auch die Frage: Was fange ich mit meinem Leben an? Mache ich daraus, was ich will oder müßte ich eigentlich alles, was ich habe, meine Zeit, mein Tun und mein Geld, Gott widmen?

Eines war mir bei der Beantwortung all dieser Fragen von Anfang an klar. Die Hauptaufgabe meines Erdenlebens ist es, zu einer eigenen Überzeugung, zu meinem persönlichen Glauben durch zu stoßen. Für mich konnte es nicht darum gehen, mich für die eine oder andere der Antworten zu entscheiden, die mir präsentiert wurden. Ziel und Sinn meines Lebens mußte sein, meine eigenen Antworten zu finden, meine eigene Wahrheit zu entdecken. Wie und wann das geschehen konnte, war mir allerdings vollkommen unklar.

Viel klarer war dagegen ein zweites Lebensziel, dass sich mit Ausbildung, Beruf, Familie und Karriere umschreiben ließ. Hierbei ging es um Arbeit, Leistung und Erfolg. Es ging aber auch um das, was »man« macht, was den allgemeinen Erwartungen und Wertvorstellungen entsprach. Als ich 20 Jahre alt war, bestanden hierzu klare, allgemein akzeptierte Vorstellungen. Ich zog daraus, die persönliche Schlußfolgerung, das ganze Thema »Glauben und Theologie« erst einmal in den Hintergrund zu rücken und später zu bearbeiten. Mein Leben mußte zwar auf diesen »zwei Beinen« stehen. Das eine Bein – der Glaube – war jedoch so nebulös, dass es vorerst offen bleiben mußte. Das zweite Bein – mein praktisches Leben – hingegen war so konkret und fordernd, dass es für mehr als zehn Jahre meine volle Aufmerksamkeit in Anspruch nahm. Erst Anfang der 1980er Jahre war ich familiär und beruflich in meinem neuen, persönlichen, familiären und beruflichen Gleichgewicht angelangt. Jetzt hatte ich innerlich mehr Zeit und Freiraum, mich wieder meiner religiösen Entwicklung zuzuwenden. Ich entdeckte die Spiritualität und den spirituellen Weg des Zen. Mein Weg eröffnete mir im Laufe der Zeit eine völlig neue Sicht auf die »alten« christlichen Überzeugungen. Natürlich führen alle spirituellen Wege zum gleichen Ziel, natürlich gibt es nur eine Wahrheit, und natürlich verkündet Jesus Christus nichts anderes Gautama Buddha. Diese Erkenntnis der Wahrheit führte mich zu einer tiefen Freude und einem schwer zu beschreibenden inneren Frieden. Zugleich regte sich in mir eine Sehnsucht, diese eine Wahrheit auch in der Botschaft des Neuen Testamentes zu finden und »heraus zu arbeiten«, auch wenn dies nicht bedeuten konnte, ein weiteres (dilettantisches) Buch über Theologie zu schreiben.

Mir wurde klar, dass nur die Mystik in der Lage ist, die wahre Botschaft des Neuen Testaments intuitiv zu erfassen. Die Theologie arbeitet mit dem Verstand. Sie versucht, mitten in der Welt der Dualität, der Welt des Gut und Böse, die Göttliche Wirklichkeit der Einheit der Welt mit der kleinen, unzureichenden menschlichen Ratio zu erfassen. Sie erkennt nicht, dass der kleine menschliche Verstand nichts anderes ist als die Versuchung der Schlange im Paradies: »Sollte Gott gesagt haben …?«. Hier liegt der tiefere Grund des Problems, dass Jesus Christus mit den Pharisäern hat. Hier liegt auch der tiefere Grund dafür, dass so viele Theologen in Wirklichkeit Probleme mit ihrem Glauben haben. Sie absolvieren ein langwieriges, schwieriges Studium und sind doch am Ende auf den »Glauben« angewiesen, der im Vergleich zur Ratio eine andere Kategorie darstellt. Wenn aber dieser Glaube in einem Menschen Fuß faßt und wirkt und in ihm ein tiefes inneres Verständnis erzeugt, so läßt sich das nicht mit den Mitteln der Ratio erfassen. Das habe ich als Jugendlicher immer wieder bei theologischen Diskussionen im Kreis unserer Großfamilie erlebt. Wenn mein Onkel Karl als Mitglied der »Freien evangelischen Gemeinde« seinen christlichen Glauben in dem Satz zusammenfaßte »Man muß einen lebendigen Heiland haben!«, so stieß diese Aussage bei meinem eher rational orientierten Vater auf Unverständnis. Ja, der Satz erzeugte bei meinem Vater sogar Widerwillen und Empörung: Diese Aussage war für ihn unverständlich, schwammig und unlogisch. Aber auch Onkel Karl war sicherlich kein »Mystiker«, da er zugleich sehr konkrete Urteile und Beurteilungen anderer Menschen daran knüpfte. Er selbst und seine »Mitbrüder« schienen sich ein Urteil darüber anzumaßen, ob diese Anderen tatsächlich »einen lebendigen Heiland hätten« oder eben nicht.

In meinem Leben hat diese vielfach erlebte unklare Gemengelage dazu geführt, daß ich meine christlichen Überzeugungen für Jahrzehnte beiseite gestellt habe. Stattdessen habe ich mich auf meinen eigenen Erfahrungsweg gemacht. Dieser führte mich zum Zen und in die Obhut meines Meisters, des christlichen Zen-Meisters Willigis Jäger. Willigis hat uns sein Leben lang gelehrt, dass der Zen-Weg für Christen ebenso gangbar ist wie für Buddhisten. Jeder Mensch, der mit Beharrlichkeit einen Erfahrungsweg geht, wird durch seinen Weg geprägt und verändert, er wird ein Anderer. Das gilt für den Zen-Weg ebenso wie für den Pilgerweg nach Santiago de Compostella, den ich von zuhause aus gegangen bin. Jeder macht auf diesen spirituellen Wegen seine eigenen Erfahrungen. Er wirtschaftet mit seinen »Talenten«, wie es Jesus im Gleichnis von den unterschiedlichen Talenten ausdrückt. Geprägt durch diese Erfahrungen lese ich heute die Bibel neu und finde in nahezu jedem Satz etwas, was mich anrührt, weil es eine tiefe Wahrheit zum Ausdruck bringt. Ich habe diese Wahrheit für mich gefunden und weiß, dass die eigene Wahrheit nie wirklich mitteilbar ist. Dennoch möchte ich es im Folgenden unternehmen, diese eigene Wahrheit meines Verständnisses des Christentums zumindest frei und offen zu schildern. Ich komme damit einer Verpflichtung nach, die ich mir für dieses Leben auf der Erde vorgenommen habe: Brücken zu bauen zwischen unterschiedlichen religiösen Wegen und Zeugnis zu geben, von dem, was ich erfahren habe.

Bei meiner Schilderung konzentriere ich mich bewußt auf einige wenige ausgewählte Bibelstellen, die ich als Kernaussagen der Botschaft Jesu Christi empfinde. Sie sind in den folgenden Kapiteln beschrieben und in loser Folge, ohne Anspruch auf Vollständigkeit, nebeneinander gestellt.

Sechstes Kapitel – Der reiche Jüngling

Widme dein ganzes Leben dem Gottesdienst und lass den falschen »Reichtum« deines EGO-Lebens los, der dich in die Irre führt. Gott ist nicht außen sondern innen. ER ist in dir.

Diese Geschichte ist gut geeignet, einen »Einstieg« in die Botschaft Jesu Christi zu finden und dadurch die Botschaft des Neuen Testaments schrittweise zu verstehen. Sie läßt sich nämlich nur schrittweise und nur durch Gleichnisse verstehen. Jesus war weder Theologe, noch hat er seine Botschaft in einem Buch veröffentlicht. Er gibt einfach immer wieder Hinweise. Dadurch vermeidet er es, in die nur vermeintlich schlüssige Denkweise des menschlichen Verstandes abzugleiten, die im Gefängnis der Dualität steckenbleibt. Ihm geht es nicht um richtig oder falsch, gut oder schlecht, sondern um einen Hinweis auf die Göttliche Wahrheit. Immer wieder weisen seine Lehren deshalb in eine Richtung, die unserem Verstand geradezu unlogisch erscheint.

So ist es auch in der Geschichte vom reichen Jüngling (Luk. 18,18). Es ist ein »Oberer«, der Jesus anspricht, der noch dazu »sehr reich« ist. Man kann wohl schließen, dass dieser Mann eine hohe soziale Stellung einnahm. Er grüßt Jesus mit großem Respekt und bezeichnet ihn als »Guter Meister«, eine Anrede, die Jesus jedoch zurückweist und ihm entgegnet: »Niemand ist gut als Gott allein«. Der Jüngling stellt Jesus die Frage aller Fragen: »Was muß ich tun, damit ich das ewige Leben ererbe?« Diese Schlüsselfrage wird seit jeher in allen Religionen gestellt, wenn auch in jeweils unterschiedlichem Wortlaut. Im Zen fragt der Schüler den Meister immer und immer wieder: Was ist der Weg? Gemeint ist der Weg zu Gott, der Weg zur

Erleuchtung. Oft ist die Antwort auf diese Frage kryptisch und rätselhaft. Hier in Lukas 18 ist die Antwort sehr konkret und sehr naheliegend: »Du kennst die Gebote: ...«. Doch der reiche Jüngling ist sich seiner Sache sehr sicher. Er hat sich zeitlebens um die Einhaltung der Gebote bemüht. Mehr noch, er wagt es – offenbar mit reinem Gewissen – zu sagen: »Das habe ich alles gehalten von Jugend auf«. Nur wenige Menschen, auch in unserer Zeit, würden sich wohl eine solche Aussage mit reinem Gewissen zutrauen. Allzu schnell treten wir an dieser Stelle den Rückzug an und bekennen uns schuldig, die Gebote nicht eingehalten zu haben. Wir sind »allzumal Sünder«, wie es an anderer Stelle heißt. Jedenfalls würden wir wohl vermuten, dass jemand, der alle Gebote seit jeher einhält, gleichsam per definitionem das »Ewige Leben ererbt«.

Umso eindrücklicher ist es, dass Jesus diesen Lebensweg nicht für ausreichend hält. Er benennt umgehend das, was dem reichen Jüngling noch fehlt: »Verkaufe alles, was du hast, und gib's den Armen, so wirst du einen Schatz im Himmel haben, und komm und folge mir nach.« Hier scheint die Geschichte zu enden, doch tatsächlich beginnt sie hier erst. Jesus sagt zwar einleitend: Es fehlt dir noch eines. Dieses Fehlende besteht aber genauer betrachtet aus zwei Teilen. Da ist zum einen das »Verkaufe alles, was du hast«. Darüber hinaus fordert Jesus aber von dem Reichen: »Komm, und folge mir nach«. Nach meinem Verständnis gehören die beiden Anweisungen elementar zusammen und beschreiben den Beginn eines spirituellen Weges.

Bleiben wir zunächst bei dem »Verkaufe alles, was du hast«. Vordergründig geht es hier offenbar um den materiellen Reichtum, der den Menschen von Gott trennen kann. Schon wenn das die eigentliche Aussage wäre, müßten eigentlich alle Calvinisten (und auch die Menschen mit der »Mentalität« der angel-

119

sächsischen Länder) laut aufschreien und protestieren, denn nach ihrem Verständnis zeigt sich im Reichtum des Jünglings ja gerade, dass er Gottes Segen genießt. Der Reichtum ist nach diesem Verständnis die gerechte Begleiterscheinung, ja gewissermaßen eine Art »Entschädigung« für ein diszipliniertes, wirtschaftlich produktives Leben, dass sich an der Einhaltung der Gebote orientiert. In diesem »reichen« Leben gibt es ja schließlich noch die reichlichen Spenden für die Gute Sache, die der Reiche aus Dankbarkeit erbringt.

Wie oft habe ich Predigten gehört, die die ganze Botschaft der Geschichte auf das Loslassen des materiellen Reichtums reduzieren. In dieser Interpretation wird die Betonung bei der Geschichte auf das Thema Reichtum und Armut gelegt und auf das berühmte Nadelöhr, durch das der Reiche gehen müßte, um in das Reich Gottes zu kommen. Demnach hätte ein Bill Gates wohl kaum Chancen, durch das Nadelöhr zu passen. Es bleibt allerdings festzuhalten, dass auch in dieser – sehr engen und beschränkten – Interpretation einem Bill Gates zu sagen wäre: Verkaufe alles, was du hast! Eine steuersparende Stiftung zu installieren reicht nicht.

Aus meiner Sicht sind die Worte Jesu jedoch viel umfassender und radikaler gemeint. Und hierfür spricht gerade das berühmte Nadelöhr. In der Geschichte vom reichen Jüngling geht es nicht um einen Bill Gates, sondern um uns alle. Jesus meint nicht nur den materiellen Reichtum, dessen Loslassen uns schon schwer genug fällt. Jesus meint **allen** Reichtum, denn aller Reichtum trennt uns von Gott. Er sagt damit genau das, was alle spirituellen Wege sagen. An dieser Stelle geht es also um unseren »ganzen« Reichtum, der nicht nur in Geld auszudrücken ist, sondern zu dem unser ganzes EGO gehört. Es geht um unser »Selbstverständnis«, um alles, zu dem wir es in unserem Leben scheinbar »gebracht haben«. Es geht um das »Haste was, dann biste was«, also nicht nur um das, was wir haben, sondern viel mehr noch um das, was wir glauben zu sein. Wir sind Professor, Doktor, Generaldirektor, Unternehmer, Oberer Mittelstand, Großbürger, aus gutem Hause, aus guter Familie, Self Made Man*Women, Stützen des Ortes, politisch engagiert, Kämpfer für eine gute Sache und so weiter. Die Liste läßt sich beliebig verlängern. Im Zen bezeichnen wir all das als unsere »Vorstellungen und Konzepte«. Man könnte auch sagen: Es ist unser »Selbstbild«, die Vorstellung, die wir von uns selbst haben, wer wir »glauben« zu sein. Doch auch ein Selbstbild ist letztlich nichts anderes als ein Bild, ein Konzept. Wir alle identifizieren uns mit unserer Lebensleistung, mit dem, was wir erreicht haben. Wir alle sind alle wie der reiche Kornbauer, von dem es am Schluß heißt: Du Narr! Heute noch wird man deine Seele von dir fordern, und wes wird sein, das du bereitet hast?

Gerade hierin liegt der Sinn jeder Meditation. Es geht um das Loslassen aller Konzepte, wirklich aller Konzepte. Es geht um das »leer werden«. Es geht darum zu erkennen, wer wir wirklich sind. Im Zen sagen wir, es geht um unsere »Wesensnatur«, um die Entdeckung unseres wahren Wesens. Es geht – anders herum ausdrückt – um die Erkenntnis, dass unser EGO gerade nicht unser wahres Wesen ist. Das EGO ist unser falsches Selbst. Hier geht es um die Wirklichkeit, um unser »Wahres Selbst«. Der reiche Kornbauer – und nicht anders auch der reiche Jüngling – muß und wird im Augenblick seines Todes erkennen, dass sein ganzes EGO stirbt. Alle Vorstellungen und Konzepte des EGO sind irreal und illusionär. Sie gehen wie unser Körper mit unserem physischen Tod unter. Hierin liegt auch der tiefere Sinn der »Wegweisung«, die Jesus dem reichen Jüngling gibt. Wenn es um das ewige Leben geht, wenn es darum geht, in das Reich Gottes zu kommen, dann gilt es zu allererst zu erkennen, dass das Reich Gottes »nicht von dieser Welt ist«. Diese Erkenntnis ist so umfassend und radikal, dass sie uns erscheint wie ein Nadelöhr. Weder ein Kamel, noch irgendein sonstiges EGO paßt durch ein Nadelöhr.

Sehr wichtig für das Verständnis ist ein weiterer Punkt: Diese Botschaft Jesu gilt auch für »arme reiche Jünglinge«. Auch ein kämpferischer Armer, ein »Berufs-Linker«, der seinen Lebenssinn darin sieht, endlich durch Umverteilung den Reichtum zu erlangen, der ihm und anderen zusteht, ist im Sinne unseres Textes ein reicher Jüngling. Auch ihm geht es vor allem um den Reichtum, den er nicht hat, von dem er aber meint, daß er ihm wie anderen zustünde. Es ist geradezu ein Kennzeichen unserer spätkapitalistischen Internetgesellschaft, dass sie allen ihren Mitgliedern nahelegt, ihr jeweiliges EGO möglichst klar zu definieren und nach vorne zu bringen, es wenn möglich in den sozialen Medien zu veröffentlichen. In dieser Gesellschaft scheint nahezu jede Art von EGO attraktiv und interessant zu sein. Nur eines ist überhaupt nicht zeitgemäß: Auf sein EGO zu verzichten und eigene »Rechte« zugunsten der Gemeinschaft aufzugeben.

Das bringt uns zu dem zweiten Teil des Ratschlags Jesu an den reichen Jüngling. Jesus sagt eben nicht nur »Verkaufe alles, was du hast«, sondern auch »Folge mir nach«. Es wird nur in ganz seltenen Fällen passieren, dass es einem Menschen gelingt, in einem einzigen großen Entschluß oder aufgrund eines einzigen spirituellen Erlebnisses sein ganzes EGO, alle seine Konzepte komplett los zu lassen. Saulus von Tarsus machte ein solch tiefgreifende Gotteserfahrung vor Damaskus, die sein Leben umdreht und ihn zum Paulus macht. Ebenso eine tiefgreifende Erfahrung erlebte Eckhart Tolle in London und beschreibt sie in seinem Buch »Jetzt« (The Power of Now).

Für uns andere, d.h. für die gesamte Menschheit, gilt die zweite Wegweisung, die Jesus dem reichen Jüngling gibt: Folge mir nach! Es ist eine wunderbare Aussage, und es ist eben keine Anweisung, sondern eine »Wegweisung«. Es geht darum, den Weg der Nachfolge zu beschreiten! Es steht uns – wie dem reichen Jüngling – vollkommen frei, ob überhaupt und wann wir diesen Weg der Nachfolge Christi beschreiten wollen. Der Weg der Nachfolge Christi ist das, was wir im Zen einen »spirituellen Weg« nennen. Dieser Weg mag für den einen anders aussehen wie für den anderen. Den einen führt er ins Kloster, den anderen macht er – wie Paulus – zum Apostel. Für alle Wege gilt aber, dass sie beginnen mit dem ersten Schritt. Mit diesem Schritt läßt man alles andere hinter sich. Zen sagt dazu, wie bereits oben zitiert: Weg wird Weg im Gehen, Weg wird Weg im Lassen. Christus drückt es an anderer Stelle noch viel radikaler aus: Laß die Toten ihre Toten begraben, du aber folge mir nach.

So gilt auch für jeden »reichen Jüngling«: Wenn er den Weg der Nachfolge gar nicht antritt, bleibt er ein »Toter« Reicher Jüngling, oder – wie Jesus es auch ausdrückt – ein »getünchtes Grab«. Für fast alle von uns gilt dasselbe: Wir klammern uns an die Vorstellungen, die wir vom Leben haben, an materiellen Besitz, an Pläne oder an Personen. Wir haben großes vor und glauben, dass unser Leben nur dann erfolgreich sein kann, wenn wir große Taten vollbringen. Dabei sehen wir nicht ein, dass all das selbst auferlegte Zwänge schafft. Immer wieder geht es nicht darum, dass wir Leistungen vollbringen, sondern es geht darum, wie wir etwas tun. Tun wir es aus Freude und gehen wir ganz in diesem Tun auf? Dann sind wir ganz präsent im gegenwärtigen Augenblick, im »Jetzt«, wie Eckhart Tolle es ausdrückt. In der Sprache unserer Geschichte hieße das: Wir gehen den Weg der Nachfolge Christi.

Was hindert den reichen Jüngling daran, der Wegweisung Christi zu folgen? Warum heißt es: »Er wurde traurig, denn er war sehr reich«? Der Jüngling kann den einmaligen Augenblick der Begegnung mit Christus nicht wirklich erleben, nicht ernst genug nehmen. Er erfährt die Gnade einer persönlichen Wegweisung des Gottessohnes, doch er kann sie nicht wirklich schätzen. Er steckt fest in seinen Konzepten, in seinem Reichtum, in den festgefügten Vorstellungen davon, wie sein Leben auszusehen hat. Zwar kann er – gleichsam in einem lichten Augenblick seines Bewußtseins – eine Frage an Jesus richten, aber die Antwort paßt ihm im wahrsten Sinne des Wortes »nicht ins Konzept«. Vielleicht wollte er sogar von Jesus nichts anderes hören als eine Bestätigung, dass ihm das ewige Leben sicher sei, da er ja alle Gebote erfüllt habe. Jedenfalls nimmt er die Suche nach dem ewigen Leben nicht wirklich ernst. Ohne den Weg der Nachfolge Christi ist aber das ewige Leben nicht zu erlangen. Jesus fordert unbedingte Hingabe, unbedingtes Hören auf seine Wegweisung. Doch der Jüngling folgt lieber seinem Verstand und seinen vermeintlich erprobten Lebenskonzepten. Wir alle haben – wie der reiche Jüngling – die freie Wahl. Jesus zwingt niemand in die Nachfolge. Doch es ist eine reine Illusion zu glauben, man könne an seinem eigenen EGO festhalten und trotzdem das ewige Leben erlangen.

Aus meiner Sicht ist es auch ganz klar, dass die Geschichte uns alle betrifft, d.h. wir alle sind »reiche Jünglinge«. Dabei spielt materieller Reichtum nur eine untergeordnete Rolle. Wir alle sind fast zu jeder Zeit verhaftet in unserem Verstand, festgehalten durch ständiges Denken. Mal geht es um große Pläne, mal um die Sorge um die Zukunft. Mal geht es um Geldverdienen, mal um Freizeitgestaltung. Sehr häufig haben wir auch unsere Beziehungen in unserem engsten Umfeld nicht in Ordnung gebracht und grübeln über die Schlechtigkeit der

Anderen. Mal ist der Chef das vermeintliche Problem, mal ein Kind oder der Partner. Immer wieder geht es dabei um unsere Sorgen, mit denen wir uns belasten und quälen. Sie stellen oft den Hauptteil unseres »Reichtums« dar, des Reichtums an Konzepten, Vorwürfen, Projektionen und Grübeleien. Jesus fasst das Problem an anderer Stelle darin zusammen, dass wir uns nicht um den morgigen Tag sorgen sollen. Auch in diesem Rat geht es darum, uns innerlich frei und offen zu machen für den Weg der Nachfolge Christi.

Siebtes Kapitel – Der verlorene Sohn

Wie oft haben wir alle diese Geschichte gehört und wie viele Predigten versuchten, uns die Essenz des Gleichnisses nahe zu bringen. Mich hat eine der vielen Predigten, die ich dazu gehört habe, ganz besonders beeindruckt. Es war in den neunziger Jahren im Evangelischen Lebenszentrum Schloß Craheim bei Schweinfurt, wo die EKHN eine jährliche Familienfreizeit abhielt, die von Pfarrer Bodo Leinberger und Pfarrer i.r. Ludwig geleitet wurde. Beide waren charismatische Prediger, die in ihren Gottesdiensten ein intensives Erleben und eine geradezu mystische Erfahrung schaffen konnten. Als Pfr. Ludwig die Geschichte vom Verlorenen Sohn als Predigttext vorlas, war ich zunächst etwas enttäuscht, weil ich das alles schon so oft gehört hatte. Heute habe ich jedoch den Eindruck, dass ich die Geschichte in dieser Predigt erstmals wirklich verstanden bzw. erfahren habe. Was hat mich damals wie heute so nachhaltig beeindruckt?

Mich hat tief beeindruckt, dass das Gleichnis eine ganz direkte, offene Antwort gibt auf die Frage, wie das Verhältnis zwischen Gott und Mensch ist, und wie Gott sich zum menschlichen Leben stellt. Gott wird in dem Gleichnis als liebender Vater beschrieben, der den Menschen als seinen geliebten Sohn betrachtet. Die Liebe dieses Vaters für seinen Sohn ist grenzenlos und bedingungslos. Er hat zwei Söhne und liebt sie beide bedingungslos, obwohl sie ein vollkommen unterschiedliches Leben führen. Die Lebensführung beider Söhne ist geradezu konträr. Man kann – im Sinne der Dualität – sagen, dass der ältere Sohn in geradezu extremer Weise ein gutes, der jüngere dagegen in ebenso extremer Form ein schlechtes Leben führt.

Der ältere Sohn ist eben nicht ein »verlorener« Sohn. Er bleibt zuhause und dient seinem Vater. Er sagt über sein Leben: *»Siehe, so viele Jahre diene ich dir und habe dein Gebot noch nie übertreten, und du hast mir nie einen Bock gegeben, dass ich mit meinen Freunden fröhlich gewesen wäre. Nun aber, da dieser dein Sohn gekommen ist, der dein Hab und Gut mit Huren verpraßt hat, hast du ihm das gemästete Kalb geschlachtet.«* Nehmen wir den Text im wörtlichen Sinne, so benutzt er das Umfeld eines Nomaden- und Hirtenlebens, in dem die Tiere der eigenen Herde das höchste Gut darstellen. In einem solchen Hirtenleben wäre ein junger Bock ein angemessenes Geschenk für einen »treuen« und wohlgeratenen Sohn. Ein gemästetes Kalb hingegen ist gleichsam das Allerbeste, was der Vater als Geschenk anzubieten hat. In unserem menschlichen Verständnis ist es überhaupt nicht einsichtig, warum bei der Rückkehr des jüngeren Sohnes – der im Leben versagt hat – das gemästete Kalb geschlachtet wird.

Nehmen wir den Text im übertragenen Sinne des Gleichnisses, so führt der ältere Sohn ein »Gott wohlgefälliges« Leben. Er hält die Gebote stets ein und verbringt sein Leben »im Dienst« des Vaters, d.h. im Gottesdienst. Auch im übertragenen Sinn der Bedeutung des Gleichnisses verstehen wir deshalb die Gefühle des älteren Sohnes, der sich von seinem Vater – ganz entsprechend unserer »normalen« Reaktion – im Vergleich zu dem jüngeren Bruder schlecht behandelt fühlt. Im übrigen hätte nach unserem menschlichen Verständnis der Vater wohl auch große Erwartungen an den Werdegang seiner Söhne geknüpft und hätte sie deshalb entsprechend ihren Taten belohnt.

Doch dieser Vater bzw. Gott als Vater lebt eben nicht in unserer dualen Welt. Er lebt in der Wirklichkeit, in der geistigen Welt, der Welt der Einheit. In dieser göttlichen Wirklichkeit gibt es keine Wertung im Sinne einer menschlichen Gerechtigkeit. In dieser Wirklichkeit gibt es nur »die Gerechtigkeit, die vor Gott gilt«, wie eine andere biblische Formulierung sagt. In dieser Welt herrscht, nein: fließt die bedingungslose göttliche Liebe, die Agape. Sie ist allumfassend und bedingungslos, sie fließt allen seinen Geschöpfen zu. Es ist eben nicht so, dass der Vater eine (menschliche) Wertung vornimmt. Er unterscheidet nicht zwischen dem Sohn, der Gottesdienst leistet und dem Sohn, der erst nach vielen Irrwegen den Weg zurück ins Vaterhaus findet. Seine Liebe umfaßt beide Söhne in gleicher Weise. Es ist eben nicht so, dass man die menschliche Gerechtigkeitsvorstellung auf Gott übertragen könnte. Es ist geradezu absurd, dem liebenden Vatergott vorwerfen zu wollen, dass er sich gegenüber seinen Söhnen ungerecht verhält. Vielmehr ist es der ältere »gerechte« Sohn, der trotz allen Gottesdienstes zurückfällt in die duale Welt der Unterschiede, des Besser-Schlechter und des Materialismus. Genau diesen Rückfall bezeichnet die Bibel als »Sünde«. Der ältere Sohn verhält sich in diesem Sinne ebenso paradox wie die Pharisäer. Er meint, besonders fromm zu sein, hält nach außen hin die Gebote ein und geht zum Gottesdienst, bleibt aber in Wirklichkeit dennoch stecken in der dualen Welt der Wertung. Er kapselt sich dadurch selbst von der Liebe des Vaters ab und zieht sich in den »dualen Schmollwinkel« zurück. Es gelingt ihm nicht, in diesem irdischen Leben zur Erfahrung der Einheit, der Liebe und des Reiches Gottes durch zu stoßen. er kann es gar nicht würdigen, dass die Liebe des Vaters, das Angebot in der göttlichen Welt der Einheit zu leben, für ihn in gleicher Form gilt wie für den jüngeren Sohn. Vielmehr kritisiert er den Vater aus menschlicher Sicht und bleibt verhaftet in der Dualität.

Ganz anders der jüngere Sohn, um den es ja in dem Gleichnis in erster Linie geht. Von ihm heißt es in Luk. 15,11 ff, dass er in ein fernes Land zog; » …und dort brachte er sein Erbteil durch mit Prassen.« Aber als er »ganz unten« ist und gar nichts mehr hat, findet er in größter Not den Mut zur Umkehr und beschließt nach Hause zu seinem Vater zurück zu gehen. Ganz drastisch und eindrucksvoll schildert das Gleichnis das zwischenzeitliche Elend des »verlorenen« Sohnes. Er ist nicht nur auf die Stufe des Schweinehirten hinab gesunken, sondern ernährt sich sogar von den Trebern, die die Schweine fressen. Viel drastischer kann man in der Welt der gesetzestreuen Juden, die ja den Genuß von Schweinefleisch ablehnen, das geradezu menschenunwürdige Leben nicht beschreiben, das der jüngere Sohn führt. Er ist in der Achtung seiner Glaubensgenossen so tief gesunken, wie man tiefer wohl nicht sinken kann. Er hat gegen so ziemlich alle moralischen Wertvorstellungen und Verhaltensmaximen seiner Zeit verstoßen. Dennoch, als er am tiefsten Punkt seines Lebens angelangt ist, nicht mehr weiter weiß und buchstäblich nichts mehr zu essen hat, entschließt er sich zur Umkehr. Er, der sich weder um den Vater noch um dessen Gebote gekümmert hat, besinnt sich nun und entschließt sich zur Rückkehr ins Vaterhaus. Er erkennt, dass er sich falsch verhalten hat, sein Erbteil verpraßt hat, nichts eigenständiges geleistet hat und somit quasi »alles verspielt« hat.

Von entscheidender Bedeutung ist dabei, dass seine Umkehr und Reue ehrlich und aufrichtig ist. Er ist wirklich bereit, sein Leben von Grund auf zu ändern. Er will nicht einfach den Vater um noch mehr Geld bitten und so wie bisher weiterleben. Vielmehr sieht er ein, dass er nach den bestehenden Maßstäben der Liebe des Vaters nicht mehr würdig ist. Ja er ist bereit, für den Rest seines Lebens auf der untersten sozialen Stufe für seinen Vater zu arbeiten, als ein rechtloser Tagelöhner, der gleichsam »von der Hand in den Mund« lebt. Dieser letzte Punkt ist in soweit besonders wichtig, als es hierbei um die

Sohnschaft geht bzw. um die Frage Sohn oder Knecht. Der verlorene Sohn ist sich darüber im klaren, dass er nach den Maßstäben der menschlichen Gerechtigkeit seine Sohnschaft verwirkt hat. Seine Entscheidung zur Umkehr ist aber nicht an irgendwelche Bedingungen oder Erwartungen geknüpft. Er ist auch dann zur Umkehr und Rückkehr entschlossen, wenn er – wie es aussieht – auf der untersten Stufe weiterleben muß. Er hat alles verspielt, doch er ist nun soweit, die Rechtlosigkeit, in die er sich gebracht hat, voll zu akzeptieren.

Wir sehen hier sehr gut den Unterschied zum »reichen Jüngling«. Dieser will an seinem äußerlichen Reichtum festhalten und kann sich deshalb nicht in letzter Konsequenz für Gott entscheiden. Der verlorene Sohn hingegen hat schon alles verloren, kein Reichtum steht mehr zwischen ihm und dem Vater. Doch geht es auch bei ihm um eine große, trennende Hürde, nämlich um die Schmach des Versagens, die Schmach, sein Leben »verpfuscht« zu haben. Es fällt schwer, sehr schwer, ein solches Versagen vor sich selber, vor anderen und vor dem Vater offen einzugestehen. Er überwindet diese Hürde, indem er bekennt: » …; ich bin hinfort nicht mehr wert, daß ich dein Sohn heiße«. So sehr der Verlust jedes Reichtums seine Entscheidung für die Rückkehr erleichtert, so schwierig ist doch auch dieses Bekenntnis, in dem die wirkliche Überwindung der trennenden Hürde zum Ausdruck kommt.

Wie reagiert nun der Vater auf die Reue und Wiederkehr des verlorenen Sohnes? Wir erfahren in Luk. 15,20 das Folgende: »Als er aber noch weit entfernt war, sah ihn sein Vater, und es jammerte ihn; er lief, fiel ihm um den Hals und küßte ihn.« Und weiter heißt es in Vers 22: »Aber der Vater sprach zu seinen Knechten: Bringt schnell das beste Gewand her und zieht es ihm an und gebt ihm einen Ring an seine Hand und Schuhe an seine Füße und bringt das gemästete Kalb und schlachtet's; laßt uns essen und fröhlich sein!« Es ist eine ausführliche Beschreibung der Reaktion des Vaters, die uns Jesus hier darstellt. Die Theologen sind sich wohl einig darüber, dass es nicht ausreicht, diese Beschreibung aus unserer heutigen Sicht schlicht als einen freundlichen Empfang zu beschreiben. Vielmehr kann man den Sinn der Geschichte nur verstehen, wenn man die Symbolik der Schilderung in den Rahmen der damaligen Sitten und Gebräuche hineinversetzt. Nur dann können wir verstehen, wie Jesu Worte auf seine damaligen Zuhörer gewirkt haben und wie sie gemeint waren.

Da ist zunächst die Tatsache, dass der Vater den Sohn schon von weitem sieht, ihm entgegen läuft und ihn innig begrüßt. Kein orientalischer Herrscher würde in solcher Form die Distanz zu seinem Besucher von sich aus einseitig überwinden und jegliche Form beiseite lassen. Noch viel weniger entspricht das Verhalten des Vaters der Vorstellung eines rächenden und strafenden Gottes, die die Israeliten gewohnt waren. Vielmehr erkennt der Vater in dem verlorenen Sohn »sein eigen Fleisch und Blut«. Nur so kann man die Innigkeit der Begrüßung und die Tatsache verstehen, dass der Vater alle Förmlichkeit beiseite läßt und dem Sohn entgegen läuft. Der Vater stört sich weder an dem abgerissenen Äußeren des Sohnes, noch an dessen früherem »sündigen Verhalten«. Ihm gehr es nur um eine einzige Sache und die wird in Vers 24 benannt: »Denn dieser mein Sohn war tot und ist wieder lebendig geworden; er war verloren und ist gefunden worden.« Es ist der Sohn, der mit einem Bewußtsein von Sünde und Schuld zum Vater zurück kommt, und der aus diesem Schuldbewußtsein sogar ein Gefühl des Unwertseins ableitet, der sich selbst verdammt: »Vater, ich habe gesündigt, gegen den Himmel und vor dir; ich bin hinfort nicht mehr wert, dass ich dein Sohn heiße.« Es gibt wohl nichts schlimmeres als dieses Gefühl des Unwertseins, den Verlust des Glaubens an sich selbst. Doch wir sollten aus dieser alten Geschichte lernen, das nur wir selber es sind, die sich diese schlimmen Selbstvorwürfe einreden. Der Vater hingegen gibt dem verlorenen Sohn seine Würde zurück: Er legt ihm das beste Gewand an und läßt ihm sogar Schuhe geben, die damals wohl auch den wohlhabenden Bürgern vorbehalten waren.

Der zuvor erwähnten Predigt von Pfarrer Ludwig verdanke ich den Hinweis, dass wir dem Ring, den der Vater dem Sohn übergibt, eine ganz besondere Aufmerksamkeit schenken sollten. Es war zur Zeit Jesu nicht üblich, dass ein Mann einen Ring als Schmuck trug. Vielmehr handelt es sich bei dem Ring um einen »Siegelring« des Vaters. Der Ring macht den Sohn rechtlich zum uneingeschränkt bevollmächtigten Vertreter seines Vaters. Er kann vor dem Gesetz für den Vater sprechen und Geschäfte für ihn tätigen. Der Vater bevollmächtigt und ermächtigt den Sohn also in der weitestgehenden Weise. Und diese weitestgehende Bevollmächtigung gewährt der Vater seinem »verlorenen« Sohn vom ersten Augenblick an, als er »abgerissen und herunter gekommen« vor ihm steht. Mich erinnert die Gabe des Siegelrings direkt an die Stelle in Johannes 14, wo Jesus auf die Bitte des Philippus (»Herr, zeige uns den Vater«) antwortet:

»Wer mich sieht, der sieht den Vater! Wie sprichst du dann: Zeige uns den Vater? Glaubst du nicht, dass ich im Vater bin und der Vater in mir? Die Worte, die ich zu euch rede, die rede ich nicht von mir selbst aus. Und der Vater, der in mir wohnt, der tut seine Werke. Glaubt mir, dass ich im Vater bin und der Vater in mir.«

Wir sollten uns die Radikalität dieser Worte klar machen. Und wir sollten uns klar machen, dass die Geschichte vom verlorenen Sohn eine ebenso radikale Aussage enthält. Wir alle sind die verlorenen Söhne. Jesus will uns sagen, dass auf uns alle der Siegelring des Vaters wartet, ganz gleichgültig, wie abgerissen und verloren wir auch sind. Wir alle sind Söhne und Töchter Gottes auch dann, wenn wir uns selber für verloren und unwert halten und womöglich jegliche Selbstachtung verloren haben. Unser Problem liegt eben nicht darin, dass wir einen »strengen Vater« haben, der auf unsere Sünden schaut, der uns womöglich verstößt, weil wir seinen hochgeschraubten Anforderungen nicht genügen. Auf uns wartet eben kein »jüngstes Gericht«. Vielmehr sind wir die bevollmächtigten Söhne und Töchter des Vaters, der nur darauf wartet, uns wieder in seine Arme zu schließen.

Werfen wir noch einen kurzen Blick auf den wohlgeratenen, den nicht verlorenen Sohn. Wie schön wäre es, wenn auch er, der zuhause gebliebene Sohn, dies erkennen könnte und seinen Bruder in gleicher Weise umarmen könnte wie der Vater. Statt dessen verliert er sich im Groll, im Vergleichen dessen, was ihm vermeintlich zusteht und seinem Bruder nicht zusteht. Er weigert sich sogar aus lauter Zorn und Groll, an der Freudenfeier zur Heimkehr des Bruders überhaupt teil zu nehmen. Er zeigt damit, dass er die uneingeschränkte Güte und Liebe des Vaters zu allen Kindern noch nicht wirklich begriffen hat. Zwar behauptet er von sich, dass er das Gebot des Vaters noch nie übertreten hat und ihm seit vielen Jahren dient. Aber gerade dieses Wohlverhalten führt bei ihm zu einer EGO-Persönlichkeit, die von den vermeintlichen »eigenen« Verdiensten zutiefst überzeugt ist. Damit lebt er zwar äußerlich im Haus des Vaters und praktiziert einen formalen Gottesdienst, der durchaus untadelig sein mag. Aber mit seinem Glauben an sein eigenes EGO, an das sogenannte »falsche Selbst«, versperrt er sich den Weg zur wahren Welt des Vaters. Die Liebe des Vaters kennt keine Unterschiede und umfaßt alle seine Söhne. Doch der angeblich wohlgeratene Sohn bleibt stecken in der Welt der »menschlichen Gerechtigkeit«, der Welt des Vergleichens, des Besser und Schlechter. In der spirituellen Begriffswelt würden wir sagen, dass er in der Dualität stecken bleibt und den Weg in die göttliche Einheit nicht findet. Ein anderes Symbol für diese göttliche Einheit ist der (geometrische) Punkt. Man könnte also auch sagen, das der zuhause gebliebene Sohn »den Punkt nicht trifft«. Und genau das bezeichnet das alt-griechische Wort »hermetaion«, dass in unserer Bibel mit »sündigen« übersetzt wird.

Sündenvergebung

An diesem »Punkt« gibt uns das Gleichnis vom verlorenen Sohn einen ganz wichtigen Hinweis darauf, was Jesus unter Sünde und Sündenvergebung versteht. Wir erfahren zwar in der Geschichte nicht, wie sich der wohlgeratene Sohn weiter verhält. Während der verlorene Sohn ins Vaterhaus zurück gefunden hat und in der Einheit mit dem Vater, d.h. im »Vaterhaus«, in der göttlichen Welt der Einheit lebt, befindet sich der wohlgeratene Sohn weiterhin in der Trennung vom Vater, in der Welt der Dualität, in der Welt der Sünde. Er hält sich zwar für wohlgeraten, er glaubt von sich, dass er Gott dient und die Gebote einhält. In Wirklichkeit ist er aber weiterhin von sich selbst überzeugt und dient seinem eigenen EGO. Wir wissen als Zuhörer, dass er genauso der geliebte Sohn und Erbe des Vaters ist wie der verlorene Sohn. Nur leider weiß er es nicht. Der wohlgeratene Sohn bewegt sich also in der Einheit des Vaterhauses, er **glaubt** aber weiterhin an die Dualität und bleibt mit seinem Bewußtsein darin stehen. Konkret glaubt er daran, dass er selbst besser handelt und mehr wert ist als sein Bruder. Er vergleicht sein Tun mit dem des Bruders und kommt zu dem Ergebnis, daß er richtig gehandelt hat, der Bruder dagegen falsch. Aus seiner Dualitätsperspektive kritisiert er auch den Vater, und wir verstehen seine Kritik, weil wir uns ebenso in der Welt der Dualität bewegen. Nach der menschlichen Vorstellung von Gerechtigkeit hat der verlorene Sohn seine Ansprüche verwirkt und der wohlgeratene Sohn wird vom Vater im direkten Vergleich zu schlecht behandelt. Aber es geht in der Geschichte eben nicht um »menschliche Gerechtigkeit«, sondern um »die Gerechtigkeit, die vor Gott gilt«. Und hieraus zeigt sich auch ein ganz anderes Verständnis der Begriffe »Sünde« und »sündigen«.

Wir halten in unserem dualen Verständnis den wohlgeratenen Sohn nicht für einen Sünder, sondern den verlorenen Sohn. Beide Söhne sehen das genauso. Der wohlgeratene sagt es zwar nicht explizit, aber er zeigt es uns mit seinem Groll. Der verlorene Sohn sagt es uns explizit: »Vater, ich habe gesündigt, vor dem Himmel und vor dir.« Aber der Vater schaut nicht auf vermeintlich »verwerfliche«, sündige Taten oder auf vermeintlich »gute«, verdienstvolle Taten. Er sagt auch nicht, dass er die verwerflichen Taten, vielleicht nach einigem Zögern und reiflicher »Überlegung«, letztlich doch vergibt. Es geht dem Vater um etwas viel tieferes, nämlich um die Überwindung der Trennung zwischen Gott und Mensch, zwischen Vater und Sohn. Ihm geht es nur um die Tatsache, daß der verlorene Sohn zurückkommt in das Vaterhaus, in die göttliche Welt der Einheit. Was den verlorenen Sohn vorher, in der »Fremde« von seinem Vater getrennt hat, ist nur seine »Vorstellung«. Solange er glaubte, er könne nicht zurückkommen, weil der Vater ihn nicht akzeptieren könnte, versperrte er sich damit selber den Weg zurück ins Vaterhaus. Es ist immer unsere Vorstellung, unsere Einbildung, unsere Angst, unsere »eingebildete Angst«, die uns suggeriert, wir seien von Gott getrennte, sündige Menschen. Wir fürchten, dass wir womöglich etwas Falsches getan hätten, vielleicht nur Falsches, und dass wir uns der Vergebung dieses Falschen nicht sicher sein könnten. Wir fühlen uns als von Gott getrennte Wesen, die zur Sünde gleichsam »verdammt« sind. Und wir glauben fest daran, dass nur Gott unsere Trennung von ihm aufheben kann durch einen Akt der gnädigen Sündenvergebung.

In Wirklichkeit fordert uns Gott auf, unsere Vorstellungen loszulassen, mit denen wir selbst uns vom Ihm abkapseln. Er steht »vor der Tür und klopft an«, und wir müssen Ihm die Tür aufmachen. Im Zen sprechen wir vom »torlosen Tor« oder der »torlosen Schranke«. Die Schranke zwischen uns und Gott liegt in unserer Vorstellung der Trennung, der Vorstellung, unsere eingebildete EGO-Persönlichkeit sei real. Dass der verlorene Sohn sein eingebildetes EGO überwindet, ist keineswegs eine Leistung, es ist keine Glanztat. Vielmehr ist seine Not so groß und sein EGO so klein geworden, daß es schließlich ganz zusammenbricht. »Buße tun« ist keine Glanztat, die von Gott durch Vergebung »honoriert« wird, denn vermeintliche Glanztaten bestärken sogar noch unser EGO. Das zeigt uns immer wieder der vermeintlich »wohlgeratene« Sohn. Er hat gewissermaßen sein ganzes Leben lang nur Glanztaten vollbracht. Er dürfte wohl von sich selbst glauben, dass er einer Sündenvergebung überhaupt nicht bedarf, weil er ja nie eine Sünde begangen hat. Wir sollten hier aufmerksam die Parallelen sehen, die sich zwischen dem wohlgeratenen Sohn und dem »reichen Jüngling« ergeben. An beiden Figuren – wie auch an den vielen Äußerungen Jesu über die Pharisäer und Schriftgelehrten – können wir erkennen, dass ein eingebildetes glanzvolles EGO wesentlicher trennender und wesentlich schwieriger zu überwinden ist als ein vermeintlich »unzureichendes« EGO. So verwundert es auch nicht, dass der verlorene Sohn einen Siegelring des Vaters erhält, denn der wohlgeratene Sohn ist dafür noch nicht bereit. Ebenso wird klar, dass es nicht der materielle Reichtum an sich ist, der von Gott abhält, sondern die festgefügte Vorstellung des eigenen, wertvollen und wichtigen EGO, das im Leben alles richtig gemacht und große Leistungen vollbracht hat.

Sohnschaft

In der Geschichte vom verlorenen Sohn geht es aber noch um einen weiteren wichtigen Punkt, nämlich um die Sohnschaft. Jesus schildert uns einen Vater mit zwei Söhnen. Wer ist eigentlich dieser Vater, und wer sind die Söhne? Es besteht wohl Einigkeit, dass es in der Geschichte um das Verhältnis zwischen Gott und Mensch geht. Demnach meint Jesus uns alle. Wir sind die »Söhne«, die »Kinder Gottes«. Diese Ausdrucksweise ist uns geläufig, weil sie vielfach im Neuen Testament vorkommt. Wir sehen uns auch insoweit als Kinder Gottes als wir »Geschöpfe Gottes« sind und an den Schöpfergott glauben, der uns alle erschaffen hat. Auch müssen wir ja nicht gleich zu »Kreationisten« werden, um glauben zu können, dass Gott das ganze Universum, also nicht nur Galaxien und Schwarze Löcher sondern auch die Evolution des Lebens auf der Erde erschaffen hat.

Andererseits machen wir aber in aller Ehrfurcht einen großen Unterschied zwischen Jesus als »Sohn Gottes« und uns allen als »Kindern Gottes«. Für uns ist Jesus – und nur Jesus – der Gottessohn. Wir lesen es ja auch so in der Bibel bei der Taufe

Jesu im Jordan, als Gott spricht »Dies ist mein lieber Sohn, den sollt ihr hören!«. Ja, die Kirche bemüht sogar die Theorie der »unbefleckten Empfängnis« um zu erklären, dass Jesus auch »physisch« von Gott gezeugt worden ist – eine wahrhaft kuriose Vorstellung. Aber auch für die frommen Juden war es das größtmögliche Sakrileg, wenn ein Mensch – in diesem Fall Jesus – sich als »Sohn Gottes« bezeichnete. Wir wissen aus der Bibel, dass Jesus dafür ans Kreuz geschlagen wurde, und dass es bei der Befragung durch den Hohen Rat letztlich nur um das Thema ging, ob Jesus selbst dieses Sakrileg begeht und sich als »Sohn Gottes« bezeichnet. So lesen wir in Lukas 22,70ff:

»Da sprachen sie alle: Bist du denn Gottes Sohn? Er sprach zu ihnen: Ihr sagt es, ich bin es. Sie aber sprachen: Was bedürfen wir noch eines Zeugnisses? Wir haben's selbst gehört aus seinem Munde«.

Und dennoch sagt uns Jesus in der Geschichte vom verlorenen Sohn klar und eindeutig, dass wir alle als Söhne und Töchter dazu ausersehen sind, den Siegelring des Vaters zu tragen und für ihn als seine ermächtigten Vertreter zu handeln. Mit Fug und Recht können wir deshalb, wie Paulus in Röm. 8,31 sagen: »Ist Gott für uns, wer mag wider uns sein?« Und mit Johannes können wir von uns sagen (1. Joh. 3): »Seht, welch eine Liebe hat uns der Vater erwiesen, daß wir Gottes Kinder heißen sollen – und wir sind es auch! Darum kennt uns die Welt nicht; denn sie kennt ihn nicht. Meine Lieben, wir sind schon Gottes Kinder; es ist aber noch nicht offenbar geworden, was wir sein werden. Wir wissen aber: wenn es offenbar wird, werden wir ihm gleich sein; denn wir werden ihn sehen, wie er ist.«

Um es noch einmal mit anderen Worten auszudrücken: Es ist die Botschaft Jesu an uns, dass wir alle Kinder Gottes sind, dass

Gott in uns ist und uns durch seinen Siegelring ermächtigt, wenn wir – wie der verlorene Sohn – unser EGO loslassen und mit leeren Händen zurück ins Vaterhaus kommen. Wie konnte es nur passieren, dass uns die Kirche im Lauf der Jahrhunderte eingeredet hat, dass nur Jesus selbst der Sohn Gottes ist, wir alle dagegen Sünder? Wir müssen die Geschichte vom Verlorenen Sohn genau lesen. Jedem von uns ist die Sohnschaft verheißen, wenn er seinen spirituellen Weg bis zum Ende geht und mit leeren Händen ins Vaterhaus zurück kommt. Natürlich heißt das nicht, dass wir alle sind wie Christus selbst, wir sind ganz sicher nicht der »erleuchtete Messias« und auch keine Licht-wesen, die schon in der irdischen Existenz die »Verklärung« erfahren wie Jesus auf dem Berg (Matth. 17). Und doch sind wir Söhne und Töchter Gottes, wir tragen Gott in uns. Aber dafür sind wir noch immer blind, weil wir weiter an unser EGO glauben und uns durch unsere duale Weltsicht auf ewig von Gott getrennt fühlen.

Achtes Kapitel – Erster Exkurs: Erfahrungen der Nachkriegszeit

K aum ein anderer Begriff in der Sprache hat mir in meinem Leben mehr Kopfzerbrechen bereitet als der Begriff der Sünde. In meiner Jugend im pietistisch geprägten Siegerland kannte man noch das seelische Leid, die abgrundtiefe Verlorenheit, die mit dem Begriff Sünde verbunden war. Es gab »kleine und große« Sünden. Waren sie einmal begangen, so waren sie in der Welt. Man war dann abhängig von der Vergebung. Da aber die Menschen offenbar – merkwürdigerweise – immer wieder sündigten, kam da noch so etwas ins Spiel wie die »Erbsünde« bzw. die »sündige Natur« des Menschen. Er sündigte gleichsam permanent und notorisch, war damit also immer wieder abhängig von einer Vergebung der Sünden. Es gab sogar – in einer Bibelstelle erwähnt – die sogenannte »Sünde wider den Heiligen Geist«, die per definitionem nicht vergeben werden konnte. Mein Vater hat mir erzählt, dass es noch zu seiner Kinderzeit eine perfide Spielidee war, ein anderes Kind der ‚Sünde wider den heiligen Geist‘ zu bezichtigen, das dann weinend nach Hause lief, weil es Angst hatte, es könne nie mehr in den Himmel kommen. Solche seelischen Grausamkeiten prägen sich tief in das Bewußtsein ein. Man war damit, ohne es zu wissen, gar nicht so weit entfernt von der Denkweise des Mittelalters.

Natürlich lagen die Begriffe Sünde und Schuld sehr eng beieinander. Bekannt war den Bibelkundigen auch das alttestamentliche Ritual des Tieropfers, das den Gedanken einer »blutigen Sühne« ins Spiel brachte, angeblich, um den »Zorn Gottes« zu beschwichtigen und zu besänftigen. Es schien deshalb nur natürlich, dem alttestamentlichen Sprachgebrauch zu folgen, und Christus als das »Opferlamm« zu bezeichnen, das »der Welt Sünde trägt« und mit seinem Tod dafür bezahlt. Schließlich stand ja auch den Christen am »Ende aller Tage« das sogenannte »jüngste Gericht« bevor, in dem Christus als »Weltenrichter« dann darüber entscheiden würde, ob man sich im Leben die ewige Seligkeit oder die ewige Verdammnis »eingehandelt« hat. Noch die Nonnen im Kloster Wienhausen bei Celle liefen am Tag mehrmals an den Wandgemälden des jüngsten Gerichts vorbei, und es gab im Kloster einen genau festgelegten Kanon hinsichtlich der Art und Platzierung der Wandgemälde, in denen die biblische Geschichte vor allem den Menschen erzählt wurde, die nicht lesen und schreiben konnten. Sie müssen die Gemälde und Erzählungen noch eindringlicher empfunden habe. Wie mir mein Cousin erzählt hat, der Facharzt für Psychiatrie ist, gab es in der Nachkriegszeit zum Teil noch tief eingeimpfte »Sündenkomplexe«, die nur sehr langwierig zu heilen waren.

Zur Vervollständigung sei noch erwähnt, dass in dem kirchlich religiösen Umfeld der Askese und »Leib-Feindlichkeit« die meisten Sünden-Vorstellungen in irgendeiner Form mit Sexualität zu tun hatten. Demgegenüber prägten im Arbeits- und Wirtschaftsleben ganz andere Gedanken die Begriffs- und Vorstellungswelt. Man sprach von »ehrlicher Arbeit« auf der der »Segen Gottes liegt«. Selbstredend war deshalb auch ein erfolgreicher Unternehmer ganz besonders von Gott gesegnet. Vor allem aber stand das Wirtschaftsleben unter der Maxime »Das Leben ist Kampf«, die uns auch mein Vater immer wieder vorhielt. Hier herrschte Wettbewerb und man muß sich durchsetzen. Weit entfernt war dagegen der Gedanke, dass auch im Arbeits- und Wirtschaftsleben bestimmte »Kardinalsünden«, wie etwa die Sünde der Raffgier, der Geldgier und des Geizes sehr nahe liegen.

Im meinem heimatlichen Umfeld der 50er Jahre traten diese Konflikte in relativ harmloser Form zutage. Die Sexualität wurde verdrängt und totgeschwiegen. Und der erfolgreiche Unternehmer bewegte sich ja fast immer maßvollen Umfeld des Mittelstandes, trieb das Geschäftliche nicht auf die Spitze und hielt sich an die Maximen seiner Freikirche.

Im späteren Leben habe ich dann kennengelernt, um wieviel krasser diese Konflikte im angelsächsischen Gesellschafts- und Wirtschaftsleben zu Tage treten. Hier hat die Lehre des Calvinismus, die von Max Weber in seinem Buch »Protestantische Ethik« beschrieben wird, ganze Arbeit geleistet. Uns ist oft nicht klar, in welchem Umfang der Calvinismus die geistige, gesellschaftliche und wirtschaftliche Entwicklung in England und den USA mit geprägt hat. Hier predigte man zwar auch das »Liebe deinen Nächsten« Sonntags in der Kirche, doch galt und gilt es vor allem, im Leben aus eigener Kraft einen mehr oder weniger großen Reichtum zu erwerben. Dabei sind so ziemlich alle Mittel recht, und es herrscht der Grundsatz »It's not personal, it's business«. Wenn es um's Geschäft geht, geht es um Kampf und Durchsetzung, mit Charakter oder Rücksichtnahme hat das Geschäftliche nichts zu tun. Wenn ich dich dabei über's Ohr haue, darfst du das also nicht persönlich nehmen. Persönlich habe ich nichts gegen dich, ich will doch nur meinen Vorteil durchsetzen. Mit dieser Einstellung konnte man die Landnahme in den USA und die Vernichtung der indigenen Bevölkerung ohne weiteres rechtfertigen. Ja auch die Sklavenhaltung in den amerikanischen Südstaaten und der bis heute herrschende Rassismus in den USA hat hier seine Wurzeln. Diese Entwicklung hat sich bis in den heutigen »Raubtier-Kapitalismus« hinein fortgesetzt und ist nunmehr völlig »entartet«. An der Wall-Street und im Silicon-Valley geht es nicht mehr um Charakter, geschweige denn um eine christliche

Einstellung im Geschäftsleben. Die ursprünglich calvinistische Einstellung ist hier ebenso weit entfernt, wie die Lehre Christi in der Inquisition. Ich berichte diese Zusammenhänge deshalb so ausführlich, weil ich sie in meinem Berufsleben zur Genüge kennengelernt habe.

Neuntes Kapitel – Exkurs: Vom Kleben-Bleiben in der Materie

Diesen Text schreibe ich am Ostertag 2021. Der alte Ostergruß der Christen ist mir im Sinn: Christus ist auferstanden! Er ist wahrhaftig auferstanden! Wir sahen gestern Abend auf Arte TV eine wunderschöne Sendung über die verschiedenen Wege der Menschen zum Heiligen, zur Annäherung an Gott. Die Sendung behandelte ein weites Spektrum religiöser Praktiken, von den Aborigines bis zu den Tanzenden Derwischen im Sufismus, von den Sadhus im Hinduismus über den Zen-Buddhismus bis zu Menschen auf dem Jakobsweg. So breit das Spektrum der Sendung auch war, konnte sie doch nur einen winzigen Ausschnitt der menschlichen Versuche beleuchten, zurück zu finden zu Gott.

Die Sendung zeigte auch eindrücklich, dass die Entwicklung des Bewußtseins in der Menschheit heute so weit gediehen ist, daß man die Gemeinsamkeiten all dieser spirituellen Wege betrachten kann, ohne sich an den extremen Unterschieden zwischen den einzelnen Wegen zu stören. Es ist uns heute möglich zu verstehen, daß ein Aborigenee mit dem eigenen Blut eine Figur auf einen Felsen zeichnet, um sich mit seinen verstorbenen Ahnen zu verbinden, in denen ihm das Göttliche begegnet. Notwendigerweise führen alle diese Wege der Menschen zu Gott über den eigenen Körper. Es ist uns direkt einleuchtend, dass unser Bewußtsein an den Körper, an unser Gehirn, aber auch an andere lebenswichtige Organe wie etwa den Darm gebunden ist. Besser gesagt: Mein Bewußtsein als Mensch manifestiert sich in meinem Körper. So naheliegend die Schlußfolgerung ist, dass sich das Bewußtsein – es gibt ja zu dem Wort Bewußtsein bezeichnenderweise keinen Plural – genauso wie in mir auch im Körper meines Nachbarn manifestiert, fällt es mir doch manchmal gar nicht so leicht, diese Schlußfolgerung zu ziehen und sie vor allem auch zu akzeptieren. Am einfachsten geht das noch dann, wenn mein Nachbar neben mir in der Kirche sitzt oder mit mir zusammen Karten spielt. Da gibt es zwischen uns offensichtliche Gemeinsamkeiten, er glaubt dasselbe wie ich und hält sich an die selben Regeln. Aber schon in den haarfeinen Unterschieden, die die Sprache macht zwischen »Dasselbe« und »Das Gleiche« zeigt sich sehr schnell, dass es uns sehr schwer fällt, die Manifestation des »Einen Bewußtseins« auch im anderen Menschen wahrzunehmen. Noch viel weiter entfernt liegt natürlich die Vorstellung, dass sich auch in Tieren und Pflanzen das Bewußtsein in anderer Form manifestiert. Erst vor kurzem hat uns Peter Wohlleben mit seinem Buch »Das geheime Leben der Bäume« die Augen in diesem Punkt ein Stück weiter geöffnet.

Ob und wie wir Unterschiede und Gemeinsamkeiten zwischen uns und anderen Menschen wahrnehmen, hängt auch stark von unserem Verhältnis zur Materie ab. Das geht schon bei unseren Körpern los, wenn der Dünne Schwierigkeiten hat, den Dicken zu verstehen. Es geht aber weiter mit dem Verhältnis zur Materie, die uns umgibt und die wir vielleicht als Werkzeug benutzen. So wechseln wir offenbar teilweise unser Selbstverständnis, wenn wir vom Auto auf das Fahrrad umsteigen, obwohl wir doch beide Rollen aus eigener Erfahrung kennen. Als Autofahrer fühlen wir uns von den Radfahrern behindert, auf dem Fahrrad empfinden wir dagegen »die Autofahrer« vielfach als rücksichtslos. Aber auch wenn es de facto viele materielle Gemeinsamkeiten gibt wie etwa bei den Besitzern von Eigenheimen, fällt uns oft das Verständnis für die Nachbarn mit ihren »Eigenheiten« und »Marotten« schwer. Sie halten offenbar andere Dinge für wichtig als ich und sie »kleben« oft förmlich an den Dingen. Das wird noch deutlicher, wenn wir neben den »Dingen« auch allgemeiner auf »Formen« schauen. Der eine Nachbar »klebt« an seinem mustergültig gepflegten Rasen, der andere kann diese »Künstlichkeit« gar nicht verstehen und hat auf seinem Grundstück eine Wildwiese entstehen lassen. Das empört wiederum den Rasenfreund, der nachweisen kann, dass die Samen von »Unkräutern« auf seinen Rasen fliegen. Man könnte näherungsweise feststellen, dass die Unterschiede zwischen uns Menschen – und damit die Schwierigkeiten uns gegenseitig zu verstehen – zunehmen, je stärker wir an Formen und Dingen festhalten.

Damit einher geht die Beobachtung, dass die Wege des Menschen zu Gott fast immer mit einem einfacheren Leben und einem freiwilligen Verzicht auf Eigentum verbunden sind. Dies wird etwa deutlich am Leben der Mönche im Kloster, an Eremiten oder an Menschen, die ihr Leben dem Dienst an anderen widmen. Dagegen zeigen moderne Extremfälle wie Jeff Bezos und Elon Musk, wie sehr unsere Wirtschaftsgesellschaft am Geld, an der Macht und an den Dingen klebt. Was helfen da einige Spenden für wohltätige Zwecke, wenn es immer wieder um die Maximierung von Umsatz, Gewinn und Besitz geht, dem sich alles andere unterordnen muß? Demgegenüber ist uns aus dem Neuen Testament wohlbekannt, dass Jesus das Leben eines besitzlosen »Wanderpredigers« geführt hat, der von sich selbst sagt, dass er noch nicht einmal einen Ort hat, an dem er sein Haupt niederlegen kann.

Zehntes Kapitel – Weitere Schlüsselstellen des Evangeliums

Wir haben von Kindesbeinen an gelernt, dass das Neue Testament die Botschaft Jesu Christi an die Menschheit enthält. Zwischen der Bedeutung einzelner Kapitel oder Erzählungen wird dabei nicht unterschieden. Alle Verse gelten gewissermaßen als »gleich wahr« und damit »gleich bedeutungsvoll«. Den Theologen bleibt es dann vorbehalten, die Hintergründe und Einordnung einzelner Texte zu erforschen, und anhand der verschiedenen Übersetzungen die Bedeutung näher zu beleuchten. Die Frage, welche Texte überhaupt zum Neuen Testament gehören, d.h. die »Bewertung« der sogenannten »apokryphen Evangelien« hat für die breitere Christenheit nie eine große Rolle gespielt. Allerdings habe ich in meiner Jugend mehreren Diskussionen über die sogenannte »Verbalinspiration« zugehört. Die Christen, die den Glauben besonders genau nahmen, glaubten daran, dass die biblischen Texte den Schreibern gleichsam »Wort für Wort« von Gott eingegeben worden seien, und damit jedes Wort »gleich wahr« sei. Andererseits unternehmen bis in die heutige Zeit hinein Theologie und Kirche immer wieder Anstrengungen, die biblischen Texte in eine »moderne Sprache« zu überführen.

Aus meiner Sicht sind alle diese Diskussionen und Versuche unnötig. Ich möchte hier einfach davon ausgehen, dass das Neue Testament Christi Lehre und damit Gottes Botschaft an uns enthält. Mir fällt allerdings auf, dass die Jünger Jesu gewissermaßen »blutige Laien« waren, die offenbar über keinerlei theologisches Wissen verfügten. Mir fällt auch auf, dass Geschichten von Wundern, Wunderheilungen und die sogenannten »Gleichnisse« einen breiten Raum im Neuen Testament einnehmen. Es gibt demgegenüber nur wenige Stellen, in denen die Botschaft Jesu Christi direkt und kompakt in theologischer Sprache überliefert wird. So gut wie nie habe ich eine Predigt gehört, die auch nur den Versuch unternommen hätte, eine »Kernbotschaft« Jesu heraus zu arbeiten und zu beleuchten. Mein Lesen in der Bibel zeigt mir hingegen immer wieder, dass ausgerechnet die theologischen Fachleute – die Pharisäer und Sadduzäer – sich von Jesu Lehren angegriffen fühlten. Jesus geht offenbar auch davon aus, dass das »einfache Volk« seine Rede leichter und besser versteht als die Theologen seiner Zeit. Es scheint mir schließlich auch klar zu sein, dass die Heilungen und Wunder Jesu nicht den Kern seiner Botschaft ausmachen. Immer wieder sagt er sinngemäß, man solle seinen Worten nicht nur deshalb glauben, weil er Wundertaten tue.

Wie nähern wir uns also am einfachsten den Kernaussagen der christlichen Botschaft? Ich möchte hier – anders als oben beschrieben – alle Wundergeschichten und Gleichnisse beiseite lassen und nur zwölf Stellen im Neuen Testament herausgreifen und betrachten, die für mich quasi »Schlüsselstellen« darstellen. So wie die Geschichten vom Reichen Jüngling und dem Verlorenen Sohn die Grundlage für das Verständnis der Lehre Jesu schaffen, kommt für mich in diesen zwölf Bibelstellen der eigentliche, innere Kern der Lehre zum Ausdruck.

(1) Was soll der Mensch tun?

Die erste dieser Schlüsselstellen steht im Matthäus Evangelium, Kap. 6, 33-34 und ist ein Teil der Bergpredigt. Nach dem neuen, revidierten LutherText lautet sie:

Trachtet zuerst nach dem Reich Gottes und nach seiner Gerechtig-
keit, so wird euch das alles (ursprünglich: »alles andere«) zufallen.
Darum sorgt nicht für morgen, denn der morgige Tag wird für das
Seine sorgen. Es ist genug, daß jeder Tag seine eigene Plage hat.

Das ist doch eine sehr eindeutige und unmißverständliche Aussage. Wenn wir für den Augenblick die Frage, was denn nun
das »Reich Gottes« ist, auf den nächsten Abschnitt vertragen,
so enthält dieser Text eine klare Anweisung an die Menschen.
Es ist bei näherer Betrachtung keine »Handlungsanweisung«,
keine Anweisung zu handeln, sondern eher eine Anweisung
zum Nicht-Handeln. Zuallererst verlangt Jesus also nicht von
uns, irgendwelche »guten Werke« zu tun oder Nächstenliebe zu
üben. Vielmehr verlangt er von uns, gerade nicht das Handeln
und das Tun an die erste Stelle in unserem Leben zu setzen,
sondern nach dem Reich Gottes »zu trachten«. Man könnte
dies vielleicht auch mit einem anderen Ausdruck der deutschen
Sprache beschreiben: Kümmert euch zuallererst um euer Seelenheil! Die Eindeutigkeit, ja Radikalität dieser Formulierung
steht parallel zu einer anderen Stelle des Neuen Testaments,
wo es um die Nachfolge Christi geht. Dort sagt Jesus zu einem
seiner Jünger (Matth. 8,22): »Laßt die Toten ihre Toten begraben, du aber folge mir nach.« Wieder haben wir hier die
gleiche Kompromißlosigkeit, mit der Jesus sagt: Es gibt für den
Menschen in seinem Erdenleben nichts wichtigeres als nach
dem Reich Gottes zu trachten und Christus nachzufolgen.

Der zweite Vers unserer Schlüsselstelle, in dem es um die
Sorge für den morgigen Tag geht, unterstreicht noch diese
klare »Priorisierung« für unser Leben. Regelmäßig kommt von
den Menschen in den Diskussionen um das »Reich Gottes«
oder das »Seelenheil« die bedauernde Antwort: Ja, aber es gibt
doch gewisse Notwendigkeiten, aus denen ich gar nicht her-

auskomme. Ich muß mich um meinen Beruf und um meinen Lebensunterhalt kümmern, ich stehe nun einmal in einer bestimmten Lebenssituation, die ich nicht einfach hintanstellen kann. Kurz gesagt: Ich muß mich doch darum kümmern, dass ich auch morgen noch genug zu essen habe und meine Familie unterhalten kann. Aus unserer Sicht kommt damit eine ganz andere Ebene ins Spiel und in unser Leben. Es ist die Ebene des Handelns, des Planens, der Pflicht, des Sorgens um die Zukunft – kurz gesagt: Die Ebene des Verstandes und die Dimension der Zeit. Diese von uns für wichtig gehaltene Ebene ist die Ebene der Dualität. Uns geht es eben nicht um das Jetzt, um den jetzigen Augenblick, sondern um die »Vor«-Sorge in der Zeit. Uns geht es eben nicht um das Reich Gottes, um die »göttliche Einheit«, sondern um die Welt, d.h. um die Zweiheit von Gott und Mensch, und letztlich um unser EGO. Was würde wohl aus unserem Leben, so zweifeln wir, wenn wir uns gar nicht mehr um das Morgen kümmern und einfach in den Tag hinein leben würden? Jesus antwortet zu diesen Ausflüchten und Gegenargumenten mit einem klaren »Nein«. Sorget euch nicht um den morgigen Tag, denn der morgige Tag wird für das seine sorgen – wie es im alten Luther-Text heißt. Es ist eigentlich ganz einfach, auch wenn es nicht unserem üblichen Verhalten entspricht: Das Trachten nach dem Reiche Gottes ist wichtiger als unser Handeln in der Zeit! Stellen wir das Trachten nach dem Reiche Gottes in unserem Leben nicht an die erste Stelle, so verfehlen wir den eigentlichen Sinn unseres Lebens.

Wieder neigen wir dazu, mit Ausflüchten zu kommen. Diesmal lauten sie vielleicht: Alles zu seiner Zeit. Ich bin ja schließlich Mitglied der Kirche und gehe sonntags in den Gottesdienst. Ich gebe viele Spenden und tue etwas für andere Menschen. Nehme ich also meinen Altruismus und mein pflichtbewußtes »Tagewerk« zusammen, so kann mir wohl niemand den Vorwurf machen, ich nähme mein Leben nicht ernst genug. Zu so einer Lebenseinstellung sagen wir vielleicht: Er führte ein Gott gefälliges Leben. Schließlich läßt selbst Goethe am Schluß von Faust II die Engel sagen: »Wer immer strebend sich bemüht, den können wir erlösen.« Und dennoch trifft eine solche Lebenseinstellung nicht genau das, was Jesus meint, wenn er sagt, dass wir als erstes nach dem Reich Gottes trachten sollen. Bei diesem »Trachten« geht es nämlich um ein direktes »Seelengeschehen«. Dieses Trachten vollzieht sich in unserer Seele und kann nur dadurch verwirklicht werden, dass es direkt in unserer Seele geschieht. Das Reich Gottes wird uns nicht am Ende unseres Lebens gleichsam als »Erlösung« verliehen, weil wir uns strebend bemüht haben. Sondern es geht um nicht weniger als die Verwirklichung des Reiches Gottes auf Erden in unserer eigenen Seele.

(2) Was ist das Reich Gottes ?

Damit sind wir bei der zweiten Schlüsselstelle der Kernbotschaft Christi, die sich ebenfalls mit dem Reich Gottes beschäftigt. Sie steht in Lukas 17, Vers 20 und 21.

Als er aber von den Pharisäern gefragt wurde: Wann kommt das Reich Gottes?, antwortete er ihnen und sprach: Das Reich Gottes kommt nicht so, daß man's beobachten kann; man wird auch nicht sagen: Siehe, hier ist es!
oder: Da ist es! Denn siehe, das Reich Gottes ist mitten unter euch.

*(Luther übersetzte: Das Reich Gottes kommt nicht mit äußerlichen Gebärden ... sehet, **das Reich Gottes ist inwendig in euch**.)*

Für mich ist diese Bibelstelle die zentrale Botschaft, die Jesus als Christus zu verkünden hat. Er benutzt als **Äquivalent für »Reich Gottes« auch das Wort »Himmelreich«.** Schon die hauptsächliche Predigt Johannes des Täufers lautet dementsprechend: »Tut Buße, denn das Himmelreich ist nahe herbeigekommen!« (Matthäus 3,2). Diese Botschaft liegt uns so nahe, und sie ist doch so unendlich schwierig zu verstehen. Was könnte einfacher sein, als etwas zu finden, was »inwendig in mir« liegt? Und doch ist diese Aussage so rätselhaft, dass sie uns absolut unzugänglich erscheint. Sie ist deshalb für uns rätselhaft, weil wir in der Dualität leben, in der Welt der Zweiheit. Wenn Christus jedoch vom Himmelreich, vom »Reich Gottes« spricht, meint er damit etwas, was mit unserem dualen Weltverständnis gerade nicht erfaßt werden kann. Um es präziser zu sagen: Wir glauben, ein Körper zu sein, in dem ein Verstand wohnt, und dass beides zusammen uns, d.h. unsere Persönlichkeit, ausmacht. Wir glauben daran, dass nur dieses Leben in der Körperlichkeit unser Leben ausmacht. Das ist unser Verständnis von »Realität«. Nach unserem Verständnis sind deshalb auch »das Reich Gottes« und »unsere Welt« zwei vollständig verschiedene »Dinge«. Das ist auch der Grund warum die Pharisäer ihre Frage stellen: Wann kommt denn nun das Reich Gottes? Sie stellen sich das Reich Gottes vor als ein total anderes »Regime«, als eine buchstäblich andere Welt.

Und Jesus versucht das Unmögliche. Er versucht, mit Worten aus unserem dualen Weltverständnis auszudrücken, wie man sich das Reich Gottes, d.h. die Welt der Einheit, vorstellen könnte. Die Welt der Einheit ist die Welt des Christus-Bewußtseins, in der Vater (Gott) und Sohn (Schöpfung) miteinander eins sind. Er sagt uns: »Das Reich Gottes kommt nicht so, daß man's beobachten kann.« Die Beobachtung ist ein typisches Phänomen unserer dualen Welt. Wir sehen uns als Subjekt und das, was wir wahrnehmen als Objekt, als anderes, als Gegenüber. Dementsprechend verlagern wir das Reich Gottes üblicherweise in »den Himmel«, ohne zu wissen, was wir uns unter »Himmel« überhaupt vorstellen könnten oder sollten. Dann müssen wir uns von einem Jurij Gagarin sagen lassen, dass er Gott im Himmel nicht gesehen habe. Wir denken dann zwar aus christlicher Sicht, dass doch der Himmel etwas gänzlich Anderes (Dualität) sein müsse, bleiben aber ebenfalls die Antwort schuldig, wo, wie und was der Himmel denn nun sei.

Der zweite Teil der Antwort Jesu macht noch drastischer klar, dass das Reich Gottes gerade nicht aus der Dualität heraus verstanden werden kann. Er sagt, das Reich Gottes, das Himmelreich, ist »inwendig in euch«. Dieses ist die eigentliche revolutionäre Botschaft Jesu Christi. Jesus sagt uns, dass Gott nicht irgendwo anders zu finden ist, in irgendeinem unbekannten Himmel. Er ist vielmehr in uns, er ist »mitten unter uns«, ja er ist »inwendig in uns«. Gott ist inwendig in uns, aber wir wissen es nicht, wir können es uns nicht vorstellen. Schlimmer noch: Wir fühlen uns auf ewig von ihm getrennt und machen uns Vorwürfe wegen dieser Trennung, von der wir glauben, sie sei durch unsere Sünde verursacht. Wie soll das gehen, dass das Reich Gottes und damit Gott selbst »inwendig in uns ist«? Aber ein Irrtum ist ausgeschlossen, denn Jesus wiederholt diese Kernbotschaft immer wieder, so etwa im Johannes-Evangelium Kap. 10 Vers 30. Dort sagt er den Juden im Zusammenhang mit der Geschichte vom guten Hirten wiederum: »Ich und der Vater sind eins«. Für die Juden ist dies die größte vorstellbare Gotteslästerung und sie wollen ihn dafür steinigen. Sie erklären ihren Standpunkt auch und sagen: »Um eines guten Werkes willen steinigen wir dich nicht, sondern um der Gotteslästerung willen, denn du bist ein Mensch und machst dich selbst zu Gott«.

Es zeigt sich hier einmal mehr, dass die Lehre Jesu Christi und das Gottesverständnis der frommen Juden sich diametral gegensätzlich gegenüber stehen. In der von der Dualität geprägten Vorstellung der Menschen gibt es keinen größeren Gegensatz als den zwischen Mensch und Gott. Gott ist »gut«, wir sind »schlecht und sündig«. Gott ist oben, wir sind unten. Wir sind zutiefst befangen im Glauben an den diametralen Gegensatz von Gott und Mensch. Allenfalls Jesus Christus selbst sehen wir als Sonderfall, als Gottessohn, als »wahren Gott und wahren Menschen«. Und wohl auch die heutige christliche Theologie sieht das im wesentlichen ganz genauso: Der Mensch liegt im Staub vor einem allmächtigen, richtenden Gott. Er kann lediglich hoffen, durch den Glauben und durch Gottes Gnade aus dieser ewigen Trennung erlöst zu werden, obwohl er es »gar nicht verdient«.

Jesus predigt etwas ganz anderes: Er predigt die Einheit von Gott und Mensch. Er belegt seine Lehre sogar explizit mit dem jüdischen Gesetz und sagt:»Steht nicht geschrieben in eurem Gesetz (Psalm 82,6):»Ich habe gesagt: Ihr seid Götter. Wenn er die Götter nennt, zu denen das Wort Gottes geschah, – und die Schrift kann doch nicht gebrochen werden –, wie sagt ihr dann zu dem, den der Vater geheiligt und in die Welt gesandt hat: du lästerst Gott –, weil ich sage: Ich bin Gottes Sohn?«

Aus der Sicht der Spiritualität und der Mystik wird diese zentrale Lehre Jesu zwar nicht mit dem Verstand erfaßbar, aber durch unsere eigene Erfahrung »erlebbar«. Eckhart Tolle erklärt uns Jesu Botschaft anhand einer spirituellen Übung in einem Lehrvideo (»Perceiving without labeling«, Youtube). Tolle empfiehlt als Übungspraxis:

Mit einem offenen Blick, mit offener Wahrnehmung einen Gegen-
stand anschauen und wahrnehmen oder auch unsern Blick nicht
fokussiert in die Weite zu richten, ohne zu denken, zu benennen
oder zu bewerten. Dies läßt mit der Zeit einen »inneren Raum«
(inner spaciousness) entstehen. Wir lernen dadurch, zwei Ebe-
nen der Erfahrung zu unterscheiden: Im Vordergrund erleben
wir meist unsere Sinneswahrnehmung, die »Ebene der Persön-
lichkeit«. Je länger je mehr können wir aber noch im Hinter-
grund eine zweite Ebene wahrnehmen, einen »inneren Raum«
(inner spaciousness), in dem sich unsere Wahrnehmung vollzieht,
die »Ebene des Bewußtseins«. Die Ebene der Persönlichkeit, auf
der sich unsere Wahrnehmung vollzieht, ist subjektiv und durch
unsere Persönlichkeit gefärbt. Die Ebene des Bewußtseins, der Ein-
heit, des »Formlosen« können wir zunächst als große Stille und
Tiefe im Hintergrund spüren. Diese Ebene ist das, was Christus
mit den Begriffen »Reich Gottes« und »Himmelreich« bezeichnet
und meint.

In der Erläuterung der Lehre Jesu setzt Tolle bei dem Begriff
»Himmelreich« an, den er synonym mit dem Begriff »Reich
Gottes« gebraucht. Nach Tolle bewegen sich die frommen Juden auf der Ebene der Persönlichkeit, ja sogar der Körperlichkeit. Jesus spricht jedoch von der Ebene des Bewußtseins, der
Ebene des Formlosen. Das Wort Himmelreich bedeutet für
Tolle »die Dimension des Himmels«. Nach Tolles Verständnis
möchte uns Jesus mit dem Begriff Himmelreich klarmachen,
dass Gott nur auf der Bewußtseinsebene zu finden ist, auf der
Ebene des Formlosen. Der Himmel, der »blaue Himmel über
uns«, war und ist das beste Symbol für das Formlose. Der Himmel ist zwar für uns alle sichtbar, aber nicht greifbar. Wollte
man nach oben reisen, um den Himmel anzufassen, würde
man allenfalls auf Wolken treffen, die ebenfalls nicht greifbar
sind. Wir könnten immer höher in den Himmel hinein reisen,

bis wir in die obersten Schichten der Erdatmosphäre kommen. Irgendwann wäre der blaue Himmel einfach verschwunden und wir würden im schwarzen Weltraum schweben.

Das Himmelreich, das Reich Gottes, die Dimension des Himmels – das alles sind lediglich unterschiedliche Beschreibungen für die Ebene des Formlosen. Diese Ebene kann der Mensch nicht irgendwo draußen erfahren, sondern nur in sich selbst, nur in seinem Inneren, in der Rückbesinnung auf sein eigenes Inneres. Auf der Ebene des Formlosen kann der Mensch Gott in sich selber erfahren, er kann dadurch des »göttlichen Funkens« in seinem eigenen Inneren gewahr werden. Die Ebene des Bewußtseins, des Formlosen, wird auch als »Transzendentes Selbst« bezeichnet, im Gegensatz zum »konditionierten Selbst« des EGO, der Ebene unserer Persönlichkeit. Buddha bezeichnet diese Ebene des Transzendenten Selbst als »Nicht-Selbst« und meint damit »Nicht EGO«, d.h. es ist keine konditionierte Persönlichkeit mehr vorhanden. Im Zen nennen wir diese Ebene »Buddha-Natur«. Im Christentum nennen wir sie »Christus-Bewußtsein«. Anders ausgedrückt: Ein Mensch, der die Ebene des Formlosen in sich selbst spüren kann, ist nicht mehr gebunden durch die Ebene der Form, die Ebene seines Körpers. Er ist tief in sich selber vorgedrungen, so tief, dass er in sich selbst Gott finden und spüren kann.

Jesus war ein solcher Mensch, er war der »Christus« und damit in Wahrheit der »Sohn Gottes«. Er war so tief verbunden mit der Ebene des Formlosen, mit dem Göttlichen in sich selbst, daß er ständig in zwei Welten lebte, in der körperlichen Welt und der Welt des Formlosen. Seine innere Verbindung mit dem Vater war so tief, dass er über die Welt der Form herrschte und sie nach seinem Willen beeinflussen konnte. Er konnte deshalb in Wahrheit von sich sagen »Ich und der Vater sind

Eins«. Wir sagen dazu auch, dass er »in der Einheit mit Gott« lebte. Für ihn verschmolzen die beiden Ebenen zur göttlichen Welt der Einheit. Er konnte in Wahrheit von sich sagen: »Seid getrost, denn ich habe die Welt überwunden«. Er meinte damit, daß er nicht mehr gefangen war in der Welt der Form, in der körperlichen Welt. Die Welt der Form ist vergänglich und der Dualität unterworfen. Es ist die Welt von Raum und Zeit, von Tod und Leben. Doch verborgen in der Welt der Form ist die Welt des Göttlichen, des Formlosen. **Sie durchdringt und erhält alle Formen.** Sie ist die Welt, die ewig bleibt, die Welt des »Ewigen Lebens«. Die Botschaft Christi an uns und alle Welt ist genau dies: **Suchet und findet Gott in euch. Sucht ihn nicht draußen, oben oder unten, denn dort werdet ihr ihn nicht finden. Ihr findet ihn nur »im Himmel«, in der Ebene des Formlosen. Und diese Ebene ist »inwendig in euch« zu finden.**

Hat man diese Botschaft wirklich gehört und »verinnerlicht«, so erschließen sich die unterschiedlichsten Bibelverse in einer neuen, tieferen Wahrheit. Wir denken etwa an die schon zitierte Botschaft, die Jesus der samaritischen Frau zu verkünden hat (Joh. 4,24): *Gott ist Geist, und die ihn anbeten, die müssen ihn im Geist und in der Wahrheit anbeten.* Jesus lebt bereits im Formlosen, obwohl er noch im Körper lebt. Niemand kann in dieser Welt der Formen zu Gott gelangen, wenn er nicht Gott – das Formlose – in seiner Körperform entdeckt. Dass Gott in uns wohnt und mit seinem göttlichen Bewußtsein, seiner Kraft und Energie in uns Leben schafft, wird uns spätestens dann klar, wenn wir einen leblosen, toten Körper betrachten, in dem kein Bewußtsein, keine Kraft und keine Energie mehr das Leben erhält. In diesem Sinne sagt auch der Engel am Grab zu den Frauen, denen es um den toten Körper geht: *Was suchet ihr den Lebenden bei den Toten?*

Die oben genannte erste Schlüsselstelle erschließt sich aus dieser Sicht ebenfalls in einer neuen Weise. Wenn Jesus uns sagt: »Trachtet am ersten nach dem Reiche Gottes«, so meint er damit keineswegs die Suche nach einem nebulösen, für irgendwann später verheißenen himmlischen Reich, sondern er meint die Suche nach dem formlosen göttlichen Bewußtsein in uns selber. Nichts ist wichtiger in unserem menschlichen Leben als die Suche nach dem formlosen göttlichen Bewußtsein in uns selber. Entdecken wir es dann wirklich, so finden wir »den Frieden Gottes, der größer ist als alle Vernunft«. Diesen Frieden verheißt uns Jesus, wenn er sagt (Joh. 14,27):

»Den Frieden lasse ich euch, meinen Frieden gebe ich euch. Nicht gebe ich euch, wie die Welt gibt.«

Dieser göttliche Frieden ist in der Welt, in der äußeren Welt der Form, nicht zu finden. Wir können ihn nur in uns entdecken, wenn wir das formlose göttliche Bewußtsein in uns entdecken. Mönche und Einsiedler in aller Welt wissen dies schon seit Jahrtausenden. Sie gehen in die innere Einkehr, um Gott in sich selber zu finden. Die Ebene der äußeren Formen, die materielle Welt interessiert sie nicht mehr. Sie wissen, dass sie letztlich nichts zu bieten hat als Vergängliches. Sie sind der äußeren Welt »abgestorben«, d.h. ihr nicht mehr verfallen. Das ist auch der Grund dafür, dass die orthodoxen Mönche auf dem Athos schwarz gekleidet sind.

Das formlose göttliche Bewußtsein schenkt uns aber nicht nur den inneren Frieden, den uns Jesus verheißt. Es ist zugleich das einzige in uns, was nicht stirbt, weil es nicht der Dualität von Geburt und Tod unterworfen ist. Die Entdeckung und Erfahrung des formlosen göttlichen Bewußtseins in uns wurde deshalb in der asiatischen Mystik von alters her als »Erwachen«

oder »Erleuchtung« bezeichnet und beschrieben. Im Christentum bezeichnet man diese Erfahrung als »Wiedergeburt« oder »Neugeburt«. Wir werden diese christliche Beschreibung und Bezeichnung des universellen Phänomens der Erleuchtung in unserer nächsten Schlüsselstelle kennenlernen.

Die Mystiker in allen Weltreligionen haben Jesu Botschaft immer wieder an sich selber erfahren und haben über ihre Wege zu Gott, zum Formlosen, zur Leerheit (wie wir das im Zen ausdrücken) oft sehr poetisch und in ergreifenden Bildern berichtet. Ich möchte hier nur zwei dieser Zeugnisse zitieren. Der Sufi-Mystiker Rumi (1207-1273) beschreibt die Suche nach dem inwendigen Reich Gottes so:

Ich habe die ganze Welt auf der Suche nach Gott durchwandert und Ihn nirgendwo gefunden.
Als ich wieder nach Hause kam
sah ich Ihn an der Tür meines Herzens stehen.
Und Er sprach:
»Hier warte ich auf dich seit Ewigkeiten«.
Da bin ich mit ihm ins Haus gegangen.

Und Meister Eckhart, der große mittelalterliche Mystiker, beschreibt dieselbe Erkenntnis so:

Gott ist allzeit bereit, wir aber sind sehr unbereit.
Gott ist uns nahe, wir aber sind ihm sehr fern.
Gott ist innen, wir aber sind draußen.
Gott ist in uns daheim, wir aber sind in der Fremde.

Dass ein Mensch ein ruhiges Leben in Gott hat, das ist gut.
Dass ein Mensch ein mühevolles Leben mit Geduld erträgt, das ist besser.

Dass man aber Ruhe hat im mühevollen Leben, dass ist das Beste.
Abgeschiedene Lauterkeit kann nicht beten, denn wer betet,
der begehrt etwas von Gott, das ihm zuteil werden solle,
oder aber begehrt, dass Gott ihm etwas abnehme.

Nun begehrt das abgeschiedene Herz gar nichts,
es hat auch gar nichts, dessen es gerne ledig werde.
Deshalb steht es ledig allen Gebetes,
und sein Gebet ist nichts anderes als
einförmig zu sein mit Gott.
Das macht das ganze Gebet aus.

(3) Gottesliebe und Nächstenliebe

Die dritte Schlüsselstelle, die wir hier betrachten wollen, steht
in Lukas 10 in den Versen 25-30.

Und siehe, da stand ein Schriftgelehrter auf, versuchte ihn und
sprach: Meister, was muß ich tun, dass ich das ewige Leben ererbe?
Er aber sprach zu ihm: Was steht im Gesetz geschrieben? Was liest
du? Er antwortete und sprach: Du sollst den Herrn, deinen Gott,
lieben von ganzem Herzen, von ganzer Seele, von allen Kräften
und von ganzem Gemüt, und deinen Nächsten wie dich selbst
(5.Mose 6,5; 3.Mose 19,18). Er aber sprach zu ihm: Du hast recht
geantwortet; tu das, so wirst du leben.

Er aber wollte sich selbst rechtfertigen und sprach zu Jesus: Wer
ist denn mein Nächster? Da antwortete Jesus und sprach: Es war
ein Mensch, der ging von Jerusalem hinab nach Jericho und fiel
unter die Räuber; ...

Nun erzählt Jesus die Geschichte vom Barmherzigen Samariter, die wir alle kennen. Sie ist so einprägsam, dass sie bis zum heutigen Tag das ganze Denken der Christenheit mitbestimmt und prägt. Dabei gibt es aus meiner Sicht vielleicht keine andere Stelle des Neuen Testaments, die so oft mißverstanden wurde. Die Geschichte vom Barmherzigen Samariter hat sich quasi im Laufe der Überlieferung verselbständigt. Nach zweitausend Jahren wurde daraus in unseren Köpfen etwa die folgende Botschaft, die sich auch in den Köpfen der meisten Pfarrer und der Vertreter der Landeskirchen fest eingenistet hat. Was wir alle meist im Kopf haben, hört sich dann etwa so an:

»«Jesus gibt uns hier das hohe Gebot der Nächstenliebe, das sehr weitgehend auszulegen ist, weil der Samariter ebenfalls sehr weitgehend und selbstlos hilft. Dieses Gebot ist der Kern der christlichen Lehre und steht in krassem Gegensatz zur Lehre des Alten Testaments, die noch von dem Grundsatz: »Auge um Auge, Zahn um Zahn« ausging. Jesus predigt damit den frommen Juden eine ganz neue, andere Verhaltensweise als derem selbstbezogenen und hochnäsigen Gesetzesverständnis entspricht. Die frommen Juden wollen sich gleichsam »nicht die Finger schmutzig machen«. Wir Christen sollen demgegenüber helfen, wo wir können. Wir zeigen mit unserer Nächstenliebe, dass wir die Lehre Christi ernst nehmen. Schließlich sagt ja Jesus auch am Ende der Geschichte zu dem Schriftgelehrten: So geh hin und tu desgleichen!»«

Auch in meinem Kopf war die Geschichte in dieser Interpretation fest verankert, weil ich sie in vielen Predigten im Laufe meines Lebens immer wieder so gehört hatte. Allerdings habe ich auch lange darüber gerätselt, wie Jesus die Geschichte wohl in der heutigen Zeit erzählt hätte. Schließlich gibt es bei uns heute nicht nur klare gesetzliche Regelungen gegen Räuber und für polizeilichen Schutz, sondern auch ein funktionierendes Sozial- und Gesundheitssystem, das allen offen steht. Und es kann ja wohl nicht im Sinne der Geschichte sein, dass wir uns geeignete Taten der Nächstenliebe förmlich »aussuchen«, um sie dann quasi als Demonstration auf unsere Website zu stellen.

Wegen der vielen Fragen ist es wohl ratsam, die Geschichte vom Barmherzigen Samariter noch einmal im Gesamtzusammenhang zu betrachten. Dabei fällt als erstes auf, dass die vielbeachtete Erzählung des Gleichnisses eine Vorgeschichte hat, die weit weniger im kollektiven Gedächtnis verankert ist. Aus meiner Sicht ist diese Vorgeschichte jedoch ebenso bedeutend wie die Erzählung vom Barmherzigen Samariter. Es geht dabei um die Frage eines Schriftgelehrten, der von Jesus wissen möchte, was man tun solle um das ewige Leben zu erlangen. Jesus antwortet mit einer Gegenfrage: »Was steht im Gesetz geschrieben? Was liest du?« Natürlich ist der Schriftgelehrte um eine Antwort nicht verlegen, er kennt sich ja aus. Offenbar wollte er nur prüfen, ob die Antwort von Jesus anders ausfallen würde als in der jüdischen Theologie. Aber das tut sie nicht. Der Schriftgelehrte zitiert als seine Antwort zwei alttestamentliche Bibelstellen aus den Büchern Mose, und Jesus stellt sich voll hinter diese Antwort. Jesus nimmt also in dieser zentralen Frage keineswegs eine andere Haltung ein als die, die das jüdische Gesetz ohnehin vorschreibt.

(Dem steht auch nicht die etwas andere Formulierung der Bergpredigt bei Matthäus entgegen, der Jesus in Kap. 5,43 mit den Worten zitiert: Ihr habt gehört, dass gesagt ist, »Du sollst deinen Nächsten lieben und deinen Feind hassen. Ich aber sage euch: Liebt eure Feinde und segnet die, die euch verfolgen, damit ihr Kinder seid eures Vaters im Himmel«. In der Luther Übersetzung des Textes in 3. Mose 19,18 heißt es im übrigen so: »Du sollst dich nicht rächen noch Zorn bewahren gegen die Kinder deines Volks. Du sollst deinen Nächsten lieben wie dich selbst; ich bin der Herr.«)

Jesus gibt also dieselbe Antwort auf die Frage nach dem ewigen Leben, die schon das jüdische Gesetz Mose gibt. Der Schriftgelehrte hat sein Gesetz genau im Kopf, und Jesus unterstreicht die von der jüdischen Theologie gegebene Antwort ausdrücklich. Allerdings geht es in der Antwort nicht in erster Linie um Nächstenliebe, sondern um Gottesliebe. So wie Jesus in unserer oben betrachteten ersten Schlüsselstelle den Vorrang der Gottesliebe mit den Worten unterstreicht »Trachtet am ersten nach dem Reich Gottes«, so unterstreicht auch das jüdische Gesetz den Vorrang der Gottesliebe. Noch deutlicher wird der Vorrang der Gottesliebe in Matthäus 22,34ff, als Jesus von den Schriftgelehrten gefragt wird, welches das »höchste Gebot im Gesetz« sei. Jesus zitiert auch hier die Stelle aus 5.Mose 6,5 und unterstreicht in Vers 38 ausdrücklich: »Dies ist das höchste und größte Gebot.«

Es lohnt sich aus meiner Sicht gesehen sehr, der Frage nachzugehen, warum sowohl Jesus als auch das Gesetz Mose der Gottesliebe so eindeutig den Vorrang vor der Nächstenliebe einräumen. Die Antwort darauf gibt Eckhart Tolle sinngemäß so: Nur wenn ein Mensch die Liebe zu Gott verwirklicht hat und damit in das Reich Gottes, das Himmelreich, eingetreten ist, kann er überhaupt ahnen und erfahren, was Nächstenliebe wirklich bedeutet. Solange der Mensch jedoch dieses Stadium der Gottesliebe nicht erreicht hat, bleiben alle Versuche und Bemühungen, gleichsam »demonstrativ« Akte der Nächstenliebe oder gar der »Feindesliebe« zu vollbringen, zum Scheitern verurteilt. Mit anderen Worten: Solange der Mensch noch an seiner dominanten EGO-Persönlichkeit klebt, bleiben Versuche der Nächstenliebe nichts anderes als Bemühungen dieser EGO-Persönlichkeit, sich immer wieder selbst zu bestätigen. Wir denken dann »bei uns selbst«: Was bin ich doch für ein guter Mensch, dass es mir gelungen ist, soviel für den anderen zu tun. Dieser Beobachtung begegnen wir auch im Neuen Testament gleich mehrfach. Da sind es meist die Pharisäer, die vermeintlich besonders frommen Leute, die die größeren Spenden für die Kirche und die Armen geben; oder die von sich sagen: Ich danke dir Gott, daß ich nicht so bin wie dieser da.

Nicht umsonst lautet die Botschaft Jesu Christi an uns: Trachtet am ersten nach dem Reich Gottes, so wird euch alles andere zufallen. Sie lautet dagegen nicht: Liebet eure Feinde, so wird euch das Reich Gottes zufallen. Der Weg zu dem inwendig in uns verborgenen Himmelreich ist für die allermeisten von uns ein langer und mühsamer Weg, eben der »schmale« Weg. Es ist der Weg der Erkenntnis und des Bewußtwerdens der eigenen EGO-Persönlichkeit. Erst wenn uns die typischen Schwachstellen unseres EGO bewußt werden, haben wir eine Chance, ausgeglichener und zufriedener zu werden und damit unser EGO ein kleines Stück weit loszulassen. Es ist einfach eine Illusion und reine Unkenntnis, zu glauben, man könne durch eine gute Tat sein EGO loslassen, ohne es überhaupt wirklich zu kennen. Deshalb raten spirituelle Lehrer auch dazu, zunächst einmal bewußt eine eigene EGO-Persönlichkeit zu entwickeln. Dahinter steht die Erkenntnis, dass ich erst dann versuchen kann, mein EGO loszulassen, wenn mir klar bewußt ist, dass ich überhaupt ein EGO habe, und wie es beschaffen ist. Andernfalls begegne ich im Leben halt immer und immer wieder den gleichen tragischen Situationen, die merkwürdigerweise in dieser Form nur mir passieren.

Es ist bei näherem Hinschauen auch sehr einleuchtend, dass es wenig Sinn machen würde, einem (schwachen und selbstbezogenen) Menschen per moralischem Gesetz vorschreiben zu wollen, er oder sie solle den »Feind« lieben. Das EGO würde umgehend antworten: Das kann ich nicht, es geht über meine Kräfte, es ist mir wegen der schlimmen Persönlichkeit des Feindes nicht zuzumuten, ich weiß einfach nicht, wie ich das anstellen soll. Der Zusammenhang zwischen Gottesliebe und Nächstenliebe, den das »höchste« Gebot erwähnt, verhält sich nämlich genau umgekehrt. Habe ich im Laufe eines Lebens die Probleme und Fallstricke meiner EGO-Persönlichkeit kennengelernt und habe ich damit – wie der verlorene Sohn – Gott lieben gelernt, so kann ich Schritt für Schritt damit anfangen, meine Schwächen loszulassen und zu überwinden. Ich kann lernen, dass meine Glückseligkeit nicht von äußeren Dingen oder von Geld und Erfolg abhängt. Ich kann lernen, daß an zwischenmenschlichen Schwierigkeiten nicht immer nur der andere »Schuld ist«, dass vielmehr mein eigener Anteil daran gleich groß ist. Ich kann lernen, meinen Frieden mit meiner Lebenssituation und mit den Menschen aus meinem Lebensumfeld zu schließen. Ich kann lernen, wie hilfreich es in diesem Prozeß sein kann, mit Niederlagen umgehen zu können und sie zu verkraften. Spirituelle Lehrer empfehlen sogar, Zurücksetzungen und Niederlagen der eigenen EGO-Persönlichkeit bewußt zu akzeptieren, sie als Chancen wahrzunehmen und aus ihnen zu lernen.

Das fällt uns allen schwer, selbst den doch so bevorzugten Jüngern Jesu. Wie deren EGO-Persönlichkeit beschaffen ist, zeigt sich in geradezu lustiger Überhöhung in Matth. 18,1 als sie – man muß annehmen nach vorheriger interner Diskussion – Jesus die Frage vorlegen: Wer ist der größte im Himmelreich? Jesus verweist sie auf die Kinder und fordert die Jünger auf, zu werden wie die »Kindlein«. Die Kinder leben bekanntermaßen in den ersten Lebensjahren weiter in der göttlichen Einheit, sie sind »im Augenblick«, und müssen erst nach einigen Jahren langsam lernen, ein eigenes Ich-Verständnis zu entwickeln. Und selbst ein so gestandener Christ wie Paulus hat weiterhin eine ausgeprägte EGO-Persönlichkeit. Er vergleicht sich in einem seiner Briefe mit den in Jerusalem gebliebenen Aposteln und erklärt seinen Lesern, dass er sich zwar nicht rühmen wolle, dass er sich aber mindestens ebenso um die gute Sache verdient gemacht habe wie diese. Es geht also immer wieder darum, zuerst nach dem Himmelreich zu trachten. Erst dadurch werden wir eines Tages lernen, auch unseren Feind zu lieben.

(4) Was ist das Ewige Leben ?

Jesus Christus hat diese Frage im Hohepriesterlichen Gebet in Johannes 17 sehr klar beantwortet. Es ist vielleicht die tiefgründigste Botschaft im Neuen Testament, und wir wollen sie deshalb als unsere vierte Schlüsselstelle betrachten:

So redete Jesus, und hob seine Augen auf zum Himmel und sprach: Vater, die Stunde ist da: Verherrliche deinen Sohn, damit der Sohn dich verherrliche; denn du hast ihm Macht gegeben über alle Menschen, damit er das ewige Leben gebe allen, die du ihm gegeben hast. ***Das ist aber das ewige Leben, dass sie dich, der du allein wahrer Gott bist, und den du gesandt hast, Jesus Christus, erkennen.***

Diese Antwort ist so klar und so eindeutig. Und doch ist die Frage nach dem Ewigen Leben bis zum heutigen Tag wohl die schwierigste Frage für die Christen und die Kirche geblieben.

Wir sind in der »Welt« und kennen den »Himmel« nicht. Wir sind in der Dualität und kennen die Einheit nicht. Nur unsere duale Welt können wir mit unserem Verstand verstehen. Leben beutet für uns, mit unserem lebendigen Körper die Welt erfahren. Tod bedeutet für uns das Ende dieses Lebens im Körper. Der Tod ist für uns gleichbedeutend mit unserer eigenen Leiche. Immer wieder geht es uns also um die Körperlichkeit, denn nur sie kann unser Verstand verstehen. Dieses Leben in der Körperlichkeit ist endlich und vergänglich. Wir möchten es deshalb ausdehnen und verlängern. Und wenn es nun doch endlich ist und unser Tod irgendwann unausweichlich, so wollen wir uns wenigstens an die Hoffnung klammern, dass wir eines Tages (=in dieser Zeit?) wieder auferstehen (=in diesem Körper?). Wir klammern uns daran, dass ja auch Jesus auferstanden ist und danach seinen Jüngern in seinem früheren Körper erschienen ist. Wir wollen also unbedingt, um alles in der »Welt«, in dieser Welt bleiben, in dieser Welt der Körperlichkeit und der Dualität. Wir wollen gewissermaßen ewig in diesem Körper bleiben und unsere eigene Vergänglichkeit in eine nebulöse Ewigkeit ausdehnen. Damit ignorieren wir die Botschaft Jesu im Hohepriesterlichen Gebet und klammern uns an einen Strohhalm des Mißverständnisses.

Jesus spricht in seiner Antwort gerade nicht von Körperlichkeit, sondern von »Erkenntnis«. Er gibt seinen Körper auf und geht ins Himmelreich. Das ist sein Reich und das Reich des Vaters. Sein Reich ist eben nicht »von dieser Welt«. Nur jenseits der Körperlichkeit, in der »Erkenntnis Gottes«, gibt es ewiges Leben. Nur in der Welt Gottes gibt es Wahrheit und Ewigkeit. Und nur diese (geistige) Welt Gottes ist real, während unsere Welt die Welt der »Maya«, der Illusion und der Vergänglichkeit ist. Jesus zeigt uns den Weg zum Ewigen Leben. Er lebt – mitten unter uns –, mitten in unserer vergänglichen Welt bereits in der Einheit mit dem Vater. Diese Einheit bezeichnen wir Christen als »die Einheit des heiligen *Geistes* «.

Wir sind in diese Welt geboren worden, um Jesus nachzufolgen, d.h. um (wie er) die Erkenntnis Gottes und das ewige Leben hier und heute zu erfahren. Das ewige Leben ist ganz sicher nicht ein Weiterleben in einem todgeweihten oder ein Auferstehen mit einem vorher toten Körper. Das ewige Leben ist ein »Dimensionswechsel« in das Reich Gottes, in das Himmelreich. Dieser Dimensionswechsel vollzieht sich hier und jetzt in unserem Leben durch die Erkenntnis Gottes. Und die Erkenntnis Gottes, die Jesus hier meint, ist viel mehr als ein Fürwahrhalten oder Glauben eines Berichtes des Bibel. Es ist auch nicht so, dass man an dieses Ewige Leben glauben müßte um es zu erlangen. Es ist vielmehr das, was dieser Glaube nach einem langen Weg der Selbsterkenntnis und Gotteserkenntnis in uns bewirkt. Der Übergang zum Ewigen Leben ist die wahre, eigentliche »Frucht des Geistes«, die wir hier in diesem irdischen Leben hervorbringen können. Es ist genau das, was im Zen als Erleuchtung bezeichnet wird, und was die Inder als »Samahdi« oder als »Eingehen ins Nirwana« bezeichnen.

Jesus spricht das Hohepriesterliche Gebet vor dem Gang nach Gethsemane. Und er meint mit der Bitte um Verherrlichung seinen eigenen, bevorstehenden physischen Tod. Mit seinem physischen Tod verherrlicht er zugleich seinen himmlischen Vater. Und er macht deutlich, dass es bei dem Ewigen Leben in Gott gerade nicht um das Weiterbestehen des physischen Körpers geht. Vielmehr fragt der Engel die Frauen am Grab: »Was sucht ihr den Lebendigen bei den Toten?« Sondern es geht um den Übergang Jesu Christi aus der irdischen Welt in das Himmelreich Gottes. Ein anderes, wunderbares Wort der deutschen Sprache für diesen Übergang ist »Verklärung«. Und in einem wunderbaren Kanon besingen wir die zentrale Aufforderung Gottes an uns Menschen: »Mache dich auf und werde Licht !« Für alle diejenigen, die die wahre Nachfolge Jesu antreten, gilt in diesem Sinne die Verheißung: Sie werden den Tod nicht schmecken ewiglich. Das heißt jedoch nicht, wie wir vielleicht irrigerweise annehmen, dass sie nicht sterben werden. Warum sollte es ihnen besser ergehen als Jesus selber? Vielmehr gilt auch für sie, daß ihr physischer Tod nichts anderes sein wird als eine Verklärung und zugleich eine Verherrlichung Gottes.

Diese Aussagen Jesu lassen auch das Gleichnis vom verlorenen Sohn in einem neuen Licht erscheinen. Auch Jesus, der Sohn Gottes muß sich, obwohl er nie aus dem Vaterhaus weggelaufen ist, in die tiefsten Niederungen der Welt begeben. Er muß Verleumdung, Anfeindung, Folter und Tod erleiden, bevor er von seinem Vater verherrlicht wird. Für die, die ihm nachfolgen wollen, gilt dasselbe. Es ist keine wirkliche Nachfolge, lediglich daran zu glauben, dass es irgendwo und irgendwann ja wohl dieses »Vaterhaus« auch für mich gibt. Es braucht vielmehr hier und heute die Umkehr und den Entschluß: »Ich will mich aufmachen und zu meinem Vater gehen«. Natürlich ist all das eine »Gnade Gottes« und es ist wichtig, an diese göttliche Gnade zu glauben und sie anzunehmen. Aber wir sollten nicht glauben, wir könnten es uns leicht machen, weil ja »Jesus für uns gestorben ist und uns erlöst hat«. Dieser Schlüsselsatz, der so wichtig ist, meint ja nichts anderes als: Jesus hat uns in einer extremen Form den Weg aufgezeigt und damit eröffnet, der zum Vater führt. Gehen müssen wir diesen Weg selber! Jeder von uns ist deshalb auf die Welt gekommen, um ein Stück weit diesen Weg auf seine eigene Art und Weise zu gehen.

So wie uns Jesus mit seinem Leben und Sterben klar und deutlich den Weg aufzeigt, der zum Vater, d.h. zum ewigen Leben führt, so klar sagt er uns nämlich auch in Lukas 9,23ff:

Wer mir will nachfolgen, der verleugne sich selbst und nehme sein Kreuz auf sich täglich und folge mir nach. Denn wer sein Leben erhalten will, der wird es verlieren; wer aber sein Leben verliert um meinetwillen, der wird's erhalten. Denn was hülfe es dem Menschen, wenn er die ganze Welt gewönne und nähme doch Schaden an seiner Seele?

Unser aller Weg zum ewigen Leben liegt in der Nachfolge Christi. Es reicht nicht, auf ein ewiges Leben nach dem Tod zu »hoffen«. Natürlich bleiben, wie Paulus gesagt hat, »Glaube, Liebe, Hoffnung«. Aber die Hoffnung ist eben nicht »die größte unter ihnen«, sondern es ist die Liebe. Es reicht auch nicht, sich zurückzulehnen, einer Predigt zuzuhören und danach die Gnade Gottes zu besingen! Vielmehr ist unsere erste, ja unsere einzige Aufgabe in diesem irdischen Leben, unser Kreuz auf uns zu nehmen, uns auf den Weg der Nachfolge zu machen und dadurch das Ewige Leben hier und heute, in dieser Welt, zu erlangen. Alle Sprachbilder, die das Christentum verwendet, erschließen sich uns nur, wenn wir sie aus diesem Blickwinkel zu verstehen versuchen. Unser Kreuz auf uns nehmen heißt nichts anderes, als uns mit allem auseinandersetzen, was unsere EGO Persönlichkeit ausmacht, denn sie enthält alles, was uns von Gott trennt. Wir alle haben unsere jeweilige »Lichtseite« und unsere »Schattenseite«. Am liebsten möchten wir uns nur auf der Lichtseite bewegen. Aber es gilt, auch und besonders die Schattenseite anzuschauen und uns mit ihr auseinanderzusetzen. Das ist der »schmale Weg«, der Weg, den wir alle nicht so gerne gehen wollen. Alle von uns so genossenen »Erfolge« auf der Lichtseite des Lebens sind letztlich vergänglich, wie die Dinge, mit denen wir uns umgeben. Nur wenn wir die Auseinandersetzung mit der Schattenseite (C.G. Jung prägte dafür den Ausdruck »Schattenarbeit«) nicht scheuen, sind wir wirklich in der Nachfolge Christi, sind seine »wahren Jünger« und »bleiben in seiner Rede«. Nur dann gilt für uns die Verheißung aus Joh. 8,32:

Wenn ihr bleiben werdet an meinem Wort, so seid ihr wahrhaftig meine Jünger und werdet die Wahrheit erkennen, und die Wahrheit wird euch frei machen.

Jesus geht der Schattenseite des irdischen Lebens nicht aus dem Weg. Obwohl er »von keiner Sünde wußte« und obwohl ihm alle Macht im Himmel und auf Erden gegeben ist, leistet er keinen Widerstand, strebt keine irdische Macht an, kein Gut und Geld. Vielmehr geht er den Leidensweg bis zum Tod am Kreuz, den Weg alles Irdischen, das an das »Kreuz der Materie« gefesselt bleibt. Jesus hat das Ewige Leben schon hier auf der Erde. Er lebt in der Einheit mit dem Vater. Aber als Gottessohn ist er gekommen, um auch uns den Weg zu zeigen. Er fordert uns auf, es genauso zu machen, den gleichen Weg zu gehen, er fordert uns auf, ihm nachzufolgen. Seine Botschaft an uns ist: Das Ewige Leben ist jenseits des physischen Todes. Und es beginnt schon hier auf der Erde. Wer Gott und damit die Wahrheit erkannt hat, der hat das ewige Leben gefunden. Für alle die, welche die Einheit mit dem Vater gefunden haben, ist der physische Tod nicht der letzte drohende Schrecken, sondern der Übergang in das wahre Leben jenseits der Dualität, in die Wahrheit, in das, was unvergänglich ist.

(5) Die Bitte im Hohepriesterlichen Gebet

Im Hohepriesterlichen Gebet in Johannes 17 gibt es aus meiner
Sicht noch eine andere Schlüsselstelle, die viele Mißverständnisse in der späteren christlichen und kirchlichen Lehre aus-
räumt. Sie setzt sich aus mehreren Versen zusammen, die ich
hier einfach nacheinander zitiere (5, 6, 9, 14-17).

*Und nun, Vater, verherrliche du mich bei dir mit der Herrlich-
keit, die ich bei dir hatte, ehe die Welt war. Ich habe deinen
Namen den Menschen offenbart, die du mir aus der Welt gegeben
hast. Sie waren dein, und du hast sie mir gegeben, und sie haben
dein Wort bewahrt.*

***Ich bitte für sie und bitte nicht für die Welt, sondern für
die, die du mir gegeben hast; denn sie sind dein.***

*Ich habe ihnen dein Wort gegeben, und die Welt hat sie gehaßt;
denn sie sind nicht von der Welt, wie auch ich nicht von der Welt
bin. Ich bitte dich nicht, daß du sie aus der Welt nimmst, sondern
daß du sie bewahrst vor dem Bösen. Heilige sie in der Wahrheit;
dein Wort ist die Wahrheit.*

Der letzte zitierte Vers 17 wurde (wie oben erwähnt) vor jeder
Sonntagspredigt in meinem Heimatort von unserem langjährigen Pfarrer Müller als Gebet gesprochen und hat sich mir
deshalb tief eingeprägt. Mir war allerdings lange nicht klar,
dass Pfr. Müller seine Gemeinde damit zugleich einschließen
wollte in die Gruppe der Menschen, für die Jesus seinen Vater
im Hohepriesterlichen Gebet bittet.

Seither bin ich tief beeindruckt davon, mit welcher Nach-
drücklichkeit Jesus für die Seinen bittet, für diejenigen, »die

ihm der Vater gegeben hat«. Ebenso beeindruckt mich jedoch, wie konsequent Jesus an dieser Stelle unterscheidet zwischen denjenigen Menschen, die ihm der Vater gegeben hat und den anderen Menschen, die offenbar keinen Zugang zu seiner Lehre haben. Verschiedentlich, etwa im Gleichnis vom Guten Hirten, macht Jesus dieselbe Unterscheidung zwischen den »Meinen«, für die er als Hirte sogar bereit ist, sein Leben zu riskieren, und den Anderen, die offenbar nicht zu seiner Herde gehören. Ganz eindeutig heißt es etwa in Joh. 10, 14ff:

Ich bin der gute Hirte und kenne die Meinen, und die Meinen kennen mich, wie mich mein Vater kennt, und ich kenne den Vater. Und ich lasse mein Leben für die Schafe. Und ich habe noch andere Schafe, die sind nicht aus diesem Stall; auch sie muß ich herführen, und sie werden meine Stimme hören, und es wird eine Herde und ein Hirte werden. Darum liebt mich mein Vater, weil ich mein Leben lasse, daß ich's wiedernehme. Niemand nimmt es von mir, sondern ich selber lasse es. Ich habe die Macht, es zu lassen, und habe Macht, es wiederzunehmen. Dies Gebot habe ich empfangen von meinem Vater.

Immer wieder wird in diesen wichtigen Bibelstellen die Gruppe derjenigen Menschen angesprochen, die die Botschaft Jesu wahrhaft verstanden, ernst genommen und gleichsam »verwirklicht« haben. Zu dieser Gruppe gehören sowohl Zuhörer und Gläubige aus dem jüdischen Umfeld Jesu wie auch »andere Schafe, die nicht aus diesem Stall sind«. Für diese »wahren Jünger« bittet Jesus seinen Vater. Für sie ist er bereit, sein Leben zu lassen. Und zwar aus freien Stücken, weil ihm die Macht gegeben ist, seinen physischen Körper aufzugeben, aber auch die Macht, sich das »Leben wiederzunehmen«.

Wir sind zwar alle »Kinder Gottes«, an die sich die Botschaft Jesu richtet, aber wir gehören nicht alle zu seinen »Schafen«, zu denen, »die ihm sein Vater gegeben hat. Der allmächtige Gott läßt seinen Geschöpfen die freie Wahl, die Botschaft seines Sohnes anzunehmen oder sie zu ignorieren. Es ist eine kleine Gruppe von Menschen, die die Botschaft Jesu wahrhaft annehmen. Es sind diejenigen, die sich wirklich in die Nachfolge Christi begeben, die ihr Kreuz auf sich nehmen und sich mit ihrem Schatten, ihrer EGO-Persönlichkeit auseinandersetzen. Nur für sie bittet Jesus bei seinem Vater. Nur sie sind diejenigen, die ihm sein Vater gegeben hat. Für die Zugehörigkeit zu dieser Gruppe reicht es nicht, formal zu einer Kirche zu gehören, den Gottesdienst zu besuchen oder an die Existenz eines göttlichen Wesens zu glauben. Und es reicht auch nicht aus, gute Werke zu tun. Die Anforderungen für die Zugehörigkeit zu dieser Gruppe sind viel radikaler: In der wirklichen Nachfolge Christi geht es darum, in die Tiefen und Abgründe der eigenen Seele hinabzusteigen, sie bewußt zu machen und damit dass eigene EGO und die eigene Persönlichkeit loszulassen. Nur wer sein ganzes verbleibendes Leben dieser Aufgabe widmet, ist der, der »am ersten nach dem Reich Gottes trachtet«. Hier geht es nicht um ein Glauben oder Für-Wahr-Halten. Hier disqualifizieren sich selbst die auserwählten Jünger Jesu durch ihre EGO-Spielchen und die Frage, wer denn wohl der Größte im Himmelreich sei? Hier hilft kein Bischofs- oder Kardinalstitel, hier geht es allein um Eines: Um unseren eigenen spirituellen Weg zu Gott. Die Mönche und Nonnen aller Zeiten haben ihr ganzes Leben diesem spirituellen Weg gewidmet. Der Nationalheilige der Schweiz, der heilige Nikolaus von Fluehe, gab sein Bürgermeisteramt auf und ging für 20 Jahre in eine abgeschlossene kleine Klause, nur wenige hundert Meter von seinem für damalige Verhältnisse üppigen Haus entfernt. Es gibt zahllose Beispiele dafür, dass Menschen – auch in dieser radikalen Form – in ihrem Leben die Suche nach dem Reich Gottes, nach der Erfahrung der Einheit mit dem Vater, über alles andere gestellt haben. Diese Suche ist die wahre Umkehr und Rückkehr des verlorenen Sohnes in das Haus des Vaters.

Nur wer diesen spirituellen Weg der Umkehr und der Nachfolge Jesu wirklich geht, gehört zu denen, die ihm sein Vater gegeben hat und für die er ganz besonders bittet. Diese »seine Schafe« sind die Menschen, die hier in diesem Erdenleben eine ganz besondere, ganz neue Erfahrung machen dürfen, die Erfahrung der »Einheit mit dem Vater«. In dieser Erfahrung sind sie eins mit Gott und mit Jesus Christus. Sie sind damit jenseits der Welt der Dualität, sie sind – wie Jesus es nennt – »nicht von dieser Welt«. Sie erfahren mitten in ihrem irdischen Leben das »Ewige Leben« in der zeitlosen Einheit mit Gott. Zen bezeichnet diesen Vorgang so: Sie finden die »Leerheit«, das Formlose (Gott) in der Form (Welt). Der spirituelle Weg des Zen entspricht in allen Einzelheiten der Lehre Jesu Christi, verwendet dafür aber andere Begriffe und Bilder.

Die Kirche dagegen hatte mit der »Erfahrung der Einheit mit dem Vater« seit Jahrhunderten ihre Schwierigkeiten. Sie predigt bis heute einen Glaubensweg zu Gott, der jedoch immer wieder in der Welt des Verstandes und der äußeren Form stecken blieb und bleibt. Zwar gab und gibt es auch in der kirchlichen Überlieferung immer wieder Menschen, die gleichsam »am eigenen Leib« die Einheit mit dem Vater und mit Christus erfahren. Diese wurden dann entweder zu »Heiligen« erklärt oder aber – in den allermeisten Fällen – als Ketzer oder mystische Sektierer abgeurteilt, die man notfalls verbrannte, um ein »Exempel zu statuieren«. Die Kirche ist immer »Petruskirche« geblieben. Sie ist auf dem »Fels« des Petrus aufgebaut, derselbe Petrus, der dem Knecht des Hohen Priesters ein Ohr abschlug, der nicht unter dem Kreuz war, sondern Jesus dreimal verriet. Die Kirche hält sich weitestgehend an das, was Jesus allen Jüngern sagte. Ihr geht es um Symbole und Rituale, die Jesus all denen hinterlassen hat, die seine eigentliche, innerliche und mystische Lehre nicht »begreifen« können. Die Kirche kümmert sich um all diejenigen, von denen Jesus sagt, daß sie ihm nicht von seinem Vater gegeben wurden. Die kirchliche Lehre ist sicher nicht »falsch«, sie bleibt aber oft in einer schwer verständlichen Symbolik und – letztlich – in der Welt der Dualität stecken. Im Vergleich dazu erscheint das Johannes Evangelium von einem Autor geschrieben zu sein, der die tiefere Bedeutung der Lehre Jesu selber erfahren und erlebt hat. So enthält dieses Evangelium ein mystisches, innerliches Verständnis der Einheit mit Gott, das im Hohepriesterlichen Gebet wunderbar zum Ausdruck kommt. Johannes ist ja auch unter dem Kreuz anwesend. Er ist der Jünger, den »Jesus lieb hatte« und der »an seiner Seite lag«. Einige sehen in ihm den einzigen Jünger, der den Kern der Botschaft Jesu und die »Einheit mit dem Vater« wirklich an sich selbst erfahren hat.

(6) Das Abendmahl

In Lukas 22, 19 und 20 wird die Einsetzung des »Heiligen Abendmahls« beschrieben, dass bis heute das wichtigste Ritual ist, das die Christen im Gottesdienst feiern. Ohne nähere theologische Auslegungen zu kennen, scheint es mir doch interessant, dass diese Einsetzung zwar in den ersten drei Evangelien, nicht jedoch im Johannes Evangelium so beschrieben wird. Zudem findet sich die Aufforderung Jesu »Solches tut zu meinem Gedächtnis« nur bei Lukas. Der betreffende Text lautet:

Und er nahm das Brot, dankte und brach's und gab's ihnen und sprach: Das ist mein Leib, der für euch gegeben wird; das tut zu meinem Gedächtnis. Desgleichen auch den Kelch nach dem Mahl und sprach: Dieser Kelch ist der neue Bund in meinem Blut, das für euch vergossen wird.

Diese Worte der drei Evangelisten erscheinen mir als Einsetzung eines symbolischen Rituals der Erinnerung, das auch von denjenigen Menschen gefeiert werden kann, die den inneren Kern der Lehre Jesu nicht erfahren haben. All denjenigen, die ihm »sein Vater nicht gegeben hat«, schenkt Jesus mit diesem Ritual eine Erinnerungshandlung, die sie leicht nachvollziehen können, und die sie hinführt und leitet in Richtung auf die tiefere, geistliche Botschaft Jesu, welche ihnen heute oder ihr ganzes Leben lang unergründlich und unverständlich bleibt.

Wie so oft spricht Jesus zur besseren Verdeutlichung in symbolischer Sprache, in der Form von Gleichnissen. Brot und Wein, die hier in einer heiligen Gedenk-Zeremonie verwendet werden, erinnern uns sofort an zwei der wichtigsten Vergleiche, die Jesus den Jüngern zur Verdeutlichung seines Wirkens an die Hand gibt. In Johannes 6,32 ff heißt es mit Bezug auf das Manna in der Wüste:

Da sprach Jesus zu ihnen: Wahrlich, wahrlich, ich sage euch: Nicht Mose hat euch das Brot vom Himmel gegeben, sondern mein Vater gibt euch das wahre Brot vom Himmel. Denn Gottes Brot ist das, das vom Himmel kommt und gibt der Welt das Leben. Da sprachen sie zu ihm: Herr, gib uns allezeit solches Brot. Jesus aber sprach zu ihnen: Ich bin das Brot des Lebens. Wer zu mir kommt, den wird nicht hungern; und wer an mich glaubt, den wird nimmermehr dürsten.

Diese Verse führen uns mitten in die Zeremonie des Abendmahls hinein. Es ist immer wieder das gleiche Unverständnis
seiner eigenen Jünger, mit dem Jesus hier zu kämpfen hat.
Die Jünger leben weiterhin in der Welt der Dualität. Sie
verstehen nur die Bedeutung des Brotes als Nahrungsmittel
für den physischen Körper. Sie verstehen nicht die tiefere Bedeutung der Botschaft Jesu als »geistiges Nahrungsmittel«,
das den Weg zum Reich Gottes und damit zum Vater aufzeigt. Bereits einige Verse zuvor hatte Jesus sie in Joh. 6,27
aufgefordert:

*Schafft euch Speise, die nicht vergänglich ist, sondern die bleibt
zum ewigen Leben. Die wird euch der Menschensohn geben; denn
auf dem ist das Siegel Gottes, des Vaters.*

Hieraus wird nur zu deutlich, was Jesus mit dem Abendmahl
meint. Das gereichte Brot steht symbolisch für Jesus und seine
Botschaft. Das vergängliche Brot sättigt nur den Körper. Das
unvergängliche Brot der Botschaft Jesu könnte die Jünger zum
ewigen Leben führen, wenn sie nur einmal über den engen
Tellerrand der dualen Welt hinausblicken könnten in das Reich
der Himmel, in die Welt des Formlosen, in die Welt der Einheit mit dem Vater.

Ebenso verhält es sich mit dem Wein im Kelch, ein Symbol, das
uns direkt an die Stelle in Joh. 15,1 ff erinnert. Dort sagt Jesus:

Ich bin der wahre Weinstock, und mein Vater der Weingärtner.

*Ich bin der Weinstock, ihr seid die Reben. Wer in mir bleibt und
ich in ihm, der bringt viel Frucht; denn ohne mich könnt ihr
nichts tun.*

Wir haben uns mit dem Symbolgehalt dieses Textes schon weiter oben beschäftigt. Seit jeher steht der Wein als Symbol für das »Geistige«, für die »Essenz«, die aus den Trauben gekeltert wird. Letztlich geht es in beiden Symbolen, in Brot und Wein, um ein und dasselbe: Um den tieferen, geistigen Inhalt der Lehre Jesu, den wir weiter oben besprochen haben. Die Symbolik des Abendmahls ermöglicht es den Feiernden, in symbolischer Form die Essenz der Lehre Jesu »in sich aufzunehmen«. Sie erlaubt es ihnen, im physischen Verzehr der geistlichen Gaben den geistigen Gehalt der göttlichen Botschaft zu erspüren und nach zu vollziehen.

Auf einer höheren Bedeutungsebene stehen in der Mystik die Begriffe Gott und Christus, Vater und Sohn für das Formlose (Vater) und die Form (Sohn). In diesem höheren Sinn ist Gott der hinter allen Formen stehende Weingärtner, ohne dessen Wirken auf der Ebene der Form nie ein Wein gekeltert werden könnte. Er hat den göttlichen Gedanken an einen »Weinberg«, er pflanzt den Weinstock, er sendet seinen Sohn in die Welt und schafft damit die Form, die den Weinanbau erst ermöglicht. Auf dieser Ebene betrachtet ist selbst der Gedanke an die physische Anwesenheit Christi in Brot und Wein, wie ihn die Katholische Kirche postuliert, auf den zweiten Blick gesehen gar nicht so abwegig. Es wäre allerdings angebracht, dass die Kirche diesen Gedanken konsequent auf alle »Formen« ausdehnt, denn in allen Formen lebt und erscheint das Göttliche. Für alle Formen gilt was Jesus sagt: *Ich und der Vater sind eins.*

Wie schön wäre es, wenn wir nicht nur beim Vollzug des heiligen Abendmahls, sondern immer die Erfahrung machen könnten, dass Christus »in uns« ist und damit auch Gott »in uns« ist.

(7) Das Gebet des Herrn

Als siebte Schlüsselstelle wollen wir das »Vater unser« betrachten, das uns Jesus als Teil der Bergpredigt hinterlassen hat. In Matth. 6,5 ff gibt uns Jesus nicht nur den Text des Gebets, er gibt uns auch eine Einführung in das Beten selbst. Wir alle kennen das Gebet als ein Gespräch des Menschen mit Gott. Für uns Menschen des »christlichen Abendlandes« ist diese Vorstellung, dass wir mit Gott direkt sprechen können, im Allgemeinen nicht problematisch. Auch wenn uns die Gebote aufgeben, uns kein Bild von Gott zu machen, so sehen wir doch zumeist Gott als ein Wesen an, das getrennt von uns selbst ist, anders als wir ist (groß, allmächtig, gut) und das uns als »Gegenüber« erscheint. Es ist uns meist nicht bewußt, wie sehr dieses Verständnis Gottes und damit auch des Gebets von unserer dualen Weltsicht geprägt ist. Zwar spricht uns die Theologie von einem »Dreieinigen Gott«, der in seinem göttlichen Geist (Heiliger Geist) das Formlose (den Vater) mit allen Formen (dem Sohn) vereinigt. Und doch ist die Vorstellung des »andersartigen« Gottes tief in unserer Erfahrung der Dualität verankert. Ob wir nun ausformulierte Texte beten, ob wir eigene Worte finden oder ob wir wortlos beten – immer richten sich unsere Gebete an ein Gegenüber.

Seit alters her sind vor allem zwei Gebetsformen relevant, und fast alle menschlichen Gebete lassen sich meist diesen beiden Formen zuordnen. Weil das göttliche Wesen so groß und mächtig erschien, wurde es verehrt und »angebetet«. Die Anbetung findet sich überall auf der Welt und richtete sich, lange vor dem Wirken Jesu, auch auf Götzenbilder oder Herrscher, die als Gott verehrt wurden. Der Anbetung gegenüber steht die Bitte. Gerade weil das verehrte göttliche Wesen so groß und allmächtig erscheint, erhofften und erhoffen wir uns von ihm die Erfüllung unserer Bitten.

Wenn unser Blick etwas geschärft ist, wird uns aus dem Gesagten unmittelbar klar, wie sehr unsere Gebete von der Dualität geprägt sind. Wir bitten immer um etwas, dass wir nicht haben, dass wir aber – mehr oder weniger dringend – brauchen. Sehr häufig scheint es nur um eine einzige Sache zu gehen, die uns gerade am meisten fehlt. Die Kranken bitten um Gesundheit, die Bauern bitten um Regen, die Kriegsgefangenen bitten um Freilassung, die Studenten bitten darum, nur diese eine Prüfung zu bestehen. Den Einsamen fehlt der Partner, den Armen fehlt es an Geld, das junge Paar bittet um Erfüllung des Kinderwunsches. Manchmal erkennen wir, dass sich unsere Bitte aus einer Lebenssituation ergibt, die wir uns selbst zuzuschreiben haben und für die wir die Verantwortung übernehmen müssen. Wir sagen dann vielleicht: Ich weiß es, lieber Gott, aber hilf mir doch nur noch dieses eine Mal. Schlimmer ist es, wenn wir von Schicksalsschlägen getroffen werden, denen wir »ohnmächtig« gegenüberstehen. Hier ist die Bitte um Hilfe viel existenzieller und ist häufig mit der unterschwelligen Frage verbunden: Warum trifft es gerade mich?

Die Mystik erkennt, dass alle unsere Bitten letztlich aus unserer EGO-Persönlichkeit kommen. Dieses EGO entwickelt ein unstillbares, nie zufriedenes Verlangen nach Komfort, Wohlbefinden, Absicherung und Macht. Es gibt immer das, was uns fehlt. Mal fehlt »nur das«, mal fehlt »nur noch das«, mal fehlt »auch noch das«. Was aber wirklich fehlt, ist das vorrangige Streben nach dem Reich Gottes, wodurch uns alles andere zufallen würde. So schreibt etwa der christliche Mystiker Johannes Tauler (1300-1361):

Wenn der Mensch in der Übung der inneren Einkehr steht,
hat das menschliche Ich für sich selbst nichts.
Das Ich hätte gerne etwas

und es wüßte gerne etwas
und es wollte gerne etwas.

Bis dieses dreifache »Etwas« in ihm stirbt,
kommt es den Menschen gar sauer an.
Das geht nicht an einem Tag
und auch nicht in kurzer Zeit.
Man muß dabei aushalten,
dann wird es zuletzt leicht und lustvoll.

Häufig stehen die Bitten um »Etwas« im Mittelpunkt des Verhältnisses des Menschen zu Gott. Sie verstellen uns nicht nur den Blick, sondern können uns auch regelrecht blockieren auf unserem inneren Weg zu Gott. Jesus ist nicht so radikal wie Johannes Tauler. Er weiß, welch große Bedeutung das Bittgebet für die Menschen seiner Zeit hat. Und er verheißt uns sogar, dass Gott immer versuchen wird, unsere Bitten zu erfüllen. Wir alle kennen die Zusicherung in Matthäus 7,7 ff über die Erfüllung unserer Bitten:

Bittet, so wird euch gegeben; suchet, so werdet ihr finden; klopfet an, so wird euch aufgetan. Denn wer da bittet, der empfängt; und wer da sucht, der findet; und wer da anklopft, dem wird aufgetan. Wer ist unter euch Menschen, der seinem Sohn, wenn er ihn bittet um Brot, einen Stein biete? oder, wenn er ihn bittet um einen Fisch, eine Schlange biete? Wenn nun ihr, die ihr doch böse seid, dennoch euren Kindern gute Gaben geben könnt, wieviel mehr wird euer Vater im Himmel Gutes geben denen, die ihn bitten!

Wieviel »elterliche« und göttliche Liebe spricht aus diesen Versen. Und dennoch steckt in unseren Gebetsbitten in vielen Fällen die ganze Problematik der Verhaftung in der Dualität. Das wird uns schon sm Beispiel der Kindererziehung klar, wenn Eltern zum Wohle ihres Kindes davon absehen, seine – vielleicht überzogenen – Wünsche zu erfüllen. Wie oft haben Menschen in der Geschichte Gott um »etwas« gebeten, das mit Schaden für andere Menschen einherging. Wir erinnern uns wiederum an das höchste Gebot, das Jesus uns aufzeigt: Trachtet am ersten nach dem Reich Gottes. Nun ist es aber häufig so, daß unsere Bitten diesem »Trachten« zuwiderlaufen und ihm im Weg stehen. Wir haben es daher nötig, statt unsere Bitten spontan aus der ständig wechselnden Lebenssituation zu »gebären«, uns stärker daran zu orientieren, was Jesus von seinem Vater erbittet und wie er dies tut.

Diese Orientierung erhalten wir im Gebet des Herrn, dem »Vater unser«, und genauso deutlich in dem Gebet, das Jesus vor Gefangennahme und Tod im Garten Gethsemane spricht, in der schlimmsten Situation in seinem Leben. nach dem Lukas Evangelium betet Jesus im Garten (Luk. 22,42):

Vater, willst du, so nimm diesen Kelch von mir; doch nicht mein, sondern dein Wille geschehe!

Hierin liegt der entscheidende Unterschied. Wir erbitten in unserem dualen EGO-Bewußtsein etwas von Gott, von dem wir meinen, es dringend nötig zu haben. Jesus lebt im »Christus-Bewußtsein«, in der Einheit mit dem Vater. Auch in der schlimmsten Lebenssituation fragt er zu allererst danach, was der Vater will. Er bittet den Vater zwar, den Kelch von ihm zu nehmen, doch ordnet er zugleich seine Bitte dem Willen des Vaters unter. Auch wir sollten immer wieder und immer öfter nach dem »Willen des Vaters« fragen. Bevor wir Gott bitten, uns »zu Willen« zu sein, sollten wir vorher fragen, ob unser Tun und unsere Vorhaben dem Willen Gottes für unser Leben entsprechen.

Aus diesem Blickwinkel heraus erschließt sich uns auch das Vaterunser in seiner wahren Tiefe:

Unser Vater im Himmel!
Dein Name werde geheiligt.
Dein Reich komme.
Dein Wille geschehe wie im Himmel so auf Erden.
Unser tägliches Brot gib uns heute.
Und vergib uns unsere Schuld,
wie auch wir vergeben unseren Schuldigern.
Und führe uns nicht in Versuchung,
sondern erlöse uns von dem Bösen.
(Denn dein ist das Reich und die Kraft
und die Herrlichkeit in Ewigkeit. Amen.)

Dieser von der EKD revidierte Text der Luther-Übersetzung weist in einer Anmerkung darauf hin, dass die letzten beiden Zeilen in den Handschriften des Neuen Testaments erst später bezeugt werden.

Wenn wir den Text noch einmal vor uns sehen, erscheint mir auffällig, das in dem ganzen Gebet Jesu nur eine einzige Zeile den Charakter unserer üblichen Bitt-Gebete hat. Es ist die Zeile »Unser tägliches Brot gib uns heute«. Jesus hat gewissermaßen die Bitten, die sich aus unserer täglichen Lebenssituation ergeben, auf das absolute Minimum reduziert. Und selbst bei der Bitte um das tägliche Brot, ohne das wir nicht weiterleben können, geht es Jesus nur und ausschließlich um das **Heute**. Jesus möchte nicht, dass wir im Gespräch mit unserem Vater im Himmel unseren Verstand einschalten, der stets in seiner »Planung« auch an das Morgen denkt. Wir leben in der Zeit, Gott lebt im ewigen Heute, im Jetzt. Es gilt auch hier das »Sorget nicht für den morgigen Tag«. Aus dem gleichen

Grund nennt Eckhart Tolle sein Buch »Jetzt!«. Im englischen Original lautet der Titel »The Power of Now«, d.h. die »Kraft des Jetzt«. Jeder Baum, jede Blume lebt im Jetzt und wird von der der göttlichen Kraft bis zu ihrem Tod in diesem Jetzt erhalten. Auch wir können sicher sein, dass uns der himmlische Vater in diesem Jetzt unser tägliches Brot bereitstellt, das uns am Leben hält bis die Stunde unseres Todes gekommen ist. In der Vorrede, in Vers 8, sagt Jesus: »Denn euer Vater weiß, was ihr bedürft, bevor ihr ihn bittet.«

Die eigentlichen Anliegen des Vaterunser sind jedoch ganz andere. Der ganze erste Teil des Gebets bis zur Bitte um das tägliche Brot ist der Anbetung Gottes, des Vaters gewidmet. Da ist zunächst die Anrufung Gottes als »Vater im Himmel«. Weil alle Vorstellungen, die sich unser Verstand von Gott macht, in die Irre führen, gibt uns Jesus hiermit eine authentische Charakterisierung Gottes an die Hand. Welch eine wunderbare Beschreibung und Anrufung Gottes ist das! Gott als liebender Vater seines Sohnes und Vater seiner Menschenkinder ist eine geradezu zärtliche Anrufung, voller Liebe und Vertrauen. Wir sind die Kleinkinder, die nichts ohne den Vater unternehmen können, die der Vater »väterlich« liebt, die bei ihm immer an erster Stelle stehen, deren Bestes er will und für die er ohne Unterlaß sorgt, die er aber auch »machen läßt«, die er sogar ermutigt auf eigenen Füßen stehen zu lernen, Erfahrungen zu sammeln und Verantwortung für das eigene Tun zu übernehmen. Wir alle kennen die elterliche Arbeitsteilung, die hier angesprochen ist. Während die Mutter ihre Kinder fürsorglich »bemuttert«, ist der Vater derjenige, der die Kinder ermuntert, eigene Schritte zu unternehmen und selbst klar zu kommen. Der Vater wird zum Wohle des Kindes nicht umhin können, auch einmal seine Autorität einzusetzen und das Kind zurecht zu weisen. All das macht Gott mit uns, als seinen Kindern. Er ist zwar »im Himmel«, d.h. im »Formlosen«, jenseits dessen, was wir mit dem Verstand erfahren können, doch tut das seiner Beschreibung als Vater keinerlei Abbruch. Der Vater ist den Kindern nahe, hält seine schützende Hand über sie und sorgt in allen Bereichen und zu aller Zeit für sie.

Daher ist es für uns als Kinder oder sogar als »Kindlein«, wie es Jesus an anderer Stelle formuliert, am allerbesten, sich dem Vater und seinem Reich, dem Himmelreich oder Reich Gottes, in genau dieser kindlichen Art und Weise zu nähern. Ein Kindlein vertraut dem Vater. Es würde nie auf die Idee kommen, das Reich des Vaters mit seinem begrenzten Verstand durchdringen zu wollen. Es freut sich vielmehr »wie ein Kind« darüber, unter dem Schutz des Vaters und im Vertrauen auf den Vater seine ersten Schritte in dieser Welt zu tun und auszuprobieren, wonach ihm gerade der Sinn steht. Immer liegt der nächste Schritt nahe, nie gibt es eine Notwendigkeit, mit einem kaum ausgeprägten Verstandesdenken große Überlegungen anzustellen. Wenn ein »Kindlein« ein Motorrad erlebt und davon beeindruckt ist, sagt es eben nicht: »Das ist eine Zweizylinder BMW mit dem klassischen Boxermotor«, sondern es macht »brumm brumm«! Wir dagegen als erwachsene Menschen haben nicht nur »unseren eigenen Kopf« entwickelt, sondern halten uns darüber hinaus noch für das Mass aller Dinge, und unsere Erde womöglich für den Mittelpunkt des Sonnensystems, wenn nicht gar des Universums. Gott dagegen, der uns so nahe steht wie unser Vater, – IHN verdrängen wir, meinen an IHN nicht glauben zu können, weil die Dimension des Formlosen unser Begriffsvermögen übersteigt. All das könnten uns die Eingangsworte des Vaterunser sagen, wenn wir sie nur annehmen würden.

Die zweite anbetende Zeile lautet: »Dein Name werde geheiligt«. Leider ist uns »modernen« Menschen der Sinn dieser

Worte nahezu vollständig verloren gegangen. Für die frommen Juden offenbarte sich Gott zu allen Zeiten durch die verschiedenen »Gottesnamen«. Der Name, der in der hebräischen »Feuer-Flammen-Schrift« geschrieben und ausgesprochen werden konnte, war nicht nur eine sachliche Beschreibung, sondern ein Ausdruck wirkender und gestaltender Kräfte. Sprach und spricht man einen Gottesnamen in der richtigen Weise aus, so geschieht etwas. Die Sprache hat »Macht« und der Wissende, der um diese Macht weiß, ist »der Sprache mächtig«. Diese Macht der Sprache war übrigens nicht nur im Hebräischen vorhanden, sondern auch im indischen Sanskrit. Nur so ist im Übrigen der Anfang des Johannes Evangeliums zu verstehen:

Im Anfang war das Wort, und das Wort war bei Gott, und Gott war das Wort. Dasselbe war im Anfang bei Gott. Alle Dinge sind durch dasselbe gemacht, und ohne dasselbe ist nichts gemacht, was gemacht ist.

Kein Wunder, dass selbst Goethe den Doktor Faust bei dieser Formulierung schon »stocken« läßt. Dieser ahnt wohl, wieviel in diesen Sätzen verborgen liegt, aber er kann sie nicht ergründen. Jesus dagegen weiß um die verborgene Wirkung der Sprache und er ist »ihrer mächtig«. Er gebietet sogar dem Sturm auf dem See Genezareth. Und auch der Hauptmann von Kapernaum weiß um die Macht der Worte Jesu, wenn er sagt: » …aber sprich nur ein Wort, so wird mein Knecht gesund.« Nicht umsonst sind diese Worte von der Katholischen Kirche in abgewandelter Form in das Hochgebet übernommen worden. Wir sollten uns heute zumindest bewußt sein, wie profan wir und unsere Welt geworden sind, dass uns dieses Urwissen der jüdischen Eingeweihten verloren gegangen ist. Jesus dagegen ist die Heiligung der Namen Gottes so wichtig, dass er diese anbetenden Worte an den Anfang seines Gebetes stellt.

Auch die nächsten beiden Zeilen des Vaterunser haben eine verborgene Bedeutung. Uns mögen die Bitten »Dein Reich komme« und »Dein Wille geschehe wie im Himmel so auf Erden« heute vielleicht als eine »Selbstverständlichkeit« in einem gläubigen Gebet erscheinen. Tatsächlich enthalten sie jedoch eine genaue Beschreibung des göttlichen »Weltenplans«. Sie sagen uns, wie unsere Welt »funktioniert« und was Gott mit unserer Welt vor hat. Sie sind zugleich Kernbotschaften der mystischen Spiritualität. Jesus legt uns ans Herz, darum zu bitten, dass das Reich Gottes auf die Erde kommt. Aus meiner Sicht ist diese Bitte gleichbedeutend mit dem Wunsch, dass der Bewußt-seinsstand der Menschen sich so weiterentwickelt, dass die Menschen die Dualität des Denkens überwinden lernen und zur Erfahrung ihrer Einheit mit Gott, zur Erfahrung der göttlichen Einheit durchdringen. Jesus empfiehlt uns darum zu bitten, dass auf der Erde die Einheit mit dem Vater wiederhergestellt wird, wie sie vor dem »Sündenfall« bestand. Wie wir oben gesehen haben ist diese Einheit zugleich der Zustand, in dem Jesus als Christus schon hier auf der Erde lebt, und den er mit den Worten beschreibt: Ich und der Vater sind eins. Für einen Mystiker ist die Bitte »Dein Reich komme« deshalb gleichbedeutend mit der Bitte um Erleuchtung der Welt. Mit meinen Worten gesagt empfiehlt uns Jesus damit, um unsere eigene Erleuchtung zu bitten, ebenso wie um die Erleuchtung aller Wesen. Das Reich Gottes möge auf die Erde kommen, die Menschen mögen sich ihrer Einheit mit Gott bewußt werden. Erst in diesem Zustand, erst dann werden sie in der Lage sein, ihre Liebe zu allen anderen Wesen frei fließen zu lassen und damit das Gebot der Nächstenliebe wirklich zu erfüllen.

Wie soll das geschehen? Kann das überhaupt geschehen? Ja, es wird geschehen, weil es der Wille Gottes ist. Es geschieht, indem der Mensch in diesen Willen Gottes »freiwillig« »einwilligt« und sogar Gott darum bittet, dass alles das – und nur das! – geschehe, was Gottes Wille ist. Das bedeutet zugleich den Tod der eigenen EGO-Persönlichkeit. Würde der Mensch diesen Satz in letzter Konsequenz bitten, dann würde er da ankommen, wo Jesus in Gethsemane ist, und würde mit Jesus beten: »Doch nicht wie ich will, sondern wie DU willst.«

Doch die Bitte des Vaterunser geht noch weiter. Sie enthält auch eine Aussage darüber, wie der Wille Gottes geschieht, nämlich »wie im Himmel so auf Erden«. Und auch hier gibt es eine auf der Hand liegende (exoterische) Bedeutung und eine verborgene (esoterische) Bedeutung. Wir haben diesen Satz wohl alle tausendfach gebetet und dabei vielleicht gedacht, dass Gottes Wille natürlich überall geschieht, auf der Erde und erst recht im Himmel. Tatsächlich entspricht aber dieser Satz in seiner verborgenen Bedeutung genau dem Kernsatz der Esoterik, der in der »Tabula Smaragdina« des ägyptischen eingeweihten Priesters Hermes Trismegistos wie folgt formuliert ist:

»Dasjenige, welches Unten ist, ist gleich demjenigen, welches Oben ist: Und dasjenige welches Oben ist, ist gleich demjenigen, welches Unten ist, um zu vollbringen die Wunderwerke eines einzigen Dinges.« (zitiert nach Thorwald Dethlefsen: Schicksal als Chance, München 1979)

Dieser esoterische Grundsatz mag auf den ersten Blick viel rätselhafter erscheinen als die Formulierung im Vaterunser. Letztlich drückt er aber das gleiche aus. Übersetzt man das »Unten« mit Erde oder duale Welt, so steht das »Oben« für den Himmel, die himmlische Welt Gottes. Wir leben in der Welt von Zeit und Raum und haben zu der himmlischen Welt Gottes keinen Zugang. Jesus lehrt uns aber darum zu bitten, dass Gottes Reich auf die Erde kommt und dass Gottes

Wille hier in unserer Erdenwelt genauso geschehe wie in der himmlischen Welt. Jesus setzt damit Gottes Willen an die erste Stelle. Während unsere Bitten fast ausschließlich darauf gerichtet sind, dass Gott unsere Wünsche erfüllen möge und somit unser Wille geschehe, lehrt uns Jesus, unseren Willen hintan zu stellen. Er erteilt damit unserer Selbstbezogenheit, unserer Fokussierung auf unser EGO, eine klare Absage. Er lehrt uns ferner, uns der Tatsache bewußt zu werden und zu bitten, dass Gottes himmlisches Reich auch auf der Erde erkannt werden möge, und dass sein Wille in unserer dualen Welt in der gleichen Form geschehen mögen wie in der himmlischen Welt Gottes. Wir bitten im Vaterunser mit anderen Worten gesagt darum, dass in der Welt der für uns sichtbaren Formen der Wille unseres himmlischen Vaters, der Wille des Formlosen geschehen möge. Dieser Wille wird genau so geschehen, dass die Umsetzung sich auf Erden exakt so vollzieht wie im formlosen Himmelreich. Dieses zentrale »Gesetz der Entsprechung« möchte ich als »Weltenplan Gottes« bezeichnen und ihm weiter unten ein eigenes Kapitel widmen.

Bis hierher beschäftigt sich das Vaterunser gewissermaßen mit der »Welt Gottes«, der wir unsere tiefe Anbetung erweisen und deren Wirken wir uns vorbehaltlos anvertrauen. Nach der Bitte um das tägliche Brot geht es nun um die »Vergebung unserer Schuld«. Wir bitten Gott um Vergebung unserer Schuld und sichern ihm dafür im Gegenzug zu, dass wir bereit sind, in gleicher Form all unseren Mitmenschen, die unsere Schuldiger sind, zu vergeben. Noch einmal: Wir leben nicht wie Jesus Christus in der himmlischen Welt der Einheit mit dem Vater. Wir leben als »Verlorene Söhne« entfernt vom »Vaterhaus«. Wir folgen den Einflüsterungen und den vermeintlichen endlosen »Bedürfnissen« unseres EGO. Wir haben jedoch auch ein »Gewissen« (Gegen-Wissen), dass uns klar macht, dass unsere vom EGO bestimmten Gedanken und Taten in vielen Fällen nicht dem Willen Gottes entsprechen. Wir scheuen auch nicht davor zurück, in vielen Fällen bewußt dem Willen Gottes, unserer »inneren Stimme«, zuwider zu handeln. So wie Jesus vom Satan, dem abgefallenen Engel, versucht wird, geraten auch wir immer wieder in die »Versuchung«, unser eigenes EGO und seine Wünsche über den Willen Gottes zu stellen. Dadurch laden wir Schuld auf uns. Um deren Vergebung bitten wir Gott.

Wir bitten im Vaterunser aber auch darum, gar nicht erst in die Versuchung durch das »Böse« zu geraten sondern vielmehr von diesem Bösen erlöst zu werden. Das Böse steht hier für die Gottesferne, für die Trennung von Gott. Die Bibel spricht sogar von einer quasi »personifizierten« Form des Bösen, dem von Gott abgefallenen Engel Satan. Es ist für uns im Einzelfall nicht immer leicht, das Böse wahrzunehmen und zu erkennen, wo genau wir in die Gefahr der Trennung von Gott geraten. Für die frommen Juden entstanden Schuld und Sünde dadurch, dass die Menschen die göttlichen Gesetze und Gebote nicht befolgen. Es gab den sogenannten »Buchstaben des Gesetzes«, der die Grenze einer Verfehlung oder Übertretung genau festlegte. Doch es geht für uns um mehr als um die formale Übertretung des mosaischen Gesetzes. Es geht um unser Verhalten in der Situation der »Versuchung«. Fragen wir da überhaupt nach dem Gewissen, nach dem Willen Gottes? Oder lassen wir uns von der Einbildungswelt des EGO immer weiter in die Richtung unserer vermeintlich »eigenen« Interessen führen? Im Extremfall von Sucht und Abhängigkeit dämmert uns schon irgendwann die Erkenntnis, dass unser Verhalten nicht mit dem Willen Gottes für unser Leben übereinstimmt. Doch wie konnten wir überhaupt in diese Gottesferne geraten? Wo und wann wurde die eigentliche Entscheidung vollzogen?

Jesus gibt uns an anderer Stelle des Neuen Testaments hierzu eine Aufklärung, die oft übersehen oder in ihrer Tragweite nicht wirklich erfaßt wird. Er sagt uns zum Einen in Matth. 5,17:

Ihr sollt nicht meinen, daß ich gekommen bin, das Gesetz oder die Propheten aufzulösen; ich bin nicht gekommen aufzulösen, sondern zu erfüllen.

Zum andern legt er uns in den folgenden Versen ausführlich dar, daß sein Verständnis des Gesetzes weit über die formale, buchstäbliche Interpretation der Gebote hinausgeht. So sagt er uns in Matth. 5,27f.:

Ihr habt gehört, dass gesagt ist (2.Mose 20,14): Du sollst nicht ehebrechen. Ich aber sage euch: Wer eine Frau ansieht, sie zu begehren, der hat schon mit ihr die Ehe gebrochen in seinem Herzen.

Und an anderer Stelle (Matth. 5,20) heißt es:

Denn ich sage euch: Wenn eure Gerechtigkeit nicht besser ist als die der Schriftgelehrten und Pharisäer, so werdet ihr nicht in das Himmelreich kommen.

Jesus Botschaft an uns ist immer wieder: Die formale Erfüllung der Buchstaben des Gesetzes reicht nicht aus, um in das Himmelreich, in die Einheit mit dem Vater zu kommen. Viel mehr geht es darum, die Verführung, die von unseren EGO-Wünschen ausgeht, mit der Wurzel auszurotten. Er selbst lebte schon in der Einheit mit dem Vater, als er vom Teufel versucht wurde. Für ihn waren die Versuchungen des Satans deshalb kein Problem, weil Jesus seine EGO-Persönlichkeit bereits zu diesem Zeitpunkt seines Lebens vollständig überwunden hatte.

Er hat einfach keine »eigenen« Interessen oder Gelüste mehr, sondern hat sein Leben seinem Auftrag und seiner Mission gewidmet. Er lebt nicht mehr »für sich«, sondern »für uns«. Das und nur das macht ihn zum Christus.

Von uns erwartet Jesus, dass wir ihm nachfolgen und uns mit unseren eigenen Versuchungen auseinandersetzen, d.h. unser spezielles Kreuz auf uns nehmen. Unser Kreuz – das sind unsere typischen Schwachpunkte, unsere eingefahrenen Glaubenssätze und Verhaltensweisen, denen wir immer wieder folgen, obwohl wir insgeheim wissen, dass wir sie hinter uns lassen sollten. Dabei wird uns nichts geschenkt. Vielmehr fordert Jesus uns auf, vollständig auf unser eigenes EGO zu verzichten und unser Leben in der Nachfolge vollständig nach Gottes Willen anstatt nach unserem eigenen Willen auszurichten. Genau das meint Jesus, wenn er in Matth. 5,48 sagt:

Darum sollt ihr vollkommen sein, wie euer Vater im Himmel vollkommen ist.

Hier schließt sich der Kreis des Vaterunser. So wie wir am Anfang beten »Dein Wille geschehe«, so empfiehlt uns Jesus am Ende, Gott darum zu bitten, uns vom Bösen zu »erlösen«, d.h. uns vollständig vom Bösen frei zu machen. Wenn diese Erlösung geschehen ist, leben auch wir in der Welt des Vaters und werden wie Jesus keine Probleme haben, den Versuchungen des Teufels zu widerstehen.

So verstehe ich auch die Bitte »Und führe uns nicht in Versuchung«. Sie soll aus meiner Sicht heißen: Bitte führe uns aus der Versuchung heraus. Oder auch: Bitte führe uns in den Zustand, in dem wir für Versuchungen nicht mehr anfällig sind. Mein Vater hat mir einmal gesagt, diese Bitte des Vaterunser sei falsch übersetzt. Da jeder Mensch so oder so immer wieder in Versuchung komme, sollte die korrekte Übersetzung lauten: »Und führe uns **in der** Versuchung«. Wir alle werden jedenfalls zahllose Versuchungen erfahren und zu meistern haben, bevor wir ernsthaft sagen können, daß unser EGO kleiner geworden oder sogar ganz verschwunden ist.

Erst dann werden wir vollumfänglich auch den Abschluß des Vaterunser beten können:

Denn dein ist das Reich und die Kraft
und die Herrlichkeit in Ewigkeit. Amen.

(8) Ostern, Tod und Auferstehung

Die Ostergeschichte vom Kreuzestod und der Auferstehung Jesu Christi steht sicherlich im Zentrum der christlichen Botschaft. Sie will uns zeigen, dass Christus den Willen seines Vaters bis zum letzten Atemzug akzeptiert und in der Lage ist, alles Leiden und alle Todesängste zu erdulden, sie bewußt zu erfahren und dadurch zu überwinden.

Für viele Menschen auf der Welt ist es sehr schwer, an einen Gottessohn zu glauben, den sein göttlicher Vater jämmerlich und zu unrecht verurteilt am Kreuz sterben läßt. Sie erwarten einen siegreichen Gott, sehen jedoch in der Botschaft des Neuen Testaments einen Gott der Niederlage und der Verzweiflung vor sich. Demgegenüber betonen die Christen die Tatsache, dass Christus vom Tode auferstanden und zum Himmel aufgefahren ist. Für sie ist der Tod Jesu am Kreuz gleichbedeutend mit dem Sieg des auferstandenen Christus über den physischen Tod.

Immer wieder sangen wir in den Eucharistiefeiern meines Lehrers Willigis Jäger den einfachen und doch so eindrucksvollen Kanon:

Christus ist auferstanden von den Toten
und hat den Tod durch den Tod besiegt,
und denen im Grabe das Leben gebracht!

So oft haben wir am Ostersonntag die siegreiche Auferstehung Jesu Christi von den Toten gefeiert und bejubelt! Und doch klingt die Osterbotschaft der Kirche in meinen Ohren manchmal allzu zaghaft und vage. Immer wieder taucht in den Ostergottesdiensten das Wort »Hoffnung« auf. So auch in der Osterbotschaft des Kirchenpräsidenten der EKHN im Pandemiejahr 2021. Dort heißt es: »Doch das Dunkle behält nicht das letzte Wort – Ostern antwortet voller Zuversicht. Denn Ostern feiert die eine große Hoffnung, die auf das ewige Leben nach der Auferstehung. Das klingt schön. Zu schön um wahr zu sein? Kann man seine Hoffnungen wirklich darauf setzen? Die Erfahrung sagt doch: Tot ist tot! Insoweit ist Ostern eine Zumutung für jedes kritische Denken.«

So ungefähr wie dieser quasi offizielle Text würde ich die Osterbotschaft formulieren, wenn ich mir alles offen halten wollte, weil ich mir über das wirkliche Geschehen und seine Bedeutung nicht sicher bin. Tatsächlich ist die Osterbotschaft jedoch viel tiefergehend als es in der »Hoffnung« der Kirche zum Ausdruck kommt. Wie verhält es sich etwa mit der Auferstehung des physischen Körpers? Wir Menschen sind so in unserem physischen Körper verhaftet, dass uns diese Frage wohl am allermeisten interessiert. Wenn der physische Körper Jesu im »leeren Grab« nicht zu finden war, hat es ja wohl zumindest für Jesus eine Auferstehung in seinem physischen Körper gegeben.

Daraus würden wir gerne die Zusicherung ableiten, dass auch wir eines Tages in diesem unserem jetzigen Körper auferstehen und (möglichst ewig) weiterleben können. Da sich jedoch die kirchliche Theologie zu so einer weitgehenden, zusichernden Interpretation der biblischen Botschaft nicht in der Lage sieht, verlegt sie sich darauf eine »Hoffnung« zu verkünden.

Tatsächlich wird durch diese Zweifel und Spekulationen die Botschaft Jesu vollkommen mißverstanden. Zunächst einmal geht es in der Ostergeschichte gar nicht um den physischen Körper, sondern darum, dass Jesus Christus lebt. Es geht um das, was Jesus schon bei der Auferweckung des Lazarus dessen Schwester Martha verkündet hat (Joh. 11,25):

Jesus spricht zu ihr: Ich bin die Auferstehung und das Leben. Wer an mich glaubt, wer an mich glaubt, der wird leben, auch wenn er stirbt; und wer da lebt und glaubt an mich, der wird nimmermehr sterben.

Wieder und wieder bleiben wir Menschen mit unserer Sinneswahrnehmung gefangen in der Welt der Materie, der Welt unseres Körpers. Es interessiert uns brennend, was mit unserem Körper passiert, was mit ihm weiter passiert nach unserem Tod. So sind wir auch bei der Auferweckung des Lazarus nur und ausschließlich daran interessiert, was mit dem Körper des Lazarus passiert. Und auch bei der Auferstehung Jesu geht es uns vor allem darum, was mit seinem Körper passiert. Deshalb interessiert uns in erster Linie das leere Grab und die Berichte, in denen Jesus seinen Jüngern als Auferstandener in seinem Körper erscheint. Wir wollen das deshalb so genau wissen, weil es uns letztlich nur um unseren eigenen Körper geht, der ja eigentlich dazu bestimmt ist, im Grab zu verwesen. Gerade bei diesem – sehr diesseits bezogenen – Interesse kann uns die

Kirche aber nicht weiter helfen und vertröstet uns statt dessen mit dem Wort »Hoffnung«.

Natürlich ist Jesus Christus als »Gottessohn« auch der Herr über seinen physischen Körper. Für ihn ist es keine Schwierigkeit, den verstorbenen Leib erneut zu »manifestieren«, um mithilfe dieses Körpers seinen Jüngern zu erscheinen. Aus dem alten Indien werden uns ähnliche Geschichten berichtet. So beschreibt etwa Paramahansa Yogananda in seiner »Autobiographie eines Yogi«, dass er selbst miterlebte, dass der Hindu Heilige Swami Prabananda nicht nur Gedanken lesen konnte, sondern auch an einem anderen Ort einem anderen Menschen körperlich erschien, während er gleichzeitig weiterhin in seiner Wohnung anwesend war. Und in der Lazarus-Geschichte erfahren wir ja, dass Jesus auch einen schon Gestorbenen in seinem Leib auferwecken konnte. Im übrigen belegen uns die überlieferten Wundergeschichten der Evangelien ebenso, daß Jesus Herr über die materielle Welt war.

Um all das geht es in der Ostergeschichte nicht. Es ist auch keine Frage des Glaubens an die Auferstehung oder der Hoffnung auf eine Auferstehung. Sondern es geht um die Tatsache, dass Jesus Christus als wahrer Mensch am Kreuz stirbt und als wahrer Gott zum ewigen Leben aufersteht. Mitten in seinem vergänglichen irdischen Leben hat er bereits das ewige Leben in der Einheit mit dem Vater verwirklicht und realisiert. Die Mystik weiß seit je her: Bei seiner Geburt als Mensch, in der materiellen Form, ist Jesus als Gott »gestorben«. Bei seinem Tod in der materiellen Form ist er als Gott in der Welt des Formlosen auferstanden. Das entspricht auch der Botschaft, die er immer wieder seinen Jüngern und uns allen darlegt: Wer die Dualität hinter sich läßt und die Einheit mit dem Formlosen, mit dem Vater, verwirklicht, der **h a t** das ewige Leben, und zwar schon hier auf der Erde.

Deshalb geht es in der Ostergeschichte um Eines sicher nicht: Es geht nicht um unsere Hoffnung auf eine Auferstehung in unserem physischen Körper. Die Evangelische Kirche von Hessen und Nassau ist daher mit ihrer an alle Mitglieder verschickten Osterbotschaft 2021 »Ostern ist das Ende vom Ende« leider auf dem Holzweg! Sie hätte auch die entsprechende Website besser nicht »*osterhoffnung.de*« nennen sollen. Der physische Tod wird immer das Ende unserer physischen Existenz bleiben. Und Gethsemane und Jesu Leiden am Kreuz zeigen, dass er freiwillig alle ihm zugefügten Todesqualen erduldet und erlitten hat. Aber genauso real ist das ewige Leben in der Einheit mit dem Vater, in der Welt des Formlosen. In der Nachfolge Christi können wir erfahren, wie dieses ewige Leben in der Einheit mit dem Formlosen sich anfühlt. In der Nachfolge dürfen wir lernen und erfahren, wie es ist, ein Teil des Ganzen zu sein, anstatt uns als eine getrennte, begrenzte und eigenständige »Persönlichkeit« zu fühlen, die ihre vermeintlichen Eigeninteressen über alles andere stellt. Als Teil des Ganzen dürfen wir uns fühlen wie ein Baum, der zwar irgendwann abgeholzt wird, der aber immer ein Teil dieses pulsierenden Lebens bleiben wird. Für zweihundert Jahre und länger war eine große Buche konstituierender Teil eines wunderbaren Hochwaldes. In zahllosen Samen hat sie das Leben weitergegeben und Tieren Nahrung gegeben. Mit ihren Wurzeln war sie integrierender, helfender und stützender Bestandteil eines Netzes von anderen Baumwurzeln. Und noch ihr Stammholz wird als Bauholz für Häuser weiterverwendet. Und noch die Reste ihres Stammes dienen als »Tot-Holz« dem Fortbestand des Lebens im Wald. Jeder Baum könnte uns zeigen, wie es sich anfühlt und was es bedeutet, schon hier auf der Erde Teil des Ewigen Lebens zu sein. Er weiß, daß er so groß und üppig wie möglich werden soll, um seinen Lebensplan zu erfüllen. Er wächst genau in der Nische im Wald, die für ihn bestimmt ist.

Nie käme es für ihn in Frage, zehn Meter höher zu wachsen als alle anderen Bäume, und dafür den Nachbarbäumen das »Wasser abzugraben«. Er lebt im ewigen Hier und Jetzt, er lebt so, wie es der »Vater« für ihn vorgesehen hat. Genau das meint Jesus, wenn er uns die »Lilien auf dem Felde« als Vorbild nennt, die nicht säen und ernten und doch vom Vater im Himmel ernährt werden. Immer geht es um die Ostergeschichte, um das Bewußtwerden unseres Lebens im ewigen Hier und Jetzt.

(9) Wiedergeburt aus Wasser und Geist

Als eine weitere Schlüsselstelle wollen wir das Gespräch Jesu mit Nikodemus betrachten (Joh. 3,1-21). Der Pharisäer Nikodemus gehört, wie uns das Evangelium berichtet, zu den »Oberen der Juden«. Anders als seine Glaubensgenossen ist er offen für die Lehre Jesu. Er will fernab von der Öffentlichkeit (bei Nacht) ein ernsthaftes Gespräch mit Jesus führen. Während Jesus sonst versuchen muß, seine Botschaft dem ungebildeten Volk, den ernsthaften wie den nur neugierigen Zuhörern zu vermitteln, kann er hier offen mit einem »Fachmann« reden. Hier gibt es kein Vorgeplänkel, es geht vielmehr um den Kern der Botschaft Jesu. Ohne Zögern erkennt Nikodemus Jesus als Lehrer an, der den Juden von Gott gesandt ist. Es geht sofort wieder um die Kernfrage: Wie kann der Mensch ins Reich Gottes kommen, wie kann er Frieden finden vor Gott? Jesus antwortet klar und ebenfalls ohne zu zögern:

Wahrlich, wahrlich, ich sage dir: Es sei denn, dass jemand von neuem geboren werde, so kann er das Reich Gottes nicht sehen.

Nikodemus kann das nicht verstehen. Er ist zwar ein Theologe, bezieht aber immer noch Jesu Worte auf den Bereich der physischen Welt der Dualität. Er ahnt zwar, dass Jesus eine erneute physische Geburt nicht gemeint haben kann, ist aber ratlos, wie er Jesu Worte denn sonst verstehen soll. Erneut versucht Jesus, dem Nikodemus den Weg des Menschen in die Einheit mit Gott zu verdeutlichen, indem er das Bild einer »geistigen Neugeburt« verwendet.

Jesus antwortete: Wahrlich, wahrlich, ich sage dir: Es sei denn, daß jemand geboren werde aus Wasser und Geist, so kann er nicht in das Reich Gottes kommen. Was vom Fleisch geboren ist, das ist Fleisch; und was vom Geist geboren ist, das ist Geist. Der Wind bläst, wo er will, und du hörst sein Sausen wohl; aber du weißt nicht, woher er kommt und wohin er fährt. So ist es bei jedem, der aus dem Geist geboren ist. Nikodemus antwortete und sprach zu ihm: Wie kann dies geschehen? Jesus antwortete und sprach zu ihm: Bist du Israels Lehrer und weißt das nicht? Wahrlich, wahrlich, ich sage dir: Wir reden, was wir wissen, und bezeugen, was wir gesehen haben; ihr aber nehmt unser Zeugnis nicht an. Glaubt ihr nicht, wenn ich euch von irdischen Dingen sage, wie werdet ihr glauben, wenn ich euch von himmlischen Dingen sage?

Dieser Dialog ist deshalb so bedeutsam, weil er die einzige überlieferte Unterredung zwischen Jesus und einem Schriftgelehrten beschreibt, die konstruktiv und ernsthaft geführt wird. Hier braucht Jesus nicht auf eine Gleichnis-Geschichte zurück zu greifen, um seine Lehre deutlich zu machen. Er versucht vielmehr, Nikodemus die Botschaft des Evangeliums, die »Frohe Botschaft«, mit den Begriffen und Metaphern zu überbringen und zu beschreiben, die den Theologen bekannt und geläufig sind. Und Nikodemus ist zutiefst daran interessiert,

Jesu Botschaft zu verstehen. Er fragt nach, wieder und wieder. Und Jesus wendet sich ihm zu und geht auf ihn ein.

Der zentrale Begriff, den Jesus verwendet ist der Begriff der »Wiedergeburt« des Menschen, die erforderlich ist, um das Reich Gottes »sehen« zu können. Daraus wird sofort klar, daß der Mensch so, wie er jetzt in der dualen Welt des Verstandes lebt, das Reich Gottes nicht »sehen kann«. Das Reich Gottes, das Himmelreich, ist zwar »da«, d.h. schon im Hier und Jetzt da, aber der Mensch, der in seinem dualen Weltverständnis gefangen ist, kann es nicht sehen. Wichtig ist auch, dass Jesus hier nicht davon spricht, wie man in das Himmelreich »hineinkommen kann«. Bei den einfachen Menschen auf der Straße, die Jesus für gewöhnlich zuhören, verwendet er den Begriff des »Hineinkommens«. Sie sind so gewohnt, in physischen Begriffen zu denken, dass sie etwas »zum Anfassen« brauchen. Sie möchten in das Himmelreich »hineinkommen«. Wenn Jesus versuchen würde ihnen zu erklären, dass das Himmelreich ein Reich des Formlosen, ein Reich der »Leerheit« ist, so wäre die Unterweisung wohl schnell wieder an der Barriere des Unverständnisses angelangt.

Auch Nikodemus will mit seiner Nachfrage geklärt wissen, dass Jesus den Begriff der Wiedergeburt ja wohl nicht physisch gemeint haben kann. Zwar weiß er es schon, aber er fragt doch noch einmal nach. Was hier beim Lesen oder in einer Predigt so naiv und unbedarft klingt – weil wir es ja alle schon wissen, dass eine physische Wiedergeburt unvorstellbar ist – verdeutlicht ein für allemal den zentralen Punkt der Botschaft Jesu: Es geht Jesus nie um das physische, um den physischen Körper, um die Auferstehung des physischen Körpers! Es geht Jesus vielmehr um das Himmelreich, um das Formlose, und letztlich um die Einheit mit dem Vater. Diese Einheit können wir nur im Inneren entdecken und erfahren, in uns selber! Nur wenn die EGO-Persönlichkeit Schritt für Schritt abstirbt und uns einfach nicht mehr wichtig ist, kann das Reich Gottes, die innere Einheit mit dem Vater, in uns lebendig werden.

Deshalb spricht Jesus von einer »Geburt aus Wasser und Geist«. Diese Geburt ist ein langer Prozeß. Es braucht zunächst das »Wasser der Reinigung«, das symbolisiert wird im Wasser der Taufe. Diese Reinigung ist oft ein langwieriges und mühsames Vorstadium der Wiedergeburt. Immer wieder haben wir zwar eine Ahnung von der Einheit mit Gott, fallen aber zurück in unser duales Verständnis von der »Abgrenzung des EGO«. Unsere wohldefinierte, nach außen abgegrenzte EGO-Persönlichkeit überlebt alle Predigten. Sie tut vielleicht sogar viele »gute Werke«, wird dadurch aber nur noch stärker, weil sie sich bestätigt fühlt. Dann kommt wieder der Spruch eines anderen Pharisäers zum Tragen: Ich danke dir Gott, dass ich nicht so bin wie dieser da. Erst wenn das Wasser der Reinigung unsere letzten Verstrickungen und Verhaftungen weg gewaschen hat, kann in der inneren Stille Gott neu geboren werden in uns. Das ist auch gemeint, wenn die Zen-Schüler in den »vier großen Gelübden« immer wieder neu beten: »Grenzenlos sind eitle Verhaftungen. Ich gelobe, sie alle zu lassen«.

Die Mystik weiß um diese Wiedergeburt, um diese Geburt Gottes in uns, die sich »im Geist« vollzieht. Manchmal wird sie auch beschrieben als »Die Vollendung unserer Geburt«, oder als »Erleuchtung«, oder »Erwachen«. Zu allen Zeiten und in allen Religionen haben Mystiker diese Wiedergeburt, diese Geburt Gottes in der Seele des Menschen beschrieben und besungen. Oft sind dabei die Worte, die sie gebrauchen, sehr rätselhaft und erscheinen so abgehoben, als wären sie »von einer anderen Welt«. Und es ist in der Tat so: Sie sind von einer anderen Welt, sie tönen herüber aus dem Himmelreich, aus dem Reich Gottes, und wir vernehmen sie in unserer dualen Wahrnehmungswelt als fremd und unverständlich. Und dennoch beruhen diese Erzählungen auf persönlicher Erfahrung und sind deshalb vollkommen »realistisch«. Sie werden uns so lange unverständlich bleiben, bis wir diese Reinigung und Wiedergeburt selber »am eigenen Leib« erlebt haben. Beispielhaft seien hier einige Verse von christlichen Mystikern zitiert.

So schreibt Angelus Silesius (1624-1677):

Gott wohnt in einem Licht,
zu dem die Bahn gebricht.
Wer es nicht selber wird,
der sieht ihn ewig nicht.

Und an anderer Stelle:

Wär Christus tausendmal in Bethlehem geboren,
und nicht in dir,
du bliebest doch in alle Ewigkeit verloren.

Der heilige Johannes vom Kreuz (1542-1591) schreibt:

Ich trat ein und wußt' nicht wo,
und ich blieb auch ohne Wissen,
alles Wissen übersteigend.
Wo ich eintrat, wußt' ich nicht.
Doch als ich mich dort gewahrte,
ohne Kenntnis meiner Bleibe,
hörte ich von großen Dingen.
Was ich hörte, sag ich nicht.
Blieb ich doch ganz ohne Wissen,
alles Wissen übersteigend.

Frieden war's mit Gott und Welt,
wovon ich zutiefst erfuhr
ganz allein in meinem Herzen.
Klar ward mir der rechte Weg.
Alles war so voll Geheimnis,
dass ich nur noch stammeln konnte,
alles Wissen übersteigend.

Und Johannes Tauler (1300-1361) schreibt:

Der Mensch lasse die Bilder der Dinge
ganz und gar fahren
und mache und halte seinen Tempel leer.
Denn wäre der Tempel entleert,
und wären die Fantasien.
die den Tempel besetzt halten, draußen,
so könntest du ein Gotteshaus werden,
und nicht eher, was du auch tust.
Und so hättest du den Frieden deines Herzens und Freude,
und dich störte nichts mehr von dem,
was dich jetzt ständig stört,
dich bedrückt und dich leiden läßt.

Doch das Gespräch geht noch weiter mit zwei Aussagen Jesu, die fast paradox erscheinen mögen. Jesus erklärt Nikodemus zunächst, dass die geistige Wiedergeburt, das Erwachen des Menschen zum Reich Gottes, mit unseren menschlichen Begriffen schwer zu beschreiben und schwer fassbar ist. Er erläutert es am Beispiel des Windes, der »bläst wo er will«. Auch der Wind ist schwer fassbar, er kann nicht irgendwo »festgemacht werden«. Und dennoch ist die Existenz, die Kraft und manchmal auch die Urgewalt des Windes einem jeden Menschen einsichtig. Nikodemus reagiert auf die Beschreibung Jesu mit Unverständnis (Wie kann das geschehen?). Daraufhin zeigt sich Jesus zurecht verwundert, dass Nikodemus als »Israels Lehrer« die geistige Wiedergeburt, das Erwachen des Menschen zum Reich Gottes, noch gar nicht kennengelernt hat. Es zeigt sich hier, dass Nikodemus, der Lehrer, zwar auf einem Haufen verstandesmäßigen theologischen Wissens sitzt, dass sich auf die Historie Israels und die einzuhaltenden gesetzlichen Regeln bezieht, dass er andererseits aber keine lebendige Beziehung zum Reich Gottes, zur »Welt des Vaters« hat.

Nun folgt die zweite Aussage Jesu, die für unseren Verstand seltsam paradox erscheint. Zwar läßt sich die geistige Wiedergeburt einerseits nur schwer oder gar nicht in Worte fassen, doch ist sie andererseits eine ganz konkrete Erfahrung für diejenigen, die sie erleben. Der Erwachte, Erleuchtete, Geistig Wiedergeborene weiß genau, was ihm widerfahren ist und er kann es bezeugen und (zumindest) versuchen es zu beschreiben. Auch wenn der Wind, der Sturm der geistigen Wiedergeburt schwer faßbar ist, verweist Jesus dennoch auf die Tiefe seiner Erfahrung:

Wahrlich, wahrlich, ich sage dir: Wir reden, was wir wissen, und bezeugen, was wir gesehen habe; ihr aber nehmt unser Zeugnis nicht an.

Jesus beschreibt mit diesen Worten das grundlegende Paradoxon der mystischen Spiritualität, dass alle Mystiker kennen. Man kann es etwas ausführlicher und damit vielleicht verständlicher für unsere heutigen Ohren so formulieren:

»Ich habe eine tiefe geistige Erfahrung gemacht, die ich Erwachen, Erleuchtung, geistige Wiedergeburt nenne. Ich kann dir diese Erfahrung mit meinen Worten zu beschreiben versuchen, doch diese Beschreibung nützt dir nichts. Du kannst sie nur verstehen, wenn du selbst, eigenständig, diese Erfahrung auch erlebst.«

Persönlicher Exkurs: Für mich schließt sich an dieser Stelle der Nikodemus-Geschichte auch der Kreis meiner persönlichen Erfahrung mit der christlichen Lehre. In meiner Familie, die auf der väterlichen Seite tief im pietistischen Christentum verwurzelt war, habe ich niemand getroffen, der mir die Erfahrung der geistigen Wiedergeburt, von der Jesus spricht, hätte vermitteln können. Auch in der Kirche und im CVJM, die ich fleißig besuchte, habe ich niemand getroffen, der mir die Lehre Jesu hätte erklären können. Alle, die ich traf, nahmen das Christentum sehr ernst und hatten ihre eigene Auslegung davon, was man »glauben« müsse, könne oder dürfe. Nie werde ich eine der zahllosen theologischen Diskussionen vergessen, die anfangs der 1960er Jahre auf einer jährlichen, familiären Geburtstagsfeier in Unterwilden stattfand. Es ging um das »wahre Christentum« und die damit verbundene Frage, wer zum Heiligen Abendmahl »zugelassen« werden könne. Meinem Onkel Karl ging es um die Ernsthaftigkeit des Glaubens, die er in dem Satz zusammenfaßte: »Man muß einen lebendigen Heiland haben!« Meinem Vater, der mehr als »Freigeist« galt, war diese Formulierung zu eng und zu vage. Für ihn war Gott etwas Geistiges, dass man nicht konkrete menschliche Begriffe kleiden konnte. Hierüber wurde mit großer Intensität diskutiert, Man sollte vielleicht präziser sagen: Es war ein empörter Streit, der bis an den Rand einer Entzweiung ging. Ich habe daraus nur eine Konsequenz gezogen: Ich muß meinen eigenen Weg gehen und selbst herausfinden, was »hinter« den Begriffen steckt. Mein Weg führte mich über die Lehre von Yogananda und die Esoterik zum Weg des ZEN und zu meinem Lehrer Willigis Jäger. Für Jahrzehnte habe ich dabei das Christentum

»links liegen lassen«. Umso mehr freue ich mich jetzt über die Erkenntnis, dass alle inneren Wege zum gleichen Ziel führen. Wichtig ist deshalb nur, dass man geht und nicht stehen bleibt wie der sprichwörtliche »Ochse vor dem Berg«.

(10) Die geistige Welt

Das Neue Testament spricht an vielen Stellen von Engeln, Bösen Geistern, Dämonen und dem Teufel. Die Mystik faßt solche »Geistwesen« zusammen unter dem Begriff »Geistige Welt«. Die Menschen können diese Geistwesen mit den Sinnen nicht wahrnehmen, weil sie – physikalisch gesprochen – in einem ganz anderen Frequenzbereich zuhause sind. Über die Jahrhunderte hinweg führte diese »Nicht-Wahrnehmbarkeit« zu vielen Ängsten und zu einem Verweis der geistigen Kräfte und Wesen ins Reich der Phantasie und der Legenden. Nur in der Kunst und der Architektur der Kirchen behielten sowohl die Engel wie auch böse »Geister und Dämonen« ihren festen Platz. Im Zuge der Aufklärung hielten die Menschen dann die biblischen Berichte zu diesem Thema für völlig »aus der Luft gegriffen«. In großer Naivität und aus einem Dünkel des Besser-Wissens heraus entwickelte sich zunehmend die Auffassung, dass nur materielle, mit den menschlichen Sinnen beobachtbare Phänomene »wirklich und real« wären. Zwar wurden die Wissenschaftler selbst, durch die Entdeckung der physikalischen Kräfte und die Entwicklung der Quantenphysik, schnell eines besseren belehrt. Auch der Aufstieg der Psychoanalyse und die Entdeckung der tieferen seelischen Ebenen des menschlichen Wesens legten es nahe, die biblischen Berichte über die geistige Welt wieder aus der Vergessenheit zu holen. Wir wissen heute zudem, dass die Tiere und Pflanzen in ihrer eigenen »Wahrnehmungswelt« leben, weil ihre Sinnesorgane in anderen Frequenzbereichen arbeiten.

In unserer heutigen materialistisch eingestellten Epoche sind wir schließlich in der schlechtesten aller Welten angekommen. Wir stoßen zwar überall auf nicht mit unseren Sinnen wahrnehmbare physikalische Phänomene und können sie sogar mathematisch und experimentell beweisen. Sie gehören damit zum gesicherten menschlichen Wissen. Dennoch bleiben sie für die breite Mehrheit der Bevölkerung etwas, was man sich »nicht erklären kann«, weil sich mathematische Beweise ohnehin einem breiteren Verständnis entziehen. Übrig bleiben gelegentliche Erklärungsversuche von Harald Lesch, die jedoch an der dünkelhaften Illusion, dass nur das materiell sichtbare real sei, nicht wirklich etwas ändern.

Andererseits häufen sich in in den letzten Jahrzehnten Veröffentlichungen von Menschen, die sogenannte »übersinnliche« Wahrnehmungen haben, die in Kontakt mit Wesen aus der geistigen Welt stehen, oder denen Nahtod-Erfahrungen kurze, intensive Wahrnehmungen aus der geistigen Welt ermöglicht haben. In den meisten Fällen hat sich ihr Leben durch diese Kontakte und Wahrnehmungen dauerhaft verändert. In vielen Fällen gehen solche Kontakte und Erfahrungen auch mit Heilungen von schweren Krankheiten einher und/oder sind durch medizinische Befunde und exakte Aufzeichnungen sehr gut dokumentiert. Deshalb ist es hohe Zeit, dass immer mehr Menschen offener werden und ihr Weltbild im Hinblick auf die geistige Welt erweitern. In unserer heutigen Internetwelt liegen die Informationen dazu buchstäblich »auf der Straße«. Ein Weg dorthin wäre, einfach bei Youtube nach »Nahtoderlebnissen« zu suchen.

Statt über eigene Erlebnisse zu berichten, möchte ich an dieser Stelle nur kurz einen Blick auf zwei Bibelstellen richten, die immer am Rand der Verkündigung gestanden haben und von der Theologie wenig beachtet wurden, die uns aber einen Ausblick auf die Realitäten der geistigen Welt geben können. In der allseits bekannten Weihnachtsgeschichte in Lukas 2 wird über die Engelerlebnisse der Hirten wie folgt berichtet:

Und der Engel des Herrn trat zu ihnen und die Klarheit des Herrn leuchtete um sie; und sie fürchteten sich sehr. Und der Engel sprach zu ihnen: Fürchtet euch nicht! Siehe, ich verkündige euch große Freude, die allem Volk widerfahren wird; denn euch ist heute der Heiland geboren, welcher ist Christus, der Herr, in der Stadt Davids. Und das habt zum Zeichen: Ihr werdet finden das Kind in Windeln gewickelt und in einer Krippe liegen. Und alsbald war da bei dem Engel die Menge der himmlischen Heerscharen, die lobten Gott und sprachen: Ehre sei Gott in der Höhe und Friede auf Erden bei den Menschen seines Wohlgefallens. (Die Übersetzung von Luther »den Menschen ein Wohlgefallen« ist nicht korrekt und im heutigen offiziellen Text korrigiert)

Wie oft haben wir alle diesen Text gehört und gelesen. Vielen wird es wohl so gehen wie mir. Ich habe den Text über die »Engelerscheinung der Hirten« immer gerührt und wie selbstverständlich hingenommen, ohne mir über die Bedeutung dieser Engelerscheinungen jemals groß Gedanken zu machen. Heute erkenne ich die Realität, die hinter diesem Bericht steht. Es handelt sich eben nicht um ein Märchen, das nur bei Lukas so beschrieben wird und deshalb durch den theologisch geschulten Verstand zu relativieren ist. Es ist vielmehr der Bericht über eine Erscheinung aus der geistigen Welt, die sich in unserer Welt der Sinneswahrnehmungen manifestiert. Wenn der Text sagt: » *...und die Klarheit des Herrn leuchtete um sie«*, dann ist das dieselbe Klarheit, dasselbe Licht, das auch in zahllosen Nahtod-Erfahrungen beschrieben wird. Es ist auch die selbe Klarheit, dasselbe göttliche Licht, das die Jünger auf dem Berg Tabor bei der Verklärung Christi sehen. In Matth. 17 heißt es dazu:

Und nach sechs Tagen nahm Jesus mit sich Petrus und Jakobus und Johannes, dessen Bruder, und führte sie allein auf einen hohen Berg. Und er wurde verklärt vor ihnen, und sein Angesicht leuchtete wie die Sonne, und seine Kleider wurden weiß wie das Licht.

Immer wieder finden wir in der Bibel dieses göttliche Licht. So auch in der Auferstehungsgeschichte, als der Engel des Herrn erscheint und den Stein vom Eingang des Felsengrabs wegrollt (Matth. 28,2):

Und siehe, es geschah ein großes Erdbeben. Denn der Engel des Herrn kam vom Himmel herab, trat hinzu und wälzte den Stein weg und setzte sich darauf. Seine Gestalt war wie der Blitz und sein Gewand weiß wie der Schnee.

Es zeigt sich also: Erscheinungen der geistigen Welt hier auf der Erde gibt es in den Berichten der Bibel immer wieder. Und immer wieder sind sie verbunden mit Erscheinungen des strahlenden göttlichen Lichts. So auch bei der Bekehrung des Saulus zum Paulus. In Apg. 9,3 wird uns dazu berichtet:

Als er aber auf dem Wege war und in die Nähe von Damaskus kam, umleuchtete ihn plötzlich ein Licht vom Himmel; und er fiel auf die Erde und hörte eine Stimme, die sprach zu ihm: Saul, Saul, was verfolgst du mich? Er aber sprach: Herr, wer bist du? Der sprach: Ich bin Jesus, den du verfolgst.

Wieder erscheint das göttliche Licht. Die Erscheinung ist von so blendender Helligkeit, dass Saulus zeitweise erblindet, so wie er lange Zeit in symbolischer Bedeutung blind gewesen war für die Botschaft von Christus.

Doch wann immer die Engel der geistigen Welt in Erscheinung treten, geht es nicht nur um die Klarheit des göttlichen Lichts, sondern auch um Umsetzung des göttlichen Willens und die Ausübung seiner Macht über die duale Welt. Es wird uns immer wieder berichtet, dass Engel einen göttlichen Auftrag hatten und diesen Auftrag erfüllen. So etwa bei der Ankündigung der Geburt Jesu, als ein Engel der Maria erscheint und ihr die Geburt eines Sohnes ankündigt. Die Engel in der Weihnachtsgeschichte jubeln nicht nur über die Geburt Christi, sie weisen auch den Hirten den Weg zur Krippe. Der Engel am leeren Grab wälzt den Stein von des Grabes Tür und belehrt die Frauen über die Auferstehung Christi. Allgemeiner könnte man sagen, dass die Wesen und Kräfte der geistigen Welt den Dienst leisten, den Willen Gottes in der dualen Welt der Menschen umzusetzen.

Dazu gehört auch und vor allem die Schutzfunktion der Engel, die schon vom Sänger des Psalms 91 in so wunderbarer Weise beschrieben wird:

Es wird dir kein Übel begegnen,
und keine Plage wird sich deinem Hause nahen.
Denn er hat seinen Engeln befohlen,
daß sie dich behüten auf allen deinen Wegen,
daß sie dich auf Händen tragen
und du deinen Fuß nicht an einen Stein stoßest.

Diese Verse drücken ein kindliches, abgrundtiefes Vertrauen aus. Jeder Mensch kann sich in diesem Vertrauen auf die göttlichen Kräfte geborgen fühlen. Diese schützende Kraft bezeichnen wir in der Sprache des Volksmunds ja auch als »Schutzengel«. So tief dieses Vertrauen auch ist – es darf jedoch nicht darüber hinweg täuschen, dass der Mensch letztlich die Eigenverantwortung für sein Leben trägt. Bildlich gesprochen könnte man sagen: Der Schutzengel schützt den Menschen, soweit er geschützt werden will, ja häufig sogar im Stadium der Unbewußtheit. Wir haben jedoch die Freiheit, für unser Leben selbst zwischen den Polen der dualen Welt zu wählen. Diese Freiheit umfaßt auch die Möglichkeit, sich bewußt gegen Gott und seinen Schutz zu entscheiden. In den Sach- und Worterklärungen der Herausgeber am Ende des offiziellen Bibeltextes findet sich zum Thema »Engel« auch der Satz: »Daneben finden sich gottfeindliche Engelmächte, böse Gestirn- und Elementargeister (Mächte der Welt=des Kosmos), die von Menschen Verehrung empfangen oder ihnen gefährlich werden können. Christus hat diese Mächte besiegt.«

Es ist medial begabten Menschen möglich, in einem tief entspannten Zustand mit Engelwesen in Kontakt zu treten. Ich selber habe das Glück gehabt, über einen medialen Menschen eine Botschaft meines Schutzengels zu erhalten. Ich bin deshalb weit von jeglicher Skepsis gegenüber der geistigen Welt entfernt, weil ich weiß, dass sie schlicht auf Unkenntnis beruht. Andererseits sollten wir immer im Auge behalten, dass die physischen Barrieren unserer Sinneswahrnehmung zu unserer irdischen Existenz dazu gehören und auch zu unserem Schutz da sind. Wir sind auf diese Erde geboren, um hier unser Leben zu leben und die Erfahrungen zu machen, die wir uns für diese Existenz vorgenommen haben und die dem göttlichen Plan entsprechen. Ein Kontakt zu anderen Welten ist ein großes zusätzliches Geschenk, nicht mehr. Warum sollten wir unseren begrenzten Verstand ausgerechnet mit

Dingen befassen, für deren Wahrnehmung und Analyse er nicht geschaffen ist?

(11) Jüngstes Gericht

Über Jahrhunderte hinweg wurden die Christen von ihrer eigenen Kirche gefangen gehalten in der Schreckensvorstellung eines »Jüngsten Gerichts«, das sie möglicherweise verdammt zu einem Aufenthalt in der Hölle. Diese Vorstellung hat es sogar bis ins Glaubensbekenntnis »geschafft« und hat viele Menschen aus der Kirche getrieben. Leider haben viele Künstler schon seit dem Mittelalter mit und im »Welten-Gericht« ein dankbares Thema gefunden und haben es in schreienden Farben und Motiven ausgemalt und dargestellt. Durch diese Darstellungen und Vorstellungen und durch die entsprechenden Lehren der Kirche ist im kollektiven Gedächtnis der Menschheit unendlich viel Angst erzeugt worden. Die Kirche hat diese Ängste seit Jahrhunderten ausgenutzt, um sich selber Autorität, Einfluß, Macht und Geld zu verschaffen. Sie hat damit nicht nur zu Zeiten der Reformation sondern bis heute in schlimmster Weise gegen ihren Auftrag verstoßen, der darin besteht, den Menschen die »Frohe Botschaft« des Evangeliums zu verkünden.

Zu diesen drastischen Fehlentwicklungen konnte es nur kommen, weil in zwei verschiedenen Bibelstellen zwei vollkommen voneinander abweichende Vorstellungen über ein sogenanntes »jüngstes Gericht« überliefert sind. Es gibt einmal die »naive« Fehlinterpretation im Matthäus Evangelium (Kap. 25,31ff), die leider über die Jahrhunderte hinweg die kirchliche Lehre geprägt hat. Zum andern gibt es die »aufgeklärte«, von tiefem inneren Erleben geprägte Darstellung im Johannes Evangelium

(Joh. 3,19-21), die uns die wahre Lehre Jesu Christi übermittelt. Letztere stimmt – wie könnte es anders sein – vollständig überein mit den zig-tausenden Berichten von Nahtod-Erfahrungen, die uns heute vorliegen. Auch die Lehren anderer Kulturen, wie etwa des tibetischen Buddhismus, die viel tiefere und weitergehende Erfahrungen mit dem Prozeß des Sterbens gemacht haben als unsere Kultur, stimmen in der Substanz mit dem Text im Johannes Evangelium überein. Aus meiner Sicht unterstützt dieser Befund die Auffassung einiger Vertreter der christlichen Mystik, dass nur Johannes selbst eine tiefe Erleuchtung erfahren hat. Er ist damit die authentische Quelle für die wahre Lehre Jesu Christi.

Die naive Darstellung des Matthäus hat in doppelter Hinsicht einen verheerenden Schaden angerichtet. Zum einen hat sie eine wahrhaft apokalyptische Drohkulisse errichtet, die Menschen über Jahrhunderte hin in Angst und Schrecken versetzt hat. Da ist die Rede von Hölle und Verdammnis, vom »ewigen Feuer« in das die »Verdammten« stürzen werden, zusammen mit dem »Teufel und seinen Engeln«. Die mittelalterlichen Künstler taten ein Übriges, wenn sie in ihren Bildern die Folterqualen im Detail darstellten. Da stehen Zangen aus rotglühendem Eisen ebenso bereit wie überdimensionale Kessel, in denen die Verdammten gekocht werden. Garniert wird das Bild mit den Fratzen der Teufel und bösen Geister. Sicher hätte selbst ein moderner Mensch bei solchen Aussichten lieber einen Ablass-Brief erworben, wie teuer er auch sei. Zum anderen wird in dem Text aus Matthäus 25 aber auch einer völlig entstellten Form sogenannter »Werk-Gerechtigkeit« das Wort geredet. In aller Kürze und Schärfe behauptet der Text, dass alle diejenigen in den Himmel kommen und dem »Gericht« entgehen, die in ihrem Leben »Werke der Nächstenliebe« vollbracht haben. Hierzu zählen insbesondere: die Speisung von Hungernden, die Aufnahme von Fremden und der Besuch von Kranken und Gefangenen. So einfach soll das also sein: Hast du eine (oder mehrere?) gute Tat(en) vollbracht, so kommst du in den Himmel. Wie wäre wohl nach diesem Text der »verlorene Sohn« behandelt worden?

Die Evangelische Kirche ist heute im Grundsatz von diesen naiven Vorstellungen abgerückt. Auf dem Portal **ekd.de** ist zum Thema Jüngstes Gericht ein viel vorsichtigerer und distanzierterer Text zu lesen: »Mit der Vorstellung vom Jüngsten Gericht ist die Hoffnung verbunden, dass sich Gerechtigkeit gegen das herrschende Unrecht durchsetzt. Die Vorstellung geht auf die Propheten im AT zurück, die ein Gottesgericht über das israelische Volk beziehungsweise über alle Menschen ankündigen. Auch das NT geht davon aus, daß der Mensch irgendwann Rechenschaft für sein Leben ablegen muß …« Auch in der damit verbundenen Frage der »Prädestination« bleibt der offizielle Text der EKD eher vorsichtig und vage:

»Frage: Ist vorherbestimmt, ob man erlöst oder verdammt wird? Antwort: Wenn der Mensch nicht durch das eigene Zutun vor Gott gerecht sein kann, sondern sein Heil allein von Gottes Gnade abhängt, dann muß es logischer weise auch Gott sein, der ihn zum Heil vorbestimmt – oder für die ewige Verdammnis. Aber verhält es sich wirklich so? Der Wittenberger Reformator Martin Luther hat sich bei dieser Frage nicht festlegen wollen. Der Mensch kenne Gottes Ratschluß eben nicht. Der Genfer Reformator Johannes Calvin dagegen lehrte, daß Gott in seinem ewigen Ratschluß vorherbestimme, wer erlöst und wer verdammt werde. Heute erscheint die Prädestinationslehre sehr spekulativ. … In den vergangenen Jahrzehnten haben evangelische Theologinnen und Theologen die sogenannte Allversöhnungslehre wieder neu diskutiert. Sie besagt, daß Gott alle Menschen am Ende erlösen wird. Die christliche Hoffnung ist universal und gilt allen Menschen, auch denen, die nicht an Jesus Christus glauben ....«

Dieser Text, die offizielle Meinung der EKD, spiegelt aus meiner Sicht eine übergroße Unsicherheit wider, die alles andere ist als die Verkündung einer klaren Botschaft. Er zeigt zugleich das alte Dilemma jeder Theologie: Ihr bleibt gar nichts anderes übrig, als zu versuchen mit den begrenzten Mitteln des menschlichen Verstandes Aussagen zu treffen über Zusammenhänge, die für den Verstand gar nicht zugänglich sind. Geheilt werden könnte dieses Dilemma durch die tiefergehende Intuition und Glaubenserfahrung der Theologen, aus der heraus zumindest Fingerzeige kommen könnten, die für den Zuhörer vertrauenswürdig sind. Leider ist jedoch bei fast allen Theologen eine auf Intuition und mystischen Erfahrungen gründende Sicherheit gar nicht vorhanden. Häufig nehmen auch die Überbringer der frohen Botschaft für sich in Anspruch, zweifeln zu dürfen und unsicher zu sein. Dann wird der Begriff der Hoffnung immer wieder zu einem »rettenden Strohhalm« umfunktioniert.

Ganz anders im Text des Johannes-Evangeliums. Hier wird mit Tiefe und aus einer sicheren Erfahrung heraus gesprochen. Dieser Text bleibt nicht in immer neuen grauenhaften Zerrbildern der menschlichen Phantasie stecken, sondern verkündet die tiefere Wahrheit der Botschaft Christi, die sich nur demjenigen erschließt, der sich – wie Johannes – auf einen mystischen Erfahrungsweg begeben hat. Dieses tiefere, erleuchtete Verständnis der Lehre Jesu christi verkündet Johannes hier (Kap. 3, 16ff):

Denn also hat Gott die Welt geliebt, daß er seinen eingeborenen Sohn gab, damit alle, die an ihn glauben, nicht verloren *werden, sondern das ewige leben haben. Denn Gott hat seinen Sohn nicht in die Welt gesandt, daß er die Welt richte, sondern daß die Welt durch ihn gerettet werde. **Wer an ihn glaubt, der wird nicht gerichtet; wer aber nicht glaubt, der ist schon gerichtet, denn er glaubt nicht an den Namen des eingeborenen Sohnes Gottes. Das ist aber das Gericht, daß das Licht in die Welt gekommen ist, und die Menschen liebten die Finsternis mehr als das Licht, denn ihre Werke waren böse. Wer Böses tut, der haßt das Licht und kommt nicht zu dem Licht, damit seine Werke nicht aufgedeckt werden. Wer aber die Wahrheit tut, der kommt zu dem Licht, damit offenbar wird, daß seine Werke in Gott getan sind.***

Dieser Text ist der zweite Teil des Gesprächs Jesu mit Nikodemus, dass wir schon kennengelernt haben. Diesmal geht es nicht um die »Wiedergeburt aus Wasser und Geist«, sondern um das ebenso zentrale Thema des »Gerichts« über das Leben des Menschen, welches dem Pharisäer Nikodemus aus dem alten Testament sehr wohl geläufig ist. Hier ist es auch nicht Gott, der sich als »Weltenrichter« die Taten des Menschen in irgendeiner fernen Ewigkeit anschaut und sein Urteil fällt. Gott möchte vielmehr, dass die Menschen in ihrem irdischen Leben dazu vorstoßen, schon hier und heute das göttliche Licht und die göttliche Wahrheit zu entdecken und danach zu leben, d.h. sie in ihrem eigenen Leben zu verwirklichen. Um diese Botschaft zu überbringen hat Gott eigens seinen eingeborenen Sohn auf die Welt gesandt. Gott will seinen Geschöpfen helfen, aus der Dunkelheit der materiellen Welt, aus der Dunkelheit der Dualität und des Verstandes zurück zu finden in die Welt der göttlichen Einheit, in die Welt des Formlosen, in das Reich Gottes, das »Ewige Leben«, den Himmel. Schließlich ist Gott der »Vater« des Menschen, der Schöpfer, der Vater des Verlorenen Sohnes, der seinen Sohn über alles liebt. Gottes Welt ist die Welt der göttlichen Liebe, der alles umfassenden Agape. Gott wendet sich in seinem Sohn uns Menschen zu! Er unternimmt in Jesus Christus einen neuen Anlauf, um uns auf den Weg hinzuweisen, der zu IHM führt, der in das Licht und in die Wahrheit führt. Gott steht an der Tür unseres Herzens und klopft an. Er bittet uns und bietet uns an, IHN einzulassen in unser Herz, er bittet uns, die göttliche Liebe und Wahrheit in unser Herz einzulassen.

Doch die tiefe Tragik liegt darin, dass der Mensch – der einen »freien Willen« hat, diese Botschaft anzunehmen oder eben nicht anzunehmen – es in den meisten Fällen vorzieht, das Licht nicht zu suchen, sondern stattdessen seinem EGO zu folgen. Bereits am Anfang seines Evangeliumstextes hat Johannes diesen zentralen Punkt angesprochen und wie folgt beschrieben (Kap. 1, Verse 5, 10-12):

Und das Licht scheint in der Finsternis, und die Finsternis hat's nicht ergriffen.

Er war in der Welt, und die Welt ist durch ihn gemacht; aber die Welt erkannte ihn nicht. Er kam in sein Eigentum; und die Seinen nahmen ihn nicht auf. Wie viele ihn aber aufnahmen, denen gab er Macht, Gottes Kinder zu werden.

Der Mensch richtet sich also im Grunde genommen selbst. Das ist auch die Kernaussage in Kap. 3, die Jesus dem Nikodemus erklärt: »*Das ist aber das Gericht, daß das Licht in die Welt gekommen ist, und die Menschen liebten die Finsternis mehr als das Licht, denn ihre Werke waren böse*«. Wir sind auf dieser Erde, um im Glauben nach dem Licht und der Wahrheit zu streben. Stattdessen lieben wir die Finsternis mehr als das Licht. Natürlich heißt das Streben nach dem Licht, in einem allerersten Schritt, auf »böse Werke« zu verzichten. Viele werden antworten, daß sie diesen Schritt längst vollzogen haben und niemals willentlich jemand anders Schaden zufügen würden. Doch bei dieser Auseinandersetzung geht es nicht nur um die grobstoffliche Ebene.

Wenn es um die »Gerichtsentscheidung« zwischen Finsternis und Licht geht, mißt Jesus mit einem strengen Maßstab. Es geht nämlich darum, das »Kreuz« der Nachfolge auf sich zu nehmen. Wir sind aufgefordert, uns gerade von den Handlungen zu trennen, von denen wir nicht lassen wollen oder sogar nicht lassen können. Dabei liegt die größte Schwierigkeit meist darin, daß wir uns unseres Kreuzes gar nicht bewußt sind. Bei dem einen ist es unterschwellige Aggression, bei dem anderen Machtgier oder die Gier nach Besitz. Auf all das müßten wir zunächst »das Licht der Wahrheit« werfen, d.h. das Licht der Bewußtwerdung. Dazu gehört aber die Bereitschaft, sich unbequemen Fragen des eigenen Wesens zu stellen und die Themen wirklich anzugehen, die uns am allerschwersten fallen. Wenn wir immer und immer wieder bereit sind, den Willen Gottes zu tun und auf unser vermeintliches Eigeninteresse zu verzichten – erst dann machen wir Fortschritte auf dem Weg zum Licht. Erst dann gilt für uns der letzte Satz, den Jesus dem Nikodemus darlegt (Joh. 3,21):

Wer aber die Wahrheit tut, der kommt zu dem Licht, damit offenbar wird, daß seine Werke in Gott getan sind.

Das »jüngste Gericht« vollzieht sich also tagtäglich, hier und heute, durch unsere eigenen Entscheidungen. Dabei geht es um nichts Großes, sondern um die vermeintlich kleinen Dinge des Alltags. Viel wäre schon gewonnen, wenn wir damit aufhören würden, uns permanent Schlechtes zuzufügen. Der unendliche »Komfort-Bedarf« unserer Ego-Persönlichkeit verführt uns jedoch dazu, auf der Couch liegen zu bleiben, statt uns zu bewegen; beim Essen noch einmal zuzuschlagen, bevor irgendwann die Diät beginnt; uns beim abendlichen Krimi im Fernsehen immer neue Bilder der Gewalt und des Schreckens zuzumuten, anstatt in wirklicher Ruhe zu bleiben. Diese Aufzählung führt uns auf eine Spur, die wir alle kennen. Jeder von uns muß immer wieder fragen, ob seine Werke »in Gott getan sind«.

Doch das Thema »Jüngstes Gericht« hat noch eine weitere Dimension, die mit unserem Sterben zusammenhängt. Das Wissen um diese Dimension ist zwar der christlichen Kirche nahezu völlig verloren gegangen. Doch hat es sich in jüngster Zeit durch Nahtodes-Erfahrungen und –berichte immer stärker konkretisiert. Diese Berichte stimmen sehr weitgehend mit der Beschreibung des Sterbeprozesses im tibetischen Buddhismus überein. Das »Tibetische Totenbuch« und das darauf bezogene, für europäische Augen und Ohren aber besser lesbare »Tibetische Buch vom Leben und vom Sterben« beschreiben sehr deutlich und in allen Einzelheiten, was nach tibetischer Auffassung und Erfahrung im Prozeß des Sterbens geschieht. Ohne im Detail hierauf einzugehen, kann man diese Lehren so zusammenfassen: Der Prozeß des Sterbens ist ein äußerer und innerer Auflösungsprozeß, in dem sich auch die drei »Gifte« des Hasses, der Gier und der Unwissenheit auflösen. Das menschliche Bewußtsein wird damit klarer und reiner und kehrt zurück auf eine subtilere Ebene. Dadurch scheint das göttliche Licht, die sogenannte »Grundlichtheit« wieder auf. Bestätigt wird diese Lichterfahrung auch in sehr vielen Nahtod-Erlebnissen. Oft ist hier die Rede von einem dunklen Tunnel, an dessen Ende ein strahlend helles Licht erscheint. Es gibt auch viele Berichte darüber, dass in kürzester Zeit das ganze zurückliegende Leben noch einmal am menschlichen Geist vorbeizieht. Wie von einer höheren Warte aus können wir noch einmal erkennen, was in diesem Leben gelungen oder misslungen ist. Schon in der Begrifflichkeit zeigen sich hier Parallelen zu den christlichen Lehren, wo ja auch gebetet wird, daß Gott das »Licht der Wahrheit« auf uns werfen möge, und das wir Rechenschaft über unser Tun ablegen müssen.

Nach buddhistischer Auffassung besteht jedoch das Problem des Menschen darin, dass wir uns – obwohl unsere Verwirrung im Tod stirbt – nicht einfach der Grundlichtheit hingeben, sondern in Angst und Unwissenheit vor ihr zurückweichen und instinktiv an unserem Greifen und Haben-Wollen festhalten. So schreibt Soygal Rinpoche im »Tibetischen Buch vom Leben und vom Sterben« (S. 309):

»Obwohl die Grundlichtheit jedem von uns erscheint, treffen wir doch meist völlig unvorbereitet auf ihre schiere Unermeß-lichkeit, … Die meisten Menschen werden sie schlicht und einfach nicht erkennen, weil sie es versäumt haben, sich bereits im Leben mit der entsprechenden Erkenntnis vertraut zu ma-chen. Die Folge ist, daß sie instinktiv wieder mit ihren alten Ängsten, Gewohnheiten und Konditionierungen – ihren alten Reflexen – reagieren. Denn obwohl die negativen Emotionen gestorben sind, um die Lichtheit hervortreten zu lassen, bleiben die Gewohnheiten unserer Leben doch weiter bestehen – ver-borgen im Hintergrund unseres gewöhnlichen Geistes.«

Jesus Christus lehrt den Nikodemus genau dasselbe. Wenn es in Johannes 3, 20 und 21 heißt:

Wer Böses tut, der haßt das Licht und kommt nicht zu dem Licht, damit seine Werke nicht aufgedeckt werden. Wer aber die Wahr-

heit tut, der kommt zu dem Licht, damit offenbar wird, daß seine Werke in Gott getan sind.

so geht es um den gleichen Sachverhalt wie in den Beschreibungen des tibetischen Totenbuchs. Doch wir haben gesehen, dass nur der Evangelist Johannes dieses tiefere Verständnis der Worte Jesu weiter vermitteln und überliefern kann. Und selbst in der Nikodemus-Geschichte beklagt sich Jesus, einem jüdischen Fachmann gegenüber sitzend (Joh. 3,12):

Glaubt ihr nicht, wenn ich euch von irdischen Dingen sage, wie werdet ihr glauben, wenn ich euch von himmlischen Dingen sage?

Im gleichen Zusammenhang der Lehren Jesu vom Jüngsten Gericht steht in Matth. 25,1-13 die Geschichte von den klugen und törichten Jungfrauen. Auch hier versucht Jesus uns zu erklären, dass es auf unseren eigenen Bewußtseinszustand ankommt, wenn wir dem Licht (hier: dem Bräutigam) gegenübertreten müssen. So wie der Bräutigam in dieser Geschichte lange ausbleibt, erscheint uns auch der Zeitpunkt unseres Todes weit weg und vage. Wenn wir aber dann tatsächlich »vor den Richterstuhl Gottes treten«, wenn uns die Grundlichtheit, das »Licht der Wahrheit« erscheint, dann wird es darum gehen, ob wir vorbereitet sind, ob wir schon hier und jetzt die kleinen Lämpchen unserer Erkenntnis Gottes mit Öl befüllt haben.

(12) Die Botschaft Jesu Christi in zwei Sätzen

Unsere zwölfte und letzte »Schlüsselstelle«, die wir hier betrachten wollen, steht im Matthäus Evangelium in Kapitel 16, 24 und 25:

Da sprach Jesus zu seinen Jüngern: Will mir jemand nachfolgen, der verleugne sich selbst und nehme sein Kreuz auf sich und folge mir. Denn wer sein Leben erhalten will, der wird's verlieren; wer aber sein Leben verliert um meinetwillen, der wird's finden.

Bei der hier gemeinten »Selbstverleugnung« geht es einzig und allein um die Überwindung des »falschen Königs«, der Überwindung unserer EGO-Persönlichkeit. Sie muß deshalb überwunden werden, weil sie nichts weiter ist als eine falsche Vorstellung in unserem Geist. Es gibt sie nicht wirklich, wir halten uns nur für etwas »Besonderes«. Es geht also nicht um Askese oder Verleugnung der Körperlichkeit, und es geht auch nicht um eine vorschnelle Fokussierung auf die Nächstenliebe, als ginge es nicht um uns sondern ausschließlich um »die Anderen«. Es geht darum, endlich unser Kreuz auf uns zu nehmen«, endlich die Verantwortung für unser Leben selbst zu übernehmen. Wir sind nicht das Produkt unserer »schlechten« Gene, die Opfer der schlechten Umstände, die Geschädigten einer falschen Erziehung, die unter dem bösen Chef leidenden oder diejenigen, die jetzt oder immer wieder den schlechteren Teil im Leben erhalten haben.

Akzeptiere endlich dein eigenes Schicksal, deine jetzige Position im Leben, als die selbstgewählte Realität, als das »was ist«. Immer wieder meinen wir, gegen das was ist ankämpfen zu müssen. Noch mein Vater brachte mir bei: »Das Leben ist Kampf«. Genau das Gegenteil ist richtig, genau das Gegenteil lehrt Jesus. Er lehrt uns, unser Schicksal, unsere Position im Leben, alles was da »ist« in unserem Leben zu akzeptieren. Es geht eben nicht um unser »Haben wollen«, unser »Tun müssen« oder allgemein gesprochen um unser »etwas Anderes wollen«, es geht nur immer wieder um Akzeptanz. Wer etwas »Haben will«, der hat es ja eben noch nicht. Erst wenn wir unseren inneren Frieden mit unserer Lebenssituation gefunden haben, wird sich auch der äußere Frieden, der Frieden in der Außenwelt – wie durch ein Wunder – einstellen.

Das ist gemeint mit dem Grundgesetz der göttlichen Schöpfung, das uns nach unseren menschlichen Maßstäben so schwer verständlich erscheint. Es steht in Matthäus 25,29 und lautet:

Denn wer da hat, dem wird gegeben werden, und er wird die Fülle haben; wer aber nicht hat, dem wird auch das genommen werden, was er hat.

In unserer äußerlichen Welt menschlicher Gerechtigkeit erscheint dieser Satz als die genaue Verdrehung jedes gerechten Ausgleichs. Uns geht es ja eben um den Ausgleich eines vermeintlichen Unrechts und nicht um Akzeptanz. Doch der Satz wird verständlich, wenn wir ihn aus dem Verständnis der »göttlichen Einheit« betrachten, aus der Perspektive, die Jesus uns vermitteln möchte. Dann meint der Satz eine tiefe Wahrheit:

Nur wer innerlich hat, dem wird auch das äußerliche gegeben werden. Nur wer inneren Frieden in sich selber gefunden hat, der wird auch im Äußeren mit seinen Nachbarn in Frieden leben können. Nur wer innere Fülle und inneren Reichtum schon hat, dem kann und wird auch noch äußerer Reichtum geschenkt werden, so er ihn denn noch braucht.

Wohlgemerkt steht der Reichtum eines Herrn Trump oder Bezos in einem anderen Zusammenhang. Dieser Reichtum ist gemeint in dem sehr bekannten Folgevers, Matth. 16,26: »*Was hülfe es dem Menschen, wenn er die ganze Welt gewönne und nähme doch Schaden an seiner Seele? Oder was kann der Mensch geben, womit er seine Seele auslöse?*« Diese Hohlheit des weltlichen, materiellen Reichtums ist besonders in der angelsächsischen Welt und ihrem puritanisch geprägten Verständnis des Christentums viel zu wenig bewußt. Statt dessen wird dort in der öffentlichen Meinung und in unterschwelligen Überzeugungen sehr häufig äußerer Reichtum mit Lebenserfolg und sogar »gottgefälligem Leben« assoziiert.

In unserer Schlüsselstelle heißt es weiter, dass derjenige sein Leben verlieren wird, der es erhalten will. Auch hierbei geht es wieder um die EGO Persönlichkeit. Alle die Menschen, die an dem Aufplustern und »pampern« ihres EGO festhalten, werden dadurch zwangsläufig den Zugang zum inneren, tieferen Selbst und damit den Zugang zum Himmelreich verlieren. Gemeint ist also: Wer an seinem äußeren, illusionären Leben kleben bleibt, wird das innere, wahre Leben verpassen. Das innere Leben ist aber zugleich das ewige Leben, das sich in der Einheit mit dem Vater vollzieht. Das ist aber genau das erleuchtete Leben, dass Christus uns vorlebt und das er uns nahe bringen möchte. Wer jedoch das äußere EGO-Leben um Christi willen aufgibt und sich um die Einheit mit dem Vater bemüht, der wird das wahre Leben und damit das Ewige Leben finden.

Teil 3
Spiritualität

Elftes Kapitel – Der Kosmos: Gottes Plan

Der Mensch in der kosmischen Ordnung

Für die Christen, die die Nachfolge Jesu Christi zu ihrem Lebensthema gemacht haben, hatten immer schon zwei »Glaubensfragen« eine besondere Bedeutung. Beide hingen erstaunlicherweise direkt miteinander zusammen. Die erste Frage war die Frage Martin Luthers: Wie finde ich einen gnädigen Gott? Wenn ich als Mensch ein »Sünder« bin, der in der Gottesferne lebt, wie erreiche ich, daß Gott mir meine Sünde vergibt? Die Antwort darauf war und ist: Das kann ich gar nicht erreichen, die Vergebung ist durch Gottes Gnade im Kreuzestod Christi bereits geschehen. Und doch sagte ja Christus zu der Ehebrecherin: Geh und sündige hinfort nicht mehr! Ebenso heißt es: Seid vollkommen wie euer Vater im Himmel vollkommen ist. Es geht also schon darum, daß wir ein vollkommenes, »sündenfreies« Leben anstreben. Das führte dann zu Goethes Erkenntnis: Wer immer strebend sich bemüht, den können wir erlösen.

Es besteht aber noch eine zweite Frage, die nicht nur theologisch, sondern auch psychologisch von zentraler Bedeutung ist: Die Frage der Einordnung menschlichen Tuns in einen wie auch immer gearteten göttlichen Plan.

Zwar konnten und können die meisten Christen mit dem »strebsamen Bemühen um verantwortliches Handeln« als Glaubensgrundlage gut leben. Sie bemühen sich um ein gutes Leben und vertrauen darauf, dass ihnen etwaige Sünden (Was immer das auch ist?), die ja immer wieder vorkommen, sowieso von Gott vergeben werden. Wer jedoch ein Verstandesmensch ist und »theologisch« weiter nachfragt, stößt auf einen tieferliegenden Konflikt: Wenn ich als Mensch die Freiheit des Willens besitze und eigenverantwortlich handeln soll, dann kann doch Gott in seiner Allmacht nicht schon jede Nuance meines Tuns »vorherbestimmt« haben, und auch schon festgelegt haben, ob ich erlöst werde oder nicht. Die Frage der »Prädestination« oder aber der »Allversöhnung« wird, wie wir schon weiter oben gesehen haben, von den lutherischen und calvinistisch-reformierten Kirchen durchaus unterschiedlich beantwortet. Letztlich geht es hier darum, wie es nach menschlicher Logik überhaupt möglich ist, daß eigenverantwortliches menschliches Handeln in einen umfassenden Plan Gottes für die Welt eingebettet ist, und ob und wie beides miteinander vereinbar ist?

Naturwissenschaftlich – Historischer Exkurs

Natürlich beschäftigt sich vor allem auch die Naturwissenschaft mit der Entstehung des Kosmos und seiner weiteren Entwicklung. Als Teil der Astronomie ist die »Kosmologie« ein eigenständiges wissenschaftliches Fachgebiet. Im Rahmen der herrschenden Meinung der Entstehung des Kosmos aus einem »Urknall« gibt es sehr präzise Berechnungen, was genau in der ersten und zweiten Sekunde nach dem Urknall passiert sein muß. Dem Laien kommt es immer wieder erstaunlich vor, wie weit diese Berechnungen zurück reichen und wie präzise sie sind, bzw. welchen Anspruch auf Präzision sie erheben. Kosmos steht im Griechischen für »Ordnung«. Man könnte also Kosmologie frei übersetzen als die »Lehre von der (göttlichen) Ordnung«

So präzise wir jedoch das Geschehen nach dem Urknall berechnen können, so wenig – genauer gesagt nichts – wissen

wir darüber, was vor dem Urknall war. Das stört die Naturwissenschaft aber rein gar nicht, denn sie folgt ja der Maxime,
sich nur mit dem beobachtbaren, materiellen Geschehen zu
beschäftigen, das wir »messen« können. Leider ist der Wissenschaft mit der Beschränkung auf das »Materielle« und auf das
»Messen« aber eine »Gesamtschau« auf den Kosmos verloren
gegangen, die das Weltbild der Menschen noch bis in das 16.
und 17. Jahrhundert hinein wie selbstverständlich bestimmt
hat. Noch zur Zeit Johannes Keplers, der 1630 starb, wurde
nämlich in der Wissenschaft noch nicht zwischen Astronomie
und Astrologie unterschieden. So zeigt etwa die Geschichte der
Universität Freiburg, die 1457 als eine der ältesten deutschen
Universitäten gegründet wurde, wie lange der Dreiklang aus
Theologie, Astronomie und Astrologie das Wissenschaftsver-
ständnis der Menschen beherrscht und geprägt hat.

Seit Jahrhunderten, ja sogar seit Jahrtausenden wurde in der gelehrten Welt zwischen Astronomie und Astrologie also keinerlei
Unterschied gemacht. Da der Glaube an die göttliche Ordnung
des Kosmos und das Vertrauen in diese Ordnung selbstver-
ständliches Zentrum des Weltbildes waren, wäre niemand auch
nur auf die Idee gekommen, eine kosmische Ordnung ohne
Gott überhaupt zu denken. Für tausende von Weisen und Gelehrten im Altertum war die Astrologie eine Erfahrungswis-
senschaft, die durch langjährige Beobachtung herauszufinden
sucht, wie Gott das Schicksal der Menschen in Einklang mit
dem ganzen Kosmos beeinflußt und steuert.

Auch die Theologie war ja von der Naturwissenschaft nach
damaligem Verständnis nicht wirklich getrennt. Wie selbstverständlich sprang die Theologie immer da ein, wo die menschliche »Welterkenntnis« an ihre Grenzen stieß. Genauer gesagt
war es sogar umgekehrt: Zur damaligen Zeit gingen die Men-

schen noch vom »Primat der Theologie« aus. Die Wissenschaft von der Welt war damit ein kleiner, begrenzter Teil bzw. ein Anhängsel der Theologie, der »Wissenschaft« vom göttlichen Weltenplan. Noch Johannes Kepler sah seine Gesetze über die Bewegung der Himmelskörper deshalb auch nicht nur als »wissenschaftlich messbare Zusammenhänge«, sondern wie selbstverständlich als Ausdruck einer göttlichen Ordnung des Kosmos. Deshalb lautete auch der Titel eines seiner Bücher »De Harmonia Mundi« – von der »Harmonie der Welt«. Natürlich war die damalige Theologie mit ganz vielen Scheuklappen behaftet und erscheint uns aus heutiger Sicht unendlich »rückständig«. Dennoch ist es sehr schade, dass wir mit dem Aufstieg des sogenannten »naturwissenschaftlichen Denkens« das holistische, ganzheitliche Weltverständnis verloren haben.

Dieses ganzheitliche Weltbild umfaßte alle Bereiche und schloß erstaunlicherweise auch die Musik und die Architektur mit ein. Der leider etwas in Vergessenheit geratene Musikwissenschaftler Joachim Ernst Behrendt hat in seinen Büchern detailliert beschrieben, daß die Kepler'schen Gesetze sich auch in die musikalische Lehre von den Tönen, Obertönen und Frequenzen nahtlos einfügen. Behrendt leitet daraus als wichtigstes Ergebnis den Satz ab: »Die Welt ist Klang«. In diese Welt wohlproportionierter Klänge fügen sich eben auch die Proportionen von Bauwerken ein. Für diese Sichtweise spricht auch die Tatsache, dass die Baumeister des Mittelalters es schafften, die himmel-strebenden gotischen Kathedralen völlig ohne statische Berechnungen stabil zu bauen. Zwar war die Mathematik für eine statische Berechnung noch gar nicht vorhanden, doch waren den Baumeistern die »harmonischen Proportionen« (etwa der goldene Schnitt) der göttlichen Welt wohlbekannt. Vielleicht sollte man also aus heutiger Sicht noch umfassender sagen: Die Welt ist ein »Holon«, ist eine »Einheit«, ist eine wohlproportionierte Harmonie.

Mit dem Zeitalter der »Aufklärung« im 18. Jahrhundert glaubte man jedoch, eine neue Phase der Menschheitsentwicklung erreicht zu haben. Nun stand nicht mehr die »göttliche Ordnung« im Vordergrund, sondern es ging um die »menschliche Vernunft«, die zur Leitschnur wurde. Das »Cogito ergo sum« eines Descartes wurde zum philosophischen Maßstab. Geleitet von ihrem Verstand machten die Menschen große Fortschritte in Wissenschaft und Technik. Diese gingen jedoch einher mit einer immer stärkeren Fokussierung auf die »Materielle Welt« oder, wie wir heute sagen, auf das »Materielle«. Es kommt nicht von ungefähr, daß auch die Entwicklung der »Ökonomie«, der arbeitsteiligen Wirtschaft und der möglichen Steigerung der Produktivität in dieser Zeitepoche gegen Ende des 18. Jahrhunderts beginnt. Im Jahr 1776 verfaßte der schottische Moralphilosoph Adam Smith sein Buch »An enquiry into the nature and causes of the wealth of nations«, das allgemein als Geburtsstunde der sogenannten »Nationalökonomie« gilt. Auch die physischen Anfänge der »Industrie« bzw. der industriellen Welt, wie wir sie heute kennen, geschahen in England um das Jahr 1800 herum. Smith selber, als Moralphilosoph, schrieb zwar auch Werke darüber, wie sich der Mensch »zu verhalten habe«. Es zeigte sich jedoch schnell am Erfolg seines »Wohlstandsbuches«, wie fasziniert die Menschen plötzlich davon waren, den wirtschaftlichen Wohlstand erst einmal zu erlangen und ihn dann ständig zu mehren. Die Menschen lernten, »Geld zu verdienen«. Innerhalb zweier Jahrhunderte schob sich damit die Beschäftigung mit den materiellen Phänomenen und die Maximierung des Wohlstandes in den Vordergrund des menschlichen Interesses.

Die historische Entwicklung seit der Aufklärung ging leider einher mit einem Verlust jeglichen Verständnisses für die Einbettung des menschlichen Tuns in einen göttlichen Plan. Noch für Adam Smith war die Ökonomie eine gemeinschaftliche Aufgabe. Ihm ging es um den Wohlstand der Nation, nicht um die Gewinnmaximierung des Einzelnen. Die Ökonomie war für ihn eine Frage der Organisation des Ganzen. Deshalb wurde ja auch das neu entwickelte Fachgebiet als »Nationalökonomie« bezeichnet. Dann brachte jedoch zum Ausgang des 18. Jahrhunderts die französische Revolution die alte Welt ins Wanken. Die Institutionen der Monarchie und der Kirche, die seit Jahrhunderten für die »Einbettung des weltlichen Lebens in den Kosmos« gestanden hatten, gerieten ins Wanken. Der Aufstieg des »Individuums« und die Entdeckung seiner Rechte und Freiheiten begann. Die Könige wurden umgebracht oder entmachtet, die Kirche wurde im Reichsdeputationshauptschluß von 1803 zu großen Teilen enteignet. Europa wurde durch den Wiener Kongress neu geordnet. Der Code Napoleon schuf eine neue Rechtsgrundlage, an dem sich die späteren Juristen orientierten. In Deutschland bzw. Preußen wurden 1810 mit den Stein-Hardenbergschen Reformen die Zünfte abgeschafft und die sogenannte »Gewerbefreiheit« eingeführt. Es entstand in relativ kurzer Zeit eine neue Sicht auf die Welt und ein neuer institutioneller und rechtlicher Rahmen. War es bisher wichtig gewesen, ein treuer Untertan zu sein, alle gesellschaftlichen Regeln einzuhalten und der Kirche zu folgen und zu vertrauen, so entstand jetzt ein revolutionär neues Selbstverständnis des Menschen, das die Rechte und Möglichkeiten des Einzelnen in den Mittelpunkt rückte. Das »Individuum« wurde gewissermaßen auf die »Spur« gesetzt, dass es nur darauf ankomme, wirtschaftlich erfolgreich zu sein und für sich selbst zu sorgen. Die Etablierung der neuen Ordnung ging zwar mit vielen Kämpfen, zum Teil auch Hungersnot und Auswanderung einher, doch das Weltbild der Menschen wurde dadurch vollständig verändert. Die Ökonomie schob sich in den Vordergrund, die Theologie in den Hintergrund.

Spätestens seit der zurückliegenden Jahrtausendwende scheint sich jedoch die Pendelbewegung der Geschichte erneut umzukehren. Der Klimawandel, das Dilemma der immer weiteren Ausbeutung und Verbrennung fossiler Rohstoffe, das Aufkommen weltweiter Migrationsbewegungen und nicht zuletzt die Corona-Pandemie erzwingen förmlich ein neues Gemeinschaftsdenken und ein neues, sozialeres Weltbild. Sie zeigen zugleich dem Individuum die Grenzen auf, die seinen Rechten und seinen wirtschaftlichen Möglichkeiten entgegenstehen. Die physische Selbstzerstörung der Menschheit durch den Egoismus, die individuelle Gier und die Überbetonung des Individuums, wird leider mehr und mehr zu einem Risiko, dass uns alle bedrohen könnte. Wir können nur hoffen, dass die Menschheit die »Zeichen der Zeit« erkennt und zurückfindet zu einem holistischen Weltverständnis und einem sozialeren Gesellschaftsmodell.

Die Astrologie – Hinweis auf Gottes Plan

Vielen Lesern mag es geradezu »abstrus« vorkommen, die Astrologie und den Begriff »Plan Gottes« an dieser Stelle in einem Atemzug zu nennen. Dennoch spielt sie für die Erklärung des Dilemmas von Willensfreiheit und Prädestination eine entscheidende Rolle. Auch für die Beantwortung der »Theodizee«-Frage, der Frage warum Gott das Böse und das Unglück auf der Welt nicht verhindert, kann die Astrologie wichtige Hinweise liefern.

Die Astrologie mißt den Planeten unseres Sonnensystems eine symbolische Bedeutung für unser Leben auf der Erde zu. Sie glaubt ganz gewiß nicht, dass von den »Sternen« irgendwelche »Kräfte« ausgehen, die unser Leben beeinflussen. Sie hat nur über die Jahrtausende durch Beobachtungen Erfahrungen darüber gesammelt, wie die Planetenkonstellation zum Zeitpunkt der Geburt eines Menschen mit seinem weiteren Lebensverlauf zusammen paßt. Basiert auf diese Erfahrungen schließt die Astrologie in analoger Form von der Stellung der Himmelskörper unseres Sonnensystems zum Zeitpunkt der Geburt eines Menschen auf seine Lebensthemen und Lebensaufgaben. Den Himmelskörpern werden also keinerlei »magische Kräfte« zugemessen, sondern lediglich eine symbolische Bedeutung.

Der grundlegende Analogieschluß lautet dabei wie folgt: Weil das gesamte Universum einem göttlichen Plan folgt, gilt das auch für die sogenannte »Zeitqualität« des Lebens hier auf der Erde. Da wir die Bewegung und Stellung der Planeten im Sonnensystem exakt messen und vorhersagen können, nehmen wir diese Bewegung als Indikator für die Zeitqualität hier auf der Erde.

Die Bewegung der Himmelskörper folgt streng den astronomischen und physikalischen Gesetzen. Sie werden sich niemals »erratisch« ändern un müssen deshalb vollständig dem Plan Gottes für das Universum entsprechen. Finden wir also durch jahrhundertelange Beobachtung eine symbolische Bedeutung der Planeten unseres Sonnensystems, so können wir vom Zustand des Sonnensystems analog auf den Zustand der Welt, der Menschheit, ja sogar eines menschlichen Lebens schließen.

Wohlgemerkt geht es dabei nicht um die Vorhersage einzelner Ereignisse. Auch die Astrologie weiß nicht, was zum Zeitpunkt x auf der Erde oder in einem menschlichen Leben passieren wird. Aber sie kann präzise vorhersagen, dass es im Januar 2020 zu einer großen Krise der Menschheit kommt. Die Astrologie weiß nichts von Corona, doch sie kennt weit im Voraus alle Ingredenzien und Probleme dieser Menschheitskrise. Der Mensch ist zwar in seinem alltäglichen Verhalten frei und selbstbestimmt, doch diese große Menschheitskrise gehört zu seinem Lebensplan dazu.

Genau an dieser Stelle liegt das »missing link« für das so unlösbar erscheinende theologische Problem der Willensfreiheit des Menschen und seiner »Prädetermination« durch den »Göttlichen Plan«. Genau wie der Mond und die Sonne wird der Mensch und die Menschheit zu jedem Zeitpunkt den »Göttlichen Plan« vollständig erfüllen. Anders als Sonne und Mond können sich die Menschen jedoch in einer freien Willensentscheidung aussuchen, wie und in welcher Form sie den Plan erfüllen. Wir sprechen in diesem Zusammenhang vom »senkrechten Weltbild« der Astrologie. Für eine bestimmte Konstellation des »Göttlichen Plans« gibt es unbegrenzt viele Möglichkeiten, dieser Konstellation zu entsprechen und sie damit zu »erfüllen«. Der Mensch geht einen Weg der Bewußtwerdung. Abhängig vom Grad seiner Bewußtheit wird er den Plan entweder auf der materiellen oder auf der geistigen Ebene erfüllen.

Wir werden dies im Folgenden noch weiter und ausführlicher besprechen. Aber vielleicht lohnt es an dieser Stelle, ein Beispiel vorab zu betrachten. Wir schauen auf einen Menschen, den Fußballer Joshua Kimmich, dem Gott alle Möglichkeiten verschafft hat, eine Corona-Infektion zu vermeiden. Auch für ihn wurde ein Impfstoff entwickelt, er verfügt über alle materiellen Mittel, viele legen ihm eine Impfung nahe, doch er verharrt in der Angst und läßt sich nicht impfen. Erst durch die folgende

Infektion erfährt er einen Sinneswandel. Er erkennt nun, dass es ein Fehler war, sich nicht impfen zu lassen. Ich kenne das Geburtsbild von Herrn Kimmich nicht. Doch ich weiß, dass wir alle unsere typischen Schwierigkeiten und Lebensthemen haben, für deren bewußte Durchdringung wir in den meisten Fällen viel mehr Zeit und mehr negative Erfahrungen benötigen als Herr Kimmich.

Mehr zur Astrologie

Grundlegende Aussagen der Bibel lassen sich aus meiner Sicht ohne die Astrologie nicht verstehen. So etwa der Gegensatz zwischen Willensfreiheit des Menschen und den Bibelversen, die besagen, dass – wie der Heidelberger Katechismus es formuliert – *»ohne den Willen meines Vaters im Himmel kein Haar von meinem Haupte fallen kann, ja auch mir alles zu meiner Seligkeit dienen muß«.* Für den heutigen Tag (ich schreibe den Text am 17.6.) drückt Eileen Caddy in ihrem »Herzenstüren-Text« diese wunderbare Geborgenheit in Gottes Plan so aus:»Alle Wege der Menschen führen zurück zu Gott, deshalb mische dich nicht ein und erlaube jedem Menschen, die Umwege zu machen, die für ihn unabdingbar erscheinen.«

Es ist genau dieser Zusammenhang, den ich hier als »Gottes Plan« bezeichne. Sehen wir den Menschen als Mikrokosmos und das Universum als Makrokosmos, so erscheint uns Gottes Plan für den Makrokosmos als geradezu selbstverständlich. Das liegt daran, daß Physik, Chemie und Astronomie das Geschehen im Universum zu einem Teil entschlüsselt und die zugrundeliegende Gesetze in mathematischer Form beschrieben haben. Wir können beobachten und messen, wie sich die

Gestirne nach festen Gesetzen bewegen. Dadurch wird das Geschehen im Universum für unseren Verstand zugänglich. Gleichzeitig stehen wir staunend vor dem nächtlichen Sternenhimmel und begreifen, dass es wegen der unvorstellbaren Größenordnung des kosmischen Geschehens einfach nicht sein kann, dass sich etwa die Bewegung unserer Erde oder irgendeines anderen Himmelskörpers erratisch verändern könnte. Wir kennen zwar Gott nicht und haben vielleicht jegliche Beziehung zu ihm verloren. Dennoch haben wir keine Schwierigkeiten damit, zu akzeptieren, dass alles Himmelsgeschehen einem Plan folgt. Dies gilt erst recht für die gut zu beobachtende Bewegung der Planeten in unserem Sonnensystem.

Schwierig, wenn nicht schlichtweg unmöglich erscheint es hingegen unserem Verstand, von der Bewegung der Gestirne auf die Situation des Menschen auf der Erde zu schließen. Das liegt vor allem daran, daß uns der Begriff der »Zeitqualität« im Laufe der Jahrhunderte völlig unverständlich geworden ist, ja geradezu »abhanden gekommen« ist. Noch in der griechischen und römischen Kultur gab es wie selbstverständlich das Gefühl für den »richtigen Augenblick«, der im alten Griechenland als »Kairos« bezeichnet wurde. Im Gegensatz dazu bezeichnet »Chronos« die gemessene, »ablaufende« Zeit. Weil die alten Kulturen diesen Unterschied kannten, wußten sie auch um die Wichtigkeit dieses richtigen Augenblicks und versuchten, ihn mit verschiedenen Methoden herauszufinden. Der moderne Mensch hat zwar die Messung des Zeitablaufs bis hin zur »Atomuhr« immer weiter verfeinert, dünkt sich aber erhaben über die Vorstellung einer »Zeitqualität«. Wir verwenden zwar noch die früheren Sprüche wie etwa »Alles hat seine Zeit«, doch wir glauben nicht mehr daran.

An dieser Stelle kommt wiederum die Astrologie ins Spiel. Sie betrachtet den Menschen und sein Verhalten auf der Erde als

Teil des Kosmos. Anstatt zu postulieren, dass zwar das gesamte Universum den kosmischen Gesetzen folgt, der Mensch jedoch eine Ausnahme macht, folgt sie dem Gedanken, dass man die Zeitqualität am einfachsten mithilfe der Bewegung der Planeten unseres Sonnensystems erforschen und beschreiben kann. Sie folgt damit dem elementaren Anologiegesetz der Sagengestalt des »Hermes Trismegistos«, das besagt: **Wie oben, so unten!** Wir kennen es ja schon aus dem Vaterunser als: **Wie im Himmel, so auf Erden!** Die moderne Wissenschaft fokussiert sich demgegenüber auf die Vorstellung der »Kausalität«. Weil aber keine direkte kausale Abhängigkeit zwischen der Bewegung der Planeten und dem Verhalten des Menschen denkbar oder nachweisbar ist, muß es sich wohl bei der Astrologie um Hokuspokus handeln.

Eine solche kausale Abhängigkeit hat jedoch wie gesagt die Astrologie noch nie behauptet. Sie hat sich einfach mit der leicht messbaren planetarischen Ebene beschäftigt und versucht, den Planeten symbolische, mythische »Urprinzipien« zuzuordnen. So wie die griechische Mythologie den Göttern des Olymp jeweils spezielle Aufgaben und Prinzipien zuordnete, versuchten die Astrologen den Planeten des Sonnensystems mythologische Aufgaben- und Wirkungsbereiche zuzuordnen. Ausgangspunkt war dabei die präzise Berechenbarkeit der Planetenbewegungen und ein mystisch, intuitiver Zugang zu den »Qualitäten«, welche die einzelnen Planeten »verkörpern« bzw. für die sie stehen. Seit Jahrtausenden haben die »weisen Sternendeuter« (die »Weisen aus dem Morgenland«) mystisches Wissen und Erfahrungswissen darüber zusammengetragen, wie sich zu einem bestimmten Zeitpunkt, zu einem bestimmten »Kairos«, durch die Stellung der Planeten die von ihnen repräsentierten Urprinzipien zu einer ganz bestimmten Zeitqualität ergänzen.

Besondere Bedeutung wurde seit alters her der Planetenstellung beigemessen, die bei der Geburt eines Menschen am Himmel herrscht. Für die Mystiker und mythologisch orientierten Menschen gilt eben – um mit Hesse und seinem Gedicht »Stufen« zu sprechen: »Und jedem Anfang wohnt ein Zauber inne …« Noch deutlicher drückt es Goethe aus:

Wie an dem Tag, der dich der Welt verliehen,
Die Sonne stand zum Gruße der Planeten,
Bist alsobald und fort und fort gediehen
Nach dem Gesetz, wonach du angetreten.
So mußt du sein, du kannst dir nicht entfliehen,
So sagten schon Sybillen, so Propheten,
Und keine Zeit und keine Macht zerstückelt
Geprägte Form, die lebend sich entwickelt.
(Goethe, Orphische Urworte)

Diese Planetenstellung zum Zeitpunkt der Geburt, das sog. »Horoskop« beschreibt in der Astrologie nicht nur die Zeitqualität an diesem Ort in dieser Minute, sondern darüber hinaus die Thematik und die Aufgabenstellung des menschlichen Lebens, das gerade neu entstanden ist. Ich möchte hier nur hinzufügen, daß nach dem Weltbild der Reinkarnation das Verständnis besteht, dass wir alle uns in der geistigen Welt diese Geburtskonstellation und die dazu passenden Eltern und Gene selbst aussuchen. Die Lebensaufgaben, die zu bearbeiten wir uns vorgenommen haben, sind auch davon abhängig, welchen Teil wir schon in unseren früheren Leben bearbeiten konnten und welche Restaufgaben wir als »Karma« noch in dieses Leben mitbringen. Als geistige Wesen haben wir uns in einem Körper auf der Erde inkarniert, um auf diesem genau festgelegten Sektor neue Erfahrungen zu sammeln, die wir in dieser Intensität nur im Bereich der Materie erleben und sammeln können. Wir sind – wie mein Lehrer Willigis Jäger immer sagte – nicht menschliche Wesen, die eine geistige Erfahrung machen, sondern geistige Wesen, die eine menschliche Erfahrung machen. Die Thematik und die dazu gehörenden menschlichen Erfahrungen entsprechen bis ins kleinste Detail dem göttlichen Plan für unser Leben. Hierfür gilt die Aussage, dass ohne den Willen unseres himmlischen Vaters kein Haar von unserm Haupt fallen kann und dass wir nie aus seiner Hand fallen. Wir können mit unserem Leben ebensowenig aus seiner Hand fallen, wie ein Planet, der die Sonne umkreist von seiner Bahn abkommen kann. Keinem Menschen wird im Laufe seines Lebens ein »Problem« zustoßen, dass nicht in der Konstellation der Zeitqualitäten zu 100% in seinem Geburtshoroskop angelegt ist. In diesem Sinn gibt es auch keine »Frühgeburt«, durch die ein Mensch quasi den richtigen Geburtszeitpunkt verpassen würde, sondern es ist genau umgekehrt: Durch die Frühgeburt erfährt ein Mensch genau die Geburtskonstellation, die er sich vorgenommen hatte.

Die Willensfreiheit im Weltbild der Astrologie

Wo bleibt nun bei einem solchen Grad von Vorherbestimmung der »Freie Wille« des Menschen? Die Antwort ist: Die Freiheit des Menschen beschränkt sich auf die Entscheidung, auf welcher Erfahrungsebene und mit welchem Grad von Bewußtheit er eine bestimmte Horoskopkonstellation erleben möchte. Unser Leben auf der Erde ist immer ein Weg der »Bewußtwerdung«, ein Weg der Erweiterung unseres Bewußtseins. Nach dem Verständnis der Astrologie handelt es sich deshalb auch bei unserer Lebensthematik und den dazu gehörenden Erfahrungen um einen Erkenntnisprozeß, um einen Prozeß der Bewußtwerdung und der Erweiterung unseres Bewußtseins. Die jeweilige astrologische Konstellation – der Plan Gottes – legt die Zeitqualität fest, die wir mit unserem Geburtshoroskop in einem bestimmten Augenblick erleben. Sie entspricht einer unausweichlichen und unabänderlich festgelegten Kombination von »Urprinzipien«. Wir können diese Kombination ebensowenig beeinflussen, wie ein Himmelskörper seine Bahn beeinflussen kann.

Doch das Weltverständnis der Astrologie ist das sogenannte »senkrechte Weltbild«. Es gibt stets unbegrenzt viele Möglichkeiten und Ebenen der Erfahrung, auf denen wir eine bestimmte Konstellation, eine bestimmte Kombination von Urprinzipien erleben können. Wir entscheiden darüber, wie wir unseren Lebensweg gehen wollen. Je mehr Bewußtheit bei uns schon vorhanden ist oder entsteht, umso weiter bzw. schneller schreiten wir auf dem Weg voran. Wir haben es vielleicht gar nicht mehr nötig, eine bestimmte Erfahrung in der intensivsten möglichen Form zu machen, nämlich auf der materiellen Ebene, der Ebene der Materie. Vielleicht kennen wir ja bestimmte Erfahrungen schon zur Genüge und sagen uns: Nicht noch einmal, ich weiß, es gibt mir nur einen kurzfristigen Befriedigungskick, doch danach fühle ich mich sogar schlechter. Allerdings sind wir gerade wegen der Möglichkeit intensiver, materieller Erfahrungen auf die Welt gekommen. Deshalb sind die meisten von uns auch gerade dabei, eine materielle Erfahrung nach der anderen zu machen. Vielleicht muß ich noch ein weiteres neues Auto kaufen, bevor ich irgendwann begreife, dass materielle Gegenstände mich nicht glücklich machen. Letzteres wäre dann ein weiterer Schritt auf unserem Lebensweg der Bewußtwerdung, eine »Ein-Sicht«. Wir entscheiden in jedem Augenblick selbst darüber, in welcher Form und auf welcher »Bewußtseinsebene« wir unsere neuen Erfahrungen machen. Ich kann meinen Kopf an einen Holzbalken stoßen (materielle bzw. grobstoffliche Ebene), oder ich kann im gleichen Moment vielleicht schon aufmerksam und bewußt durch mein Leben gehen und den Holzbalken »achtsam« umgehen.

Drücken wir es mit den Worten der Bibel aus: Jesus Christus brachte das Licht der göttlichen Bewußtheit in die »Finsternis« der materiellen Welt, doch die Finsternis hatte es nicht begriffen. Nur diejenigen, deren Bewußtseinsstand bereits genügend fortgeschritten war, konnten die Botschaft Jesu wirklich verstehen und ihre Bedeutung erfahren (»be-greifen«). Diese wenigen Menschen bezeichnet Christus im Hohepriesterlichen Gebet als diejenigen, die ihm »sein Vater gegeben hat«, und nur für sie bittet er in Johannes 17. Den anderen, der großen Masse der Zuhörer, gibt Jesus immer wieder drastische Hinweise. Er weiß, dass sie noch nicht bewußt genug sind, um die Botschaft vom Himmelreich, von der göttlichen Welt des Himmlischen Vaters wirklich zu verstehen. Ihnen zeigt er immer wieder, dass er die materielle Welt überwunden hat, dass er über die materielle Welt herrscht. Deshalb tut er seine sogenannten »Wunder«. Die einzige Botschaft, die die Masse der Zuhörer versteht, ist die Auferweckung eines Toten oder die Heilung eines Blindgeborenen. Bei solchen Taten muß auch der letzte Zuhörer einsehen, dass hier höhere Kräfte am Werke sind, dass die Kraft des geistigen Bewußtseins über die Gesetze der Materie herrscht. Aber selbst wir aufgeklärte Verstandesmenschen der heutigen Zeit glauben noch, die Wunder Jesu als erfundene oder übertriebene Geschichten darstellen zu müssen. Selbst einem Judas Ischariot stand es frei, Jesus an den Hohen Rat zu verraten, weil es sein freier Wille war und Jesus es zuließ. Jesus steht vor der Tür unseres Bewußtseins und klopft an. Es ist unser freier Wille, ihn einzulassen und uns seiner Botschaft bewußt zu werden.

Das Geburtsbild – Unser Lebensthema

Unser Sonnensystem ist ein geschlossenes Ganzes, in dem sich durch die Planetenbewegung alle Konstellationen in einem rhythmischen Geschehen häufig oder weniger häufig wiederholen. Dabei haben zwei Babies, die zur gleichen Zeit auf der selben Geburtsstation geboren werden, auch das gleiche Horoskop. Allerdings sagt dieses übereinstimmende Geburtsbild nichts über den Bewußtseinsstand dieses Menschen aus, den er auf die Erde mitbringt. Wir wissen deshalb auch nicht, ob er seine Lebenserfahrungen eher auf der materiellen Ebene oder auf der geistigen Ebene sucht. Ein und dieselbe Erfahrung kann auf sehr unterschiedlichen Ebenen gemacht werden. So kann etwa ein Mensch materielle Fülle dadurch erfahren, dass er über sehr viel Geld verfügt. Ein anderer Mensch geht vielleicht vollkommen ohne Geld, aber wie im Sterntalermärchen durchs Leben und erfährt die Erfüllung aller seiner Wünsche in Form von Geschenken.

So oder so kann uns aber unser Geburtsbild helfen, Probleme und Aufgaben kennenzulernen, die uns in diesem Leben besonders schwer fallen. Sie sind meist auch dadurch charakterisiert, dass sie uns in der einen oder anderen Form immer wieder begegnen, sie »stoßen uns zu«. Doch gerade bei diesen Problemen neigen wir dazu, sie zu verniedlichen, von uns wegzuschieben oder die »Schuld« dafür bei jemand anderem zu suchen. Ein Hauptfeld der Auseinandersetzung und der Projektionen ist die Beziehungsebene und unser familiäres Umfeld. Die Entwicklungs- und Bewußtwerdungsaufgaben in diesem Bereich stehen fast immer im Zentrum unseres spirituellen Weges. Gelingt es uns, diese Entwicklungsaufgaben anzunehmen, vor unserer »eigenen Tür zu kehren« anstatt dem jeweils anderen die Schuld zu geben? Gelingt es uns dadurch, eine tiefere Einsicht in unser Sosein zu gewinnen? Dann und nur dann haben wir tatsächlich unser »Kreuz« auf uns genommen und haben damit einen großen Schritt auf dem Weg der Nachfolge Christi getan. Sein »Kreuz auf sich zu nehmen« meint nämlich genau das: sich den eigenen Lebensthemen und Aufgaben zu stellen und sie sich bewußt zu machen, statt sie wieder und wieder in den Hintergrund zu drängen oder auf andere abzuschieben. Dazu muß man sie allerdings zunächst kennenlernen und ernst nehmen. Hierbei kann uns die Astrologie entscheidende und unendlich wertvolle Hilfestellung leisten.

Die »Automatik« des göttlichen Plans

Die Astrologie ermöglicht uns aber noch eine weitere, tiefe Einsicht in die Genialität des göttlichen Plans für die Welt. Die Analogie zwischen der jeweiligen Konstellation des Sonnensystems und der entsprechenden »Konstellation« der Zeitqualitäten auf der Erde impliziert ja, dass wir Menschen ebensowenig jemals aus dem göttlichen Plan herausfallen können, wie das bei einem Himmelskörper der Fall ist. Dementsprechend folgen auch wir Menschen in allem was wir erleben und tun diesem göttlichen Plan für unser Leben. Die Zeitqualität, die durch die jeweilige astrologische Konstellation auf der Ebene der Urprinzipien immer zutreffend beschrieben wird, beschreibt auch für jeden Einzelnen von uns, wie wir uns gerade fühlen, wie es »uns geht« und mit welchen vermeintlichen Problemen wir uns gerade auseinandersetzen. Wir können allerdings eigenständig darüber entscheiden, auf welcher (Bewußtseins-) Ebene wir unsere Lebenserfahrungen machen wollen. Und wir können eigenständig darüber entscheiden, was wir jeweils tun wollen, ob wir unsere derzeitige Lebenssituation akzeptieren, ob wir uns mit ihr auseinandersetzen und dagegen ankämpfen oder ob wir sie verändern wollen. Immer werden wir jedoch in unserem subjektiven Empfinden genau das erleben und auf der für uns passenden Ebene genau die Erfahrungen machen, die der göttliche Plan für uns vorsieht.

Schauen wir für einen Moment auf die Menschen, die in ihrem Leben weder religiös noch spirituell ausgerichtet sind. Sie folgen ihren Impulsen – niederen oder höheren –, sie versuchen, so erfolgreich wie möglich durchs Leben zu gehen und ihre instinktiven »Bedürfnisse« so gut es geht zu befriedigen. Es ist wohl die weit überwiegende Mehrheit der Weltbevölkerung, die ein solches Leben lebt. Was all diese Menschen sich kaum vorstellen können, ist die Tatsache, dass auch sie mit ihrem Leben zu 100% den göttlichen Plan erfüllen und ihm entsprechen. Die Art und Weise, mit der sie die jeweilige Zeitqualität erleben, ist gleichsam »automatisch« durch den göttlichen Plan festgelegt. Sie nehmen vielleicht gerade nicht in bewußter Weise ihr »Kreuz auf sich«, d.h. sie beschäftigen sich nicht im Sinne einer Bewußtwerdung mit ihrer Lebensthematik. Doch auch sie unterliegen der Automatik des göttlichen Plans für ihr Leben. Im Sinne dieses Plans ist es äquivalent, ob ich auf der Kellertreppe stürze und mir ein Bein breche, weil ich »meine Gedanken woanders habe«, oder ob ich bewußt und achtsam die Treppe hinunter gehe und dabei ganz »bei mir« bin.

Vielleicht ist es lohnend, an dieser Stelle einzelne Fälle zu betrachten. Der berühmte englische Geistheiler Tom Johanson nahm als Beispiel immer das Leben von Politikern, die – wie er sagte – statt Bewußtheit lauter »schwarze Flecken« in ihrer Seele haben. Ob wohl Gerhard Schröder oder Joschka Fischer aus dem Erleben von jeweils fünf Ehen etwas über das Lebensthema »Egoismus und Beziehungen« gelernt haben? Ob wohl ein Helmut Kohl etwas gelernt hat zum Thema: Wie fühlt man sich, wenn man jahrelang gierig immer mehr Lebensmittel in sich hineinstopft? Natürlich hätte es ihm ebenso freigestanden, statt der materiellen Erfahrungen sein Bewußtsein zu erweitern und den biblischen Satz aus 5. Mose 8 zu beherzigen, den Jesus dem Teufel bei der Versuchung in der Wüste entgegenhält: »Der Mensch lebt nicht vom Brot allein, sondern von einem jeglichen Wort, das aus dem Munde Gottes geht.« Gerade einem christlichen Politiker hätte das wohl angestanden. Statt dessen ließ er sich in einer Verquickung von Machtstreben und materieller Gier in die Spendenaffäre hineinziehen. Ich vergesse nicht, wie ich einmal die »große Ehre« hatte, Helmut Kohl beim Aussteigen aus dem Auto in Empfang zu nehmen. Er saß auf dem Beifahrersitz, wo üblicherweise der Sicherheitsbeamte saß, weil er in den Fond des großen Wagens einfach nicht mehr hineinkam. Wie schön, dass nicht nur Schröder, Fischer und Kohl, sondern auch ein Donald Trump oder Adolf Hitler in der Automatik des göttlichen Plans ihre Rolle spielen und ihren Zweck erfüllen. Wir brauchen uns keinerlei Sorgen zu machen, daß sie mit ihren Entscheidungen der Menschheit etwas anhaben könnten. Es ist vielmehr umgekehrt: Sie bilden eine Art »offenes Geschwür«, durch das der »Eiter« unzähliger Menschen an die Oberfläche tritt.

Astrologie und Theodizee

Seit jeher haben viele Menschen die Frage gestellt, wieso der »gütige, allmächtige Gott« soviel Leid, Unrecht und Krieg auf der Welt zuläßt. Für viele war und ist diese sogenannte »Theodizee-Frage« das hauptsächliche Hindernis, warum sie mit ihrem »Verstand« die christliche Religion nicht akzeptieren können. Es erscheint für uns Menschen so naheliegend, Gott die Verantwortung für unser Leben aufzubürden, weil wir glauben, dass er als »Allmächtiger« unser Leben in jedem Detail bestimmt, bzw. bestimmen könnte, wenn er nur wollte. Weil wir Gott zudem als »guten Gott« verstehen und generell mit dem »Guten« assoziieren, ergibt sich für unsere menschliche Logik scheinbar ein direkter Widerspruch. Die eingehendere Betrachtung der Astrologie löst jedoch diesen Widerspruch auf und legt eine gänzlich andere Beantwortung der Theodizee-Frage nahe.

Zunächst sollten wir uns bewußt machen, dass der weit überwiegende Teil der leidvollen Erfahrungen des Menschen eine Folge seiner eigenen Entscheidungen und damit eine direkte Konsequenz aus der ihm eingeräumten Willensfreiheit ist. Um es plakativ auszudrücken: Gott hat noch nie einen Krieg begonnen, wohl aber wir Menschen. Fast immer ging es bei den Kriegen um Machtauseinandersetzungen, um die Herrschaft über Ländereien und Rohstoffe, oder um Glaubenskriege. Letztere zeigen besonders deutlich auf, dass selbst die christliche Kirche nicht davor zurückscheute, genau das Gegenteil von dem zu tun, was sie von der Kanzel predigte bzw. hätte predigen sollen. Es war und ist die Lebensaufgabe von uns Menschen, Streitigkeiten zu beenden und mehr Liebe in die Welt zu bringen. Statt dessen hängen wir in unserem Egoismus fest und glauben, Gott die Schuld dafür anlasten zu können.

Aus der Betrachtung der Astrologie ergibt sich aber noch ein weiterer entscheidender Punkt, der für die Beantwortung der Theodizee-Frage wichtig ist. Sie macht uns deutlich, dass Gott für den ganzen Kosmos steht, für die göttliche Ordnung aller Dinge. Gott ist also nicht der »gute Gott« in einer polaren Welt von Gut und Böse. Gott steht über der Polarität dieser Welt, seine Welt des Himmels ist »nicht von dieser Welt«. Es ist ein völlig »falsches« Verständnis, d.h. ein polares Verständnis, die Schöpferenergie, die den gesamten Kosmos geschaffen hat, in das kleinliche menschliche Verstehen von Gut und Böse »herunter« zu ziehen. Christus predigt uns: »In der Welt habt ihr Angst. Aber seid getrost: Ich habe die Welt überwunden (!)«. Das ist die Botschaft für uns. Auch wir sind aufgerufen, in der Nachfolge Christi die polare Welt von Gut und Böse hinter uns zu lassen, sie zu überwinden. Innerhalb dieser polaren Welt jedoch ist alles an seinem Platz, dort, wo es »hingehört«. Es wäre ein völliger Irrglaube, nur um ein Beispiel zu nennen, zu meinen, aus dem Universum müßten die grausligen Schwarzen Löcher entfernt werden, weil sie »böse« wären und nur Unheil anrichten. Vielmehr ist die göttliche Ordnung des Kosmos so wie sie ist perfekt. Es macht also einfach keinen Sinn, »gegen« etwas zu sein, was existiert, was schon da ist. Und es ist nicht Gottes Aufgabe, sondern unsere Lebensaufgabe, das Leid auf der Welt zu beenden. Das kann nicht durch Weltverbesserung oder eine neue Politik geschehen, sondern nur dadurch, dass jeder Einzelne in seinem persönlichen Bereich für Frieden und Liebe zwischen den Menschen sorgt.

Christentum und Astrologie

Diese kurzen Ausführungen können nicht mehr sein als ein Hinweis auf die wichtigen Informationsmöglichkeiten, welche die Astrologie gerade für Menschen bietet, die es mit der Nachfolge Christi ernst nehmen. Unser Horoskop kann uns aufzeigen, was genau unsere Lebensaufgaben sind, die unser Kreuz darstellen. Dieses Kreuz müssen wir auf uns nehmen, diese Lebenssituationen müssen wir bearbeiten und uns bewußt machen. Das ist – anders ausgedrückt – die Herzenstür, an die Christus anklopft.

Natürlich geht es im Christentum letztlich um die Liebe zu Gott und den Mitmenschen. Wenn wir jedoch glauben, wir könnten den Fluß dieser Liebe durch eine oder mehrere gute Taten, gleichsam durch einen »heroischen Akt« in Gang setzen, so haben wir uns gründlich getäuscht. In fast allen Fällen führen nämlich solche willentlichen Akte der Nächstenliebe zu nichts anderem als zu einer Bestätigung unserer EGO-Persönlichkeit. Dann klopfen wir uns selbst auf die Schulter und sind der Meinung, dass wir selber uns jedenfalls nichts vorzuwerfen haben. Es heißt nicht umsonst: Liebe deinen Nächsten wie dich selbst. Ohne Selbstliebe gibt es keine Nächstenliebe. Und Selbstliebe bzw. Selbstannahme kann nur entstehen aus der Einsicht in die eigene Lebensthematik. Diese Einsicht können wir nur gewinnen, wenn wir »unser Kreuz auf uns nehmen«.

Allzuoft werden diese grundlegenden Zusammenhänge verdeckt durch ein »moralisches« Verständnis des Christentums. Wir bemühen uns darum, in unserem Leben vieles »richtig« und wenig »falsch« zu machen, wir bemühen uns darum, an etwas zu glauben, gute Taten zu tun und in unserem Leben erfolgreich zu sein. Was aber heißt eigentlich Erfolg? Woran sollen wir denn glauben, und was ist eigentlich Glaube? Wie selten kann uns die Kirche diese Fragen »glaubwürdig« beantworten. Dann stochern wir wieder mit einer Stange im Nebel unseres Lebens herum, statt uns eher heute als morgen mit den wirklichen Themen unseres Lebens auseinander zu setzen.

Zwölftes Kapitel – Der Lebensweg des Menschen – ein Weg zu Gott

Jeder Lebensweg eines Menschen beginnt und endet im Himmel, im Reich Gottes, in der Welt der göttlichen Einheit. Dafür ist es nicht wichtig, wie und wo ein Mensch geboren wird, welche Eltern er hat, welche Erziehung er genießt, ob er in einer religiösen Umgebung aufwächst oder in der Gosse, ob er als Christ, Moslem, Jude oder Buddhist durch sein Leben geht, ob er etwas glaubt oder ein erklärter Agnostiker ist. Er wird von seinen Erbanlagen her alles in dieses Leben mitbringen, was nötig ist, um die Erfahrungen machen zu können, die seiner Lebensthematik entsprechen. Ebenso werden ihm seine Eltern und sein Umfeld die Erziehung und Behandlung zukommen lassen, die ihn am ehesten an seine Lebensaufgaben heranführt.

Es ist vielleicht ein hilfreiches Bild, sich den Menschen als einen »Schauspieler« in einem Theaterstück vorzustellen. Irgendwann glaubt er, seine Rolle für dieses Leben gefunden zu haben. er beklagt sich vielleicht über seine Mitspieler, die nicht seinen Vorstellungen entsprechen. Ebenso legt er großen Wert auf das »Bühnenbild«, dass er für »Seines« hält, sein Haus, sein Auto, seine Firma usw.. Er bewegt sich ein Leben lang im Rahmen der Rolle, die vermeintlich sein Schicksal ist. Irgendwann wird er einfach zu alt und bekommt keine Rolle mehr, d.h. er darf und kann keine Rolle mehr spielen. Schlimmstenfalls zieht er sich dann schmollend und protestierend zurück, weil man ihm »übel mitgespielt« hat, wie er meint. Bestenfalls behält er in seiner Erinnerung die Wertschätzung des eigenen Spiels, was ihm besonders gelungen ist und wie er sich dabei gefühlt hat.

Früher oder später wird ihm dann auch klar, dass das Bühnenbild nichts anderes war als »Staffage«, die von anderen weiter benutzt oder betrieben wird. Er muß von der Bühne abtreten und darf wieder »er selbst« sein. Auch bei den alternden Schauspielern, die wir kennen, ist ja dieser Übergang ins Privatleben manchmal nicht leicht. Sie hängen auch an ihrer »Paraderolle« und würden sie am liebsten immer weiter spielen.

Kindheit und Jugend

Die Kleinkinder leben bis zu einem bestimmten Alter noch in der Welt der Einheit und nicht in der Polarität. Sie haben noch gar kein Ich-Bewußtsein und kennen das Wort »Ich« gar nicht. Sie lernen erst später in einer Übergangsphase, dass mit der Nennung ihres Vornamens sie selbst gemeint sind, und sagen dann Sätze wie etwa: »Peter will das nicht«. In dieser Kleinkindphase gibt es auch keine Konzepte, d.h. eine »Vorstellung« davon, was etwa ein Auto oder ein Motorrad ist. Führt ihnen der Vater dann ein Spielzeug-Motorrad vor und macht dabei »Brumm-brumm«, so ist für das Kind dieses »Ding« mit dem Sinneseindruck direkt verknüpft. Es gibt für sie also kein Ding, dass ein Motorrad ist, sondern nur einen Teil der ungeteilten Umgebung, der – interessanterweise – brumm brumm macht. In dieser Phase des »Lebens in der Einheitswelt« machen die Kleinkinder schier unglaubliche Lernfortschritte. Allein durch unablässiges Üben und Probieren entwickelt sich sowohl die Motorik als auch das Sprachvermögen in einem Körper, der selbst noch massiv wachsen muß, um die an ihn gestellten Anforderungen erfüllen zu können. Nie werde ich das Beispiel meines Enkels vergessen, der mit etwa 3 – 4 Monaten lernte, sich vom Rücken auf den Bauch zu drehen. Dem waren tagelange, unablässige, geradezu »verzweifelte« Versuche voraus gegangen, durch ein immer weitergehendes Drehen des Körpers auf die Seite den alles entscheidenden Kipp-Punkt zu erreichen, der schließlich zum Erfolg führte und die ersehnte Bauchlage herbeiführte. Dort angekommen gönnte er sich keinerlei Verschnaufpause, sondern probierte sofort, wieder zurück in die Rückenlage zu kommen. Diese enormen Lernfortschritte werden erreicht ohne dass irgendwelche theoretischen Konzepte nötig oder vorhanden wären. Es geht vielmehr allein um Nachahmung und Probieren.

Auch in den Folgejahren bis über das Kindergartenalter hinaus lebt das Kind häufig in seiner eigenen Welt, die mit der Erwachsenenwelt zwar auf eigenartige Weise verquickt ist, aber nicht unbedingt mit ihr übereinstimmt. Es ist die große Zeit der Eltern, die so gut es geht versuchen, ihren Kindern elementare Verhaltensregeln beizubringen und sie zu »erziehen«. Die Kinder kommen in diesen Jahren schließlich im polaren Weltverständnis der Erwachsenen an, lernen dabei (hoffentlich) ihre Grenzen kennen und übernehmen – ohne es zu merken viele Verhaltensweisen ihrer Eltern. Viele Kinder entwickeln bereits in dieser Zeit eine für sie typische Art und Weise, mit der sie dem Leben »gegenübertreten«, die früher oder später in eine Persönlichkeitsstruktur mündet.

Schon im Kindesalter kann hoffentlich durch ein gesichertes familiäres Umfeld, durch das Vorbild der Eltern und durch Vorlesen und Erzählen das so wichtige »Urvertrauen« in der Kinderseele gebildet werden. Es ist ein Gefühl des »Aufgehoben Seins«, dass sich über allfällige Ängste erhebt. Dieses Urvertrauen kann bereits im Kindesalter eine tiefe religiöse Dimension aufweisen. Es wird wohl immer offen bleiben, welche Einflüsse aus Genen, Umwelt, Erziehung und elterlichem

Vorbild einen wie großen Anteil bei der Ausprägung der »Persönlichkeit« gehabt haben. Das Ergebnis wird jedoch in jedem Fall eine ganz spezifische Kombination von Charaktereigenschaften, Interessen, Ängsten, Erfahrungen, Fähigkeiten und Vorstellungen sein, die uns zu unserer ganz persönlichen Lebensthematik hinführt. Auch wenn es dem Außenstehenden gänzlich unwahrscheinlich erscheinen mag, so wird die EGO-Persönlichkeit, die wir in Kindheit und Jugend ausbilden in vollem Umfang und präzise durch unser Geburtshoroskop beschrieben. Es ist diese EGO-Persönlichkeit, mit der wir uns im ganzen weiteren Verlauf unseres Lebens auseinandersetzen werden. Im schlechtesten Fall werden wir von dieser EGO-Persönlichkeit gar nichts bemerken, denn »das sind wir ja«. Wir werden uns ständig bemühen, unsere eigenen Interessen durchzusetzen und unseren eigenen Komfort zu erhöhen.

Vom »jungen Erwachsenen« bis zur Midlife-Crisis

Nach der Ausbildung und der Loslösung von der Ursprungsfamilie beginnt für den jungen Erwachsenen eine Phase der vollständigen Fokussierung auf die Außenwelt. Was immer an religiöser Orientierung aufgebaut worden war, jetzt tritt es in den Hintergrund, weil der Mensch in seinem »eigenen« materiellen Leben Fuß fassen muß. Es geht um Lebensunterhalt, Beruf, Verdienst, vor allem aber darum, einen Partner zu finden, mit dem man möglicherweise eine Familie gründen könnte. Welch ein Mysterium ist doch dieser Prozeß der Partnerwahl. Wie mag es wohl eingerichtet sein, dass wir gerade den Partner finden, mit dem wir am ehesten unsere Lebensthematik erleben und erfahren können? Und dennoch: Zwei

EGOs tun sich zusammen und gründen eine Familie, gewissermaßen ein »Familienego«.

Man könnte meinen, dass es durch die Partnersuche und Familiengründung immer unwahrscheinlicher wird, daß ein Mensch sich weiterhin mit seiner speziellen Lebensthematik beschäftigen kann. Schließlich gibt es eine immer stärkere Durchmischung mit den Lebensthemen der Partner und der Kinder. Hinzu kommen die vielfältigen Abhängigkeiten und Verquickungen von Interessen im Beruf, im Kollegenkreis, in der Nachbarschaft und dem Lebensbereich der Kinder. Doch in Wirklichkeit ist es gerade umgekehrt. Die Partnerwahl wird erstaunlicherweise gerade so getroffen, dass beide Partner ihre jeweils eigenen Themen in dieser Konstellation gut bearbeiten können. Um bei dem Bild des Menschen als Rollenspieler zu bleiben: Ein Großteil der Dramas vollzieht sich gerade im Bereich von Partnerschaft und Familie. Hier bieten sich unendlich viele wichtige Gelegenheiten und Notwendigkeiten, die eigene Lebensthematik im Zusammenspiel und der Auseinandersetzung mit dem Partner und seiner Thematik zu erfahren und dadurch bewußt zu machen bzw. zu »bearbeiten«. Gemessen an einem solchen unendlich »reichen« Familienleben könnte man die Menschen, die ohne Partnerschaft durchs Leben gehen, regelrecht bedauern, da ihnen in der selbst gewählten Einsamkeit so viele Erfahrungsmöglichkeiten entgehen.

Andererseits führt auch der »normale« Lebensweg über Familie und Beruf häufig in Krisensituationen. Für einige typische krisenhafte Zuspitzungen haben sich schon gängige Bezeichnungen gefunden, so etwa »das verflixte 7. Jahr« oder die »Midlife-Crisis« um das vierzigste Lebensjahr. Vielleicht haben wir uns bis 40 schon lange darum bemüht, etwas aus uns zu »machen«, Erfolg zu haben und Besitz anzuhäufen. Vor lauter Gefangensein in der Welt des Erfolgs, des Geschäfts, des Berufs, der Materie, ist uns vielleicht seit Jahren jeder Gedanke an Gott und Religion abhanden gekommen und wir sind vielleicht sogar zu überzeugten Agnostikern geworden. Vielleicht glauben wir auch, dass es die »Schuld« unseres Partners sei, dass unser Leben nunmehr in eine Krisensituation geraten ist.

Eine Krise ist immer auch eine Chance, sich die eigenen Lebensprobleme stärker bewußt zu machen. Von innen heraus drängt ES uns, nachzuforschen und herauszufinden, welches Verhalten uns in diese Lage gebracht hat. Erst wenn uns die verschiedenen Muster unserer Lebensthematik bewußter werden, haben wir eine Chance etwas davon zu »erlösen«. Zwar sorgt Gottes Plan (niedergelegt im Geburtshoroskop) dafür, dass wir uns auf der Ebene der Materie schon immer gleichsam »ununterbrochen« mit unserem »Kreuz« auseinandersetzen. Wir machen ständig die Erfahrungen, derentwegen wir auf die Welt gekommen sind. Wir drehen uns jedoch, ohne es zu merken, dabei auch immer wieder im Kreis. Wir haben noch nicht »eingesehen«, was unser Kreuz eigentlich ist, und dass der spirituelle Weg ein Weg der »Bewußtwerdung« ist. Würden wir wirklich unser Kreuz auf uns nehmen und Christus damit nachfolgen, so würden wir lernen, unser Kreuz zu verstehen und damit zu überwinden. Wir würden uns – bildlich gesprochen – auf einer Spirale nach oben bewegen, statt uns im untersten Kreis der Spirale weiter zu drehen.

Eine Chance für eine solche Bewußtwerdung bietet sich in der Krise der Lebensmitte. Ab hier könnte es anders und mit größerer Einsicht weitergehen. Vielleicht lauschen wir stärker nach innen und nutzen die Krise für einen Neubeginn. Vielleicht bietet sich sogar unter dem Druck der in Gang gekommenen krisenhaften Entwicklung die Chance für einen

Quantensprung an neuen Erkenntnissen. Krankheiten in dieser Lebensphase wirken oft als Auslöser für eine tiefergehende Beschäftigung mit sich selbst.

Die hohe Zeit

Unabhängig davon, ob und in welchem Maße um das vierzigste Lebensjahr herum eine Auseinandersetzung und Neuausrichtung erfolgt, gehen wir dann über in die Hohe Zeit unseres Lebens. Zwischen dem 40. und 65. Lebensjahr wirken die Menschen in ihrem erarbeiteten Umfeld als »Stützen der Gesellschaft«. Ob in Familie, Beruf oder anderen Gesellschaftsbereichen, nun besitzen wir die nötige Erfahrung, um unseren ganz persönlichen Beitrag zum Fortbestand und zum Wohl des Ganzen zu leisten.

Aber auch für unsere seelische und spirituelle Entwicklung ist diese Phase des Lebens von maßgeblicher Bedeutung. Aus der Vielzahl der persönlichen, individuellen Möglichkeiten seien hier nur vier Themen angesprochen. Zum ersten bietet sich die Möglichkeit, zusätzliche Lebenserfahrungen in bewußter Form zu erleben. Was man immer schon einmal erleben wollte, wovon man lange geträumt hat – nun kann man es gründlich vorbereiten, Gelegenheiten dafür ergreifen und schließlich in die Tat umsetzen. Zum zweiten kann man vielleicht die Chance ergreifen, mit dem eigenen Leben einen Beitrag zum Wohl des Ganzen zu leisten. Wann immer der persönliche Vorteil und die Vergrößerung des »eigenen« Einflußbereichs nicht im Vordergrund steht, kommt ein zusätzliches Motiv ins Spiel, das Motiv des Dienens. Der Dienst für andere Menschen oder für das Gelingen des Ganzen ist stets eine Gelegenheit für spirituelles Wachstum. Das ist gemeint, wenn Christus davon spricht, »die andere Wange hinzuhalten«. Sich nicht darum zu bekümmern, dass das eigene EGO zurückstehen muß oder Schläge erleidet, sondern aus eigenem Antrieb im Dienst an anderen unterwegs zu sein – das bringt tiefere Einsichten und eine Aufwärtsbewegung in der Bewußtseinsspirale des Lebens.

Sehen wir das Leben hingegen eher negativ und pessimistisch, so könnte es drittens sein, dass es auch in der hohen Zeit eintönig und monoton dahin plätschert. Anstatt die Zeit zu nutzen, lassen wir sie ungenutzt verstreichen. Wieder wird dann zumeist die Schuld bei anderen oder bei den Umständen gesucht. Der Beruf befriedigt uns zwar nicht, aber wir sehen keine Alternativen. Risiken werden bewußt vermieden, allfälligen Auseinandersetzungen geht man lieber aus dem Weg. All das führt immer wieder zum gleichen Ergebnis: Es ist vertane Lebenszeit. Das Leben plätschert eintönig dahin an der Grenze zur Langeweile.

Schließlich gibt es viertens noch die Möglchkeit, dass die hohe Zeit des Lebens zu einem besonderen finanziellen oder gesellschaftlichen Erfolg führt. In den meisten Fällen führt eine solche erfolgreiche Karriere etwa in der Wirtschaft oder in der Politik zu einer enormen »Aufplusterung« der eigenen EGO-Persönlichkeit. Anstatt daran zu arbeiten, das EGO zu relativieren, zu verstehen, bewußter zu machen und dadurch zu reduzieren, steigern diese Menschen das Gefühl der eigenen Bedeutung und Wichtigkeit vielfach ins Unermeßliche. Damit huldigen sie aber gerade dem »falschen König«, wie die Esoterik das EGO nennt, anstatt ihr wahres, tieferes Selbst zu entdecken. So gilt gerade für diese Menschen das mahnende Bibelwort: »Was hülfe es dem Menschen, wenn er die ganze Welt gewönne, und nähme doch Schaden an seiner Seele?« Jedenfalls dreht sich in diesen Fällen – trotz aller vermeintlicher »Erfolgs-erlebnisse« – die spirituelle Entwicklung der Menschen, die in einer Spiralbewegung zu mehr Bewußtheit führen könnte, bestenfalls nutzlos im Kreis.

Ruhestand und Alter

Gerade für erfolgreiche Menschen ist der Übergang in den Ruhestand und die Erfahrung des Älterwerdens meist mit großen Schwierigkeiten verbunden. Beide Entwicklungen erzwingen nämlich eine Erdung und damit eine Reduktion des EGOs. Es fällt naturgemäß schwer, Einfluß und Macht von heute auf morgen aufgeben und auf gewohnte Privilegien verzichten zu müssen. Auch allfällige Krankheiten und Schwächeerfahrungen im Alter sind für gewöhnlich schlecht vereinbar mit einem ausgeprägten Gefühl eigener Macht und Größe. Vielleicht geht auch der vermeintliche Sinn der eigenen Tätigkeit und des Lebens mit dem Verlust der aktiven »Lebensstellung« leicht verloren. Gefragt ist nunmehr eine tiefer gegründete »Selbst-sicherheit« und Zufriedenheit, die nicht auf eine äußere Macht-position oder auf hohen Verdienst abstellt.

Im Alter droht auch noch eine andere, sehr problematische Ent-wicklung. Es ist die bei uns allen vorhandene Neigung zur »Ver-krustung«. Wir haben Schwierigkeiten, uns eine große geistige Flexibilität und ein weit gefächertes Spektrum von Interessen, Verhaltenweisen und Möglichkeiten zu erhalten. Statt dessen treten wenige typische Züge besonders hervor. Oft handelt es sich dabei um unangenehme, kritische Verhaltensweisen, die vielleicht über Jahrzehnte gut ausbalanciert waren und deshalb weniger in Erscheinung getreten sind. Andererseits wäre es im

Interesse einer größeren Bewußtwerdung sehr wünschenswert, wenn wir gerade im Alter einen »Kontrapunkt« zum langjährigen Berufs- und Familienleben setzen könnten. Dieses ist nämlich in der heutigen Zeit fast ausnahmslos geprägt von Leistungsstreben, Überforderung, Hektik und Rastlosigkeit. Das moderne Leben läßt es trotz vielfach vorhandener Einsicht der Beteiligten noch nicht zu, schon während der hohen Zeit des Tätigseins eine bessere Balance zu erreichen. Wir haben immerhin schon einen Fachausdruck dafür gefunden, die viel zitierte »Work-Life-Balance«. Es könnte uns daher zu denken geben, dass sich im alten Indien hochgestellte und erfolgreiche Persönlichkeiten häufig dafür entschieden, ihren Ruhestand in einem Kloster zu verbringen und damit ganz bewußt zu einem einfachen Leben überzugehen.

Der Weg zu Gott

Wie auch immer unser Lebensweg im einzelnen verlaufen mag, er ist nichts anderes als unsere selbstgewählte Form und Ausprägung des göttlichen Plans, der in unserem Geburtshoroskop zum Ausdruck kommt. Auch ein Trump oder Erdogan lebt und erlebt nichts anderes als eine besonders materialistische, unbewußte, und einseitige Ausprägung der vielfältigen Möglichkeiten, die sein Geburtsbild bieten würde. In vielen weiteren Inkarnationen wird sich schließlich auch für diese Menschen eine Reinigung ihrer größenwahnsinnigen Neigungen und egoistischen Eigenschaften ergeben. Wir alle, auch diese extremen Beispielfälle, sind auf einem Weg der Bewußtwerdung, der letztlich zurück führt in die höheren Sphären der Überwindung der Welt und der Erkenntnis unserer Einheit mit dem Vater. Dann werden auch wir uns wahrhaft auf den

Weg der Nachfolge Christi begeben, darauf voranschreiten und irgendwann mit ihm zusammen sagen können: Ich und der Vater sind eins. Es steht uns allerdings frei, hier und heute ständig negative Entscheidungen zu treffen und unser EGO weiter aufzuplustern. Dann verschwenden wir unser Leben damit, uns ohne Erkenntnisgewinn im Kreis zu bewegen, weiteres negatives Karma anzuhäufen und die Einsicht in unsere Lebenssituation auf ein späteres Leben zu vertagen. Wir bleiben vielleicht dabei, »überflüssige Dummheiten« zu begehen, können jedoch mit Erich Kästner (Drei Männer im Schnee) sagen: Dummheiten sind nie überflüssig! Und Kästner hat Recht: Niemals fallen wir aus Gottes Plan, der für uns vorsieht, am Ende unserer Bewußtwerdung zu IHM zurück zu kehren.

Dreizehntes Kapitel – Der spirituelle Weg

Ein Mensch, dessen tiefste Sehnsucht sich darauf richtet, schon in diesem Leben den Weg der Rückverbindung (Religio) mit Gott, den Weg zurück in die Einheit mit dem Vater zu finden und zu gehen, steht am Anfang seines spirituellen Weges. Er wird vielleicht auf bestimmte Methoden und Lehren stoßen, er wird mit einem für ihn wertvollen Buch Bekanntschaft machen oder wird einen anderen Menschen finden, den er als Lehrer empfindet und anerkennt.

Es gibt so viele unterschiedliche Wege, die alle dasselbe meinen und suchen und die alle zum selben Ziel führen, zur Entdeckung der Einheit mit dem Vater. Wenn wir die uns vertrauten Begriffe des Christentums verwenden, so ist der spirituelle Weg der Weg der Nachfolge Christi. Für alle, die in der Welt des Christentums groß geworden sind, ist es am einfachsten, die Begriffe des Neuen Testaments zu verwenden und ernst zu nehmen, um sich auf ihren eigenen spirituellen Weg zu begeben.

Der schmale Weg

Der spirituelle Weg ist immer der »schmale« Weg, den nur »Wenige« gehen. Oft beginnt dieser Weg »im stillen Kämmerlein«, wenn ein Mensch sich abwendet vom fortwährenden Lärm des äußeren Lebens und in die Stille geht. Es muß ja nicht gerade ein Aufenthalt in der Wüste oder der Weg ins Kloster sein, um den Zugang zu seiner eigenen Stille zu finden. Aber es geht eben nicht ohne die Stille. Gott spricht zu uns mit leiser Stimme, er spricht zu uns durch Eingebungen, die aus unserem Inneren kommen. Voraussetzung dafür, dass wir diese innere Stimme überhaupt wahrnehmen können, ist eine innere Wachheit und Aufmerksamkeit. Und es braucht eine bewußte Hinwendung zu Gott, die wir üblicherweise mit dem Wort »Beten« bezeichnen.

Genau das besagt der Vers: »Wachet und betet, dass ihr nicht in Versuchung fallet.« Wie enttäuschend muß es für Jesus gewesen sein, wenn er selbst in Gethsemane mit dem Tode ringt und dann seine eigenen Jünger schlafend vorfindet. »Könnt ihr nicht eine Stunde mit mir wachen?« Dieses Wachen in der Stille ist ein wesentliches Kennzeichen aller spirituellen Wege. Wir nennen es heute »Meditation« oder auch »Kontemplation«. Es ist die bewußte Abkehr von dem stets lauten und geschäftigen Leben der äußeren Welt.

Der breite Weg, den »viele« Menschen gehen, folgt immer wieder dem Strom und dem trügerischen Vorbild der »Anderen«. Immer geht es hier um das »Mitmachen«, um das, was »alle anderen auch machen«, das was heute »in« oder »hipp« ist. Waren es früher Könige und Adelige, an denen man sein Verhalten orientierte, so sind es heute die Glitzer- und Glamourfiguren der Medienwelt oder womöglich die bezahlten »Influencer« des Internets. Doch auch wenn wir diese allzu primitiven Schichten hinter uns lassen, stoßen wir wieder auf den breiten Weg. Wenn alle anderen ein hohes Einkommen haben, muß ich das wohl auch erreichen. Wenn die anderen ein Cabriolet fahren, steht mir das doch auch zu. Es geht dann um das große Haus, den tollen Wagen, die gutsituierte Familie, den gutbezahlten »Job«. Mit allen anderen zusammen geht es »weiter aufwärts«, zu immer mehr Geld und immer mehr Umsatz. Die allermeisten Menschen merken erst im Alter oder im Sterben, daß der breite Weg, den sie mit allen anderen zusammen gegangen sind, nirgendwo hin führt. In jedem Fall braucht es deshalb einen Entschluß, eine Entscheidung für den individellen, eigenen Weg, um eine spirituelle Ausrichtung des Lebens anzustreben.

Umkehr und erste Geh-Schritte

Mit diesem Entschluß kommen wir nahe an die Situation heran, in der sich der Verlorene Sohn befand. Auch er traf eine Entscheidung: Ich will mich aufmachen und zu meinem Vater gehen! Es reicht also nicht, bei einem vagen, mit Zweifeln durchsetzten Glauben an Gott einfach ratlos stehen zu bleiben und die Entschuldigung zu bemühen, daß es ja den meisten anderen auch so ergeht. Vielmehr sind zwei Dinge erforderlich: Wir müssen uns »aufmachen« und wir müssen »gehen«. Bei dieser Umkehr muß jeder, der einen spirituellen Weg gehen will, der sich »aufmacht«, eine besondere Hürde überwinden. Er muß sich darauf einlassen, Schritte zu unternehmen, ohne den Ausgang des Weges zu kennen. Es gibt keine Erfolgsgarantie auf dem spirituellen Weg. Meist ist sogar ganz unklar, ob das, was ich da beginne, wirklich der richtige Weg für mich ist. Jeder schmale Weg birgt das Risiko, daß ich ihn verfehle oder wieder aufgebe. Nur eine ernsthafte, entschlossene Umkehr birgt die Chance in sich, den eigenen schmalen Weg zu finden.

Es geht um beides, um die Ernsthaftigkeit und die Entschlossenheit. Ein unverbindliches Herumprobieren führt zu nichts. Zwar gilt die Verheißung: Suchet, so werdet ihr finden, klopfet an, so wird euch aufgetan. Doch auch dieser Vers setzt eine ehrliche und ernsthafte Suche voraus. Dabei ist es unerläßlich, in sich hinein zu horchen und dem eigenen Gefühl zu vertrauen. So wichtig es sein kann, einen erfahrenen Lehrer und

Meister auf dem spirituellen Weg zu finden, ich selber muß die Wahl treffen, wer der wahre und authentische Lehrer für mich ist. Die Bibel sagt uns: Prüfet die Geister! Wir selber tragen alle Verantwortung für unser Leben und für unsere Entscheidungen. Allzu oft neigen wir dazu, resignierend in eine Opferrolle zu verfallen. Dann geben wir unserem Umfeld, unseren Eltern, dem ungerechten Chef, den fehlenden Finanzmitteln oder dem bösen Nachbarn die Schuld daran, dass wir uns in unseren Möglichkeiten eingeschränkt fühlen und glauben, nichts dagegen tun zu können. Tatsächlich kann uns aber nichts und niemand die Verantwortung für unser eigenes Leben abnehmen.

Wir haben weiter oben gesehen, dass uns auch Fehlentscheidungen und Umwege nicht aus Gottes Hand und aus seinem Plan für unser Leben reißen können. Doch auf dem spirituellen Weg, dem schmalen Weg, gibt es keine Umwege mehr. Er führt uns – ausgehend von unserem Bewußtseinsstand – immer direkt zum Ziel. Es gibt aber auch keine Abkürzungen, kein »beschleunigtes Verfahren«, wir können auch keine »Klasse überspringen«. Jeder ernsthafte Gottsucher steht in der Gefahr, in ein eiliges, begieriges Suchen zu verfallen, an diesem Suchen festzuhalten und auch damit vom schmalen Weg abzukommen. Wir können diese Situation des Suchenden nicht besser beschreiben als es in dem wohl schönsten Lehrgedicht über den Zen-Weg, dem SHINJIN-MEI, ausgedrückt ist:

Der große Weg ist dem Wesen nach weit.
Nichts ist leicht, nichts schwierig.
Engherzige Ansicht führt zu Besorgnis.
Je mehr du eilst, umso länger brauchst du.
Hängst du an solchen Ansichten,
verlierst du das Maß und gehst in die Irre.

Lass los und alles ist natürlich.
In der Wesensnatur gibt es kein Kommen und Gehen.
Handle gemäß deiner Natur,
und du stimmst mit dem Weg überein,
gehst ihn gelassen und frei ohne Sorge.

Es ist auf eine unergründliche Weise einfach und schwierig zugleich, den schmalen spirituellen Weg zu gehen. Wir müssen uns nicht verbiegen und wir müssen keine Erfolge erzielen. Nichts ist leicht und nichts schwierig.

Erfahrungen und Erlebnisse auf dem Weg

Wer sich dazu entschlossen hat, den schmalen Weg zu gehen und in das »Dein Wille geschehe« einzuwilligen, der wird seine eigenen Erfahrungen auf dem Weg machen. Sie können wunderbar, aber auch mühsam und manchmal sogar schmerzhaft sein. Sehr häufig wird eine der ersten Erfahrungen in dem Gefühl bestehen, dass das »ganze Universum« mir auf meinem Weg hilft. Es kommt plötzlich zu »zufälligen« Begebenheiten und Zusammentreffen, die hilfreich und weiterführend sind und die wiederum eine Tür öffnen für einen neuen Wegabschnitt. So war ich etwa Anfang der 80er Jahre auf einen Hinweis gestoßen, es sei von großer Bedeutung für den spirituellen Weg, das Buch des indischen Weisen Yogananda zu lesen »Autobiographie eines Yogi«. Zwei Tage später stieß ich in der Mitarbeiterbücherei unseres Unternehmens auf dieses Buch. Es lag zuoberst auf einem Stapel ausgemusterter Bücher am Eingang und war für 2 D-Mark zu kaufen. Es hat mir sehr geholfen und meinen weiteren Weg beeinflußt. Es steht heute noch in meinem Bücherregal.

Andererseits können Übungen auf dem spirituellen Weg durchaus mühsam sein. Jeder Zen-Praktizierende hat wohl solche Erinnerungen an seine ersten Meditationskurse, die sogenannten »Sesshin«. Mein erstes Sesshin fand im Meditationshaus Sonnenhof bei Schönau im Schwarzwald statt und dauerte acht Tage. Wir wurden vor 5 Uhr morgens geweckt und saßen ab 5.30 im Zendo auf unseren Kissen bis zur Schlußzeremonie um 21.00 Uhr. Unterbrochen wurde das Sitzen durch Gehpausen, Essenspausen und eine Arbeitszeit von 8.00 bis 9.00 Uhr, bei der ich Toiletten putzen durfte. Der gesamte Kurs fand im Schweigen statt. Knie und Rücken schmerzten oft und um 21.30 ging man gerne ins Bett (Schlafsaal oder Doppelzimmer ohne Dusche); der Zendo blieb über die Nacht offen für diejenigen, die noch weiter sitzen wollten. Die Zeit war sehr anstrengend, brachte aber eine tiefe Freude und ein Einverstanden-Sein mit allem und jedem, dass ich bisher nicht gekannt hatte.

Ganz viele Menschen, die einem spirituellen Weg folgen, werden auch wunderbare Erleuchtungserfahrungen erleben. Sie werden die Einheit mit dem Vater hier in ihrem Erdenleben in einer sehr subjektiven und überwältigenden Form erleben, die sich nur schwer beschreiben und berichten läßt. Es sind sehr persönliche Erleuchtungserfahrungen, die in vielen Fällen die Menschen zutiefst erschüttern und verändern zutiefst erschüttern und verändern. Und doch geht es auf dem spirituellen Weg nicht darum, in möglichst kurzer Zeit und möglichst großen Umfang besondere Erfahrungen zu machen. Deshalb wird zum Beispiel im Zen nicht öffentlich über diese Erfahrungen berichtet. Im Übrigen kann nur ein Meister des Weges erkennen, ob spirituelle Erfahrungen, über die ein Schüler berichtet, wirklich tiefgehend und echt sind. Zudem sind diese Erfahrungen so subjektiv, daß überschwengliche Berichte anderen

Menschen oder Weggefährten nichts nützen bzw. sie sogar in ihrer eigenen Übung irritieren würden.

All dies mag für einen Außenstehenden sehr vage und obskur klingen, weil er sich unter solchen Erfahrungen nichts vorstellen kann. Ich möchte deshalb an dieser Stelle nur beispielhaft meine allererste spirituelle Erfahrung auf dem Zen-Weg schildern, die ich während meines ersten Sesshin auf dem Sonnenhof 1990 hatte, und die mich damals sehr erschütterte. Täglich saßen wir in unserer Meditationsübung schweigend und konzentriert auf unseren Kissen. Für einen Anfänger hatte ich so gut wie keine Beschwerden im Rücken oder in den Knien und konnte mich deshalb kontinuierlich und vollständig auf die Meditationsübung einlassen. Ich sitze in völliger Ruhe und erlebe plötzlich, wie mein Körper tief nach unten in den leeren Raum hinein fällt und dort zu schweben beginnt. Es ist als schwebte ich in einer riesigen Höhle mitten in einem Berg. Das Erlebnis ist so intensiv und anhaltend, dass ich auch während der folgenden Gehmeditation davon ergriffen bin. Äußerlich stehe ich bei den nächsten Glockenschlägen auf und gehe hinter meinem Nebenmann her, doch innerlich bin ich weiter in dieser Leere. Sie hält auch in der folgenden Sitzzeit noch an. Als ich Willigis Jäger im Dokusan davon berichte, sagt er nur: »Das ist schön. Laß es los und übe einfach weiter.« Ich weiß noch genau, wie enttäuscht ich war, dass Willigis diese – für mich überwältigende – Erfahrung so wenig »würdigte« und »ernst nahm«.

Der achtfache Pfad des Patanjali

Als »klassisches« Beispiel und allgemeine Beschreibung eines spirituellen Weges zu Gott soll uns der sogenannte »Achtgliedrige Yoga-Pfad« des indischen Weisen Patanjali dienen, der im 2. Jahrhundert vor Christus lebte. Die Lehren des Patanjali machen deutlich, dass die Meditation als zentrale spirituelle Übung eingebunden ist in ein allgemeines System von Verhaltensregeln und Körperübungen, durch die der Mensch sich gleichsam bereit macht für die meditative Übung auf dem Weg. Aus christlicher Sicht erinnert diese Zweiteilung vielleicht an das Verhältnis von altem zu neuem Testament. Auch Christus will ja mit seiner Lehre das System des jüdischen »Gesetzes« nicht ersetzen oder umstoßen. Vielmehr sagt er in Matth. 5,17, dass er nicht gekommen sei, um das Gesetz aufzulösen, sondern um es zu erfüllen. Er wendet sich damit vor allem an die Zuhörer, die das jüdische Gesetz ernst nehmen und dadurch bereits eine ethische »Grundorientierung« in ihrem Leben verwirklichen.

Als erste Stufe seines achtgliedrigen spirituellen Weges nennt Patanjali die Befolgung der sogenannten »fünf sozialen Ethiken« (Yama). Danach soll der Mensch Gewaltlosigkeit in Handlung, Sprache und Gedanken verwirklichen (Ahimsa). Er soll in Wahrhaftigkeit leben (Satyam) und nichts nehmen, was ihm nicht gehört (Asteya). Schließlich gilt es in den Sinnenfreuden maßvoll zu sein (Brahmacharya), keine unnötigen Dinge anzusammeln und nichts zu begehren, was anderen gehört (Aparigraha). Wer die Anwendung der fünf sozialen Ethiken beherrscht, kann auf der zweiten Stufe des Pfades auch die fünf persönlichen Ethiken (Niyama) zu verwirklichen suchen. Hierzu gehören die Reinheit von Körper und Geist (Saucha), Zufriedenheit und Selbstdisziplin (Santosha und Tapas), das

Studium des Selbst (Swadhyaya) und das Ehren des Göttlichen (Ishwarapranidhana). Als Stufen drei und vier nennt Patanjali das System der Körperübungen (Asanas) und der Atemübungen (Pranayama). Für die erfahrenen Praktizierenden gilt es dann in den Stufen fünf und sechs die Sinne nach innen zu richten (Pratyahara) und die Konzentration zu schulen (Dharana). Wer bis hierher vorgedrungen ist, kann dann in Stufe sieben mit der Übung der Meditation beginnen (Dhyana), die schließlich auf der Stufe acht Stufe acht zur Erfahrung der All-Einheit, des Einklanges mit Gott und dem Leben führt (Samadhi).

Viele Wege

Es gibt viele spirituelle Wege und Übungen. Im christlichen Bereich kennen wir etwa die Ordensregeln des heiligen Benedikt und die Exerzitien des heiligen Ignatius von Loyola, des Gründers des Jesuiten-Ordens. Es ist insoweit auch nicht verwunderlich, dass »Ordensleute« wie der Jesuit Hugo M. Enomiya-Lassalle und der Benediktiner Willigis Jäger den Weg des Zen von Japan nach Europa brachten. Für den Außenstehenden besonders eindrucksvoll sind auch die alten japanischen Künste (»Do«), deren Erlernen ebenfalls auf einen spirituellen Weg führt. Empfohlen sei zu diesem Thema das wunderbare kleine Buch des deutschen Professors Eugen Herrigel »Zen in der Kunst des Bogenschiessens«, der das Erlernen dieser Kunst aus eigener Erfahrung beschreibt.

Ein anderer spiritueller Weg, das Wandern auf dem Jakobsweg, ist in den letzten Jahren sogar sehr populär geworden. Das hat seinen Grund, denn der Jakobsweg ist gleichsam die einfachste physische und profane Möglichkeit, sich auf einen Weg einzulassen. Auch hier braucht es eine Umkehr, einen Verzicht auf alle anderen, vielleicht anspruchsvolleren oder vielversprechenderen Möglichkeiten, seine Lebenszeit zu verbringen. Es braucht Entschlossenheit, Bereitschaft zu einem einfachen und vielleicht beschwerlichen Leben. Vor allem aber muß man losgehen und für eine lange Zeit »dabei bleiben«. Losgehen und sich dem Leben überlassen. Schauen, was die körperliche Übung des langen, endlosen Gehens mit mir macht. Nicht wissen, wann ich welche körperlichen Beschwerden habe, wie die nächste Unterkunft beschaffen ist und ob schlechtes Wetter meine Wanderung mühsam gestaltet. Das eigene EGO klein machen. Neben allen anderen ein einfacher, schlichter Wanderer auf dem Weg sein. Mit alldem wird der Jakobsweg zu einem Teil meines Lebensweges. Mit jedem Wanderzeichen erfahre ich neu, dass ich auf dem richtigen Weg bin, auf meinem Weg. Für viele frühe Pilger war es ein gefährlicher Weg, aber er führte in die innere und äußere Freiheit. Auch heute noch ist der Weg gefährlich, weil er durch Selbstüberschätzung und Selbstüberforderung sehr schnell in Leidens- und Notsituationen führen und damit enden kann. Viele scheitern, weil sie innerlich noch nicht reif sind für den Weg. Aber maßvolles, beharrliches Voranschreiten wird durch Fortschritte auf dem Pilgerweg belohnt. Wenn ich nach innen lausche, mit nicht übernehme, die nötige Ruhe, aber auch die nötige Beharrlichkeit aufbringe, wird der Pilgerweg zu einem, zu meinem spirituellen Weg.

Dann gilt auch für diesen Weg die Verheißung der Bergpredigt (Matthäus 5,6): *Selig sind, die da hungert und dürstet nach der Gerechtigkeit; denn sie sollen satt werden.* So steht es auch im heutigen Tagestext für den 4. Juli von Eileen Caddy in ihrem tief inspirierten Buch Herzenstüren, und dieser Text gilt für jeden spirituellen Weg:

Gesegnet sind die, die nach Gerechtigkeit hungern und dürsten, denn sie sollen gesättigt werden. Wenn deine Sehnsucht stark genug ist, wird sie erfüllt werden, denn du wirst so lange nach der Antwort suchen, bis du sie gefunden hast. Du wirst die nötige Entschlossenheit, Geduld, Ausdauer und das Durchhaltevermögen haben und keinen Stein auf dem anderen lassen, bis du gefunden hast, wonach du auf diesem spirituellen Weg suchst, nach der Erkenntnis des Einsseins mit Mir. Glaube nie, daß dein Streben vergeblich ist, und sei nie entmutigt, sondern wisse einfach, dass du das, wonach du suchst, am Ende finden wirst, wenn du nicht unterwegs schwach wirst oder aus Verzweiflung aufgibst. Sei entschlossen jedes Hindernis zu überwinden, weil es sich lohnt, es zu meistern, um ans Ziel zu kommen. Glaube nie, dass irgendetwas unüberwindlich oder unmöglich ist. Sei stark und guten Mutes und geh immer weiter, und du wirst sicher ans Ziel gelangen.